Martha Root and China

儒 特 风

玛莎·儒特与巴哈伊在中国的早期传播

蔡德贵

壹嘉出版 | 1 Plus Books
旧金山 San Francisco 2022

儒特风：玛莎·儒特与巴哈伊在中国的早期传播
Martha Root and China

Copyright © 2022 by 蔡德贵/Cai Degui

本书由蔡德贵授权壹嘉出版/1 Plus Book出版
所有权利保留
ISBN: 978-1-949736-47-2
Printed in the United States of America

特约编辑：冯雅静
出版人：刘雁
定价：US$ 21.99
出版：壹嘉出版
网址：http://www.1plusbooks.com
电邮：1plus@1plusbooks.com

美国旧金山·2022

目 录

1、前言　1

2、巴哈伊文明致力于推动创造一种新的全球文明　8

3、最先到达中国的信徒　20

4、不能忽略儒特以前有个李佳白　30

5、儒特的朋友曹云祥早就是巴哈伊　65

6、北京世界语专校是怎么回事？　74

7、儒特的出场　121

8、儒特的灵性之旅　134

9、儒特在北京、天津、济南、徐州和上海的活动　146

10、有关儒特的其他文献集锦　169

11、农学家廖崇真在圣道上的奉献　202

12、儒特的新朋友包世杰和邓洁民　220

13、流风余韵　271

1、前言

　　自1995年以来，受因缘和命运牵引，我进入了一种随缘的状态，正如苏东坡所描述的那样："我生百事常随缘，四方水陆无不便。"我几乎成为一个独行侠，在浩瀚的书海和陈旧的杂志与报纸堆里游走，搜得了众多常人看不到的资料。本来是无声无息，或者偶尔被人提及，但没有被深挖出来的更多资料的人物和事件因为我的新发现而有了鲜活的生命，它们跳跃着来到笔者面前。其中有一位活跃在百年前的美国记者儒特，关于她在中国的详细历史，我追踪了近20年，查阅了大量旧报刊，终于挖出来众多被埋藏在旧报纸和杂志里的资料，这些资料记载了她在中国的足迹，过去几乎无人提及。涉及到的媒体包括当时的各大报纸，如《中央日报》《民国日报》《爱国报》《申报》《时报》《新闻报》《时报图画周刊》和《哲报》等等。美国作者加里斯写的儒特传记《玛莎·鲁特：神圣殿堂前的雄狮》（M.R.加里斯（MABEL GARIS）著，成群译，新纪元国际出版社2013年）记录了她的一生，而其在中国的活动则不是重点，只是非常简单地勾勒了她在中国的最简单的行迹。新发现的这些中文资料，可能改写巴哈伊文明在中国的早期传播历史。

　　本书定名为《儒特风》的灵感，首先来自于守基·阿芬第的《神临记》，该书在第19章《阿博都·巴哈在欧美的旅行》里，肯定巴哈伊信仰是一种新信仰，该信仰是上帝对人类的最新启示：对真理的独立追求，不受迷信或传统的束缚；整个人类的统一性；信仰的关键原则和基本教义：所有宗教基本同源；谴责一切形式的偏见，无论是宗教、种族、阶级，还是民族偏见；宗教与科学之间必须和谐；男女平等，是人类文明能够飞翔的两只翅膀；实行义务教育；采用通用的辅助语言；消除极端的财富和贫困；裁决国家间争端的世界法庭机构；以服务的精神进行的工作提升至敬拜等级；正义是人类社会的统治原则，而宗教是保护所有民族的堡垒；将建立永久和普遍的和平作为全人类的最高目标。这些是祂在公开宣教期间向公众思想领袖以及广大群众宣扬的神圣政体的基本要素。祂将巴哈欧拉将描述为"时代的精神"，并辅以严厉和重申的警告：即将引燃的大火，如果世界政治家们不能够避免的话，将点燃整个欧洲大陆。

守基·阿芬第在该书第25章《传导活动的国际拓展》（参见张忠友先生的未刊译本《神临记》）里，用很大的篇幅为儒特立传，夸赞她的环球之旅：历经了几乎二十年的不间断旅行，并四次环游世界，在此过程中，她四次前往中国和日本，三次前往印度，造访了南美的每个重要城市，并将新信仰传递给国王、王后、王子和公主、共和国总统、部长和政治家、公关人员、教授、牧师和诗人，以及许多各行各业的人们，并通过非正式和正式的方式接触宗教代表大会、和平协会、世界语协会、社会主义代表大会、神智学会、妇女俱乐部和其他类似组织。她坚忍不拔的精神和无所畏惧的信仰使其获得巨大的成就。她的门徒遍布整个西方，最接近阿博都·巴哈自己所树立的榜样。

在圣护的《神临记》里，作者给儒特的评价是独一无二的：她是"巴哈欧拉的仆人之星、永不屈服、将流芳百世"，"'教长'称其为'王国的先锋'、'圣约的先驱'"，"她的整个旅程终止于她客死遥远的他乡，死于对她挚爱的圣道的积极服务之事业中"。她被誉为"巴哈欧拉信仰'第一女大使'和巴哈伊教师的'骄傲'"，"她尽管只有少量翻译很不到位的散页印刷宣传品，却把爱和信仰传达到世界的每一角落。"美国巴哈伊社团，由于儒特这些意义重大的国际服务，而被冠以不朽的冠冕，在第一个巴哈伊世纪行将结束之际，其国内外成员的联合努力所取得的成就，注定使其更加引人注目，其成就的

地域之广和质量之高，使得任何关于首个世纪信仰传导活动的概述都不可能忽视它们。"（均见张忠友先生的《神临记》未刊译本）

守基·阿芬第特别提到，儒特曾前后四次去往中国，在中国的近一百所大学、学院和学校演讲，在报纸和杂志上发表了无数文章，作了无数次广播，并在私人和国立、省立图书馆中存放了未编号的书籍。接受儒特采访的那些人的名单同样令人印象深刻，包括国父孙中山、外交部长（笔者按：王正廷）、教育部长（笔者按：蒋梦麟）。她"永不停歇，对目标坚贞不渝"，"没有片刻停留"，高喊着"呀巴哈欧阿帕哈"，"走遍世界各地"。守基·阿芬第因此称赞儒特"像风一样不受约束"，"奔放如风"（Un-restrained as the wind），这是多么高的评价！以此，我们就把本书命名为《儒特风》，书写她在中国"像风一样不受约束"地传播信仰。庄子笔下的列子，"御风而行"，飞的姿势是那么优美，坚持很久不落地，十天半月在空中飞行。但是列子的飞行还是"有所待"，就是有条件局限，必须借助风力；而儒特本身就是风，可以像风一样自由自在。

另外的一个灵感则来自中国传统文化。

中国自古以来就对"风"赞美有加，《诗经》风、雅、颂，"风"打头阵，以采集的民风代表国风，因此占比重最大，160篇，在《诗经》305篇中，占了一半还多。宋玉的《风赋》借楚襄王之口歌颂风的力量，"天地之气，溥畅而至，不择贵贱高下而加焉"，风之力，奇大无比。战国时期思想家庄子，更是多对风极尽赞美之能事："大块噫气，其名为风。是唯无作，作则万窍怒号"（《庄子·齐物论》）。因为它"既破萌而开甲，亦养物以成功"（宋吴淑《风赋》）。庄子夸赞风的无穷力量："《谐》之言曰：鹏之徙于南冥也，水击三千里，抟扶摇而上者九万里，去以六月息者也"（《庄子·逍遥游》）。他歌颂"息"这种大风，拔地冲天，无坚不摧。至圣先师孔子则直言"君子之德风，小人之德草，草上之风，必偃"（《论语·颜渊》）。有了君子的这种标杆作用，"天下之学士靡然乡（向）风矣"（司马迁《史记·儒林列传》）。就连那个流氓混混刘邦，也愿意借风为自己壮胆，竟哼出一句千古名句："大风起兮云飞扬"。中国文人杰士通常对社会风气的影响力极大，因此常有"先生之风，山高水长"这种赞誉之词。儒特作为一位美国女士，"奔放如风"，在上世纪的几十年里，对中国影响极大，自然也可以享受这个待遇："儒特之风，山高水长"。

宋代苏轼《永遇乐》一词歌颂"好风"说：

彭城夜宿燕子楼，梦盼盼，因作此词

明月如霜，好风如水，清景无限。曲港跳鱼，圆荷泻露，寂寞无人见。紞如三鼓，铿然一叶，黯黯梦云惊断。夜茫茫、重寻无处，觉来小园行遍。

天涯倦客，山中归路，望断故园心眼。燕子楼空，佳人何在，空锁楼中燕。古中如梦，何曾梦觉，但有旧欢新怨。异时对、黄楼夜景，为余浩叹。

这个儒特是谁？儒特就是玛莎·鲁特（玛莎·路易丝·鲁特，MARTHA L. ROOT，1872-1939）。为什么不用玛莎·鲁特，而用儒特？

在"一机一世界"的今天，中国人几乎人手一部手机，低头族只看手机不看书。中国几乎成为公认的阅读量最低的国家。为此，我曾经下决心，到75岁以后就封笔，不再去做所谓的学术研究了。反正写出来，就是能够出版，也不一定有人看，何必费心费力呢？今年我已经75岁，又赶上新冠病毒肺炎大肆嚣张，全世界笼罩在一片恐怖的世界末日景象之中。我本欲放弃以前抱定的"活着干，死了算"的心态，安享晚年，可是转念一想，季羡林先生教给我"杂志缝里找文章"，怎能就到此打住，洗手不干？费尽心机找到那么多资料，难道就轻易放弃？想来想去，还是不甘心。新冠病毒固然猖獗，但人不能坐着等死啊。

大约上初中的时候，不记得确切的时间了，看到过一句话，一辈子没有忘记:"吃和睡是猪的生活,难道再加上玩和乐就是人的生活?"看到这句话的时候好像还不怎么懂事,后来成年以后,越琢磨越觉得这句话很有味道。这个味道就是精神的味道,人要有精神才是人生。从1995年进入巴哈伊文明研究之后,这个美国女子儒特赢弱的身影,便时常会浮现在我眼前,好像在对我侃侃而谈:你怎么就不写写我呢?

人生苦短,人生的苦旅已经被余秋雨先生的《文化苦旅》写尽。苏东坡有言:"人生如逆旅,我亦是行人"。所有人都不可能完美。但很少有人考虑,人生为什么不完美?宋人方岳诗《别子才司令》:"不如意事常八九,可与人言无二三。"为什么会如此?原因恐怕就是人生在世,缺少了灵性之旅,假如有了灵性之旅,那么人生就不会痛苦。佛说:即便明天是世界末日,今夜我也要在园中种满莲花。这是何等超然达观的态度!

中国自古以来就有灵性之旅。老子骑青牛而过关,去寻找自己心中的理想之乡。孔子周游列国,推广自己的理想,都是一种灵性之旅。孔子在齐国闻韶乐,三月不知肉味。《论语·述而》:"子在齐闻韶,三月不知肉味。曰:'不图为乐之至于斯也。'"孔子听到美好音乐,感受到灵性之旅的快乐。孔子勒马听琴,是灵性;登泰山小天下,也是灵性。《论语·里仁》:"朝闻道,夕死可矣"。能够让自己同化于宇宙、天地、自然之间,死何足惜?庄子的世界也充满神性,充满灵性。《庄子·大宗师》说:"堕肢体,黜聪明,离形去知,同于大通"。《庄子·列御寇》:"吾以天地为棺椁,以日月为连璧,星辰为珠玑,万物为赍送。"庄子对生死的态度是何等的洒脱、超绝?

意大利人马可波罗,从元代开始东方之旅,1275年到达元都;摩洛哥伊本·白图泰1346年开始中国游,也都是充满了奇幻的灵性之旅。他们都有灵性的使命。

灵性之旅能够丰富我们的精神生活。

这本书要述及的就是儒特在中国的灵旅。儒特是一个体弱的女子，她患过乳腺癌，可以想见她的身体状况在百年前会多么糟糕。美国作者加里斯为我们找到她当年出游办理的护照：护照的签发日期为1915年1月18日，证件号码为47702，由当时的国务卿威廉姆·詹宁斯·布莱恩（WILLIAM JENNINGS BRYAN）签字。护照上这样描写儒特的身体特征："年龄：四十二岁；身高：五英尺三英寸；前额：高；眼睛：蓝灰色；鼻子：正常；嘴：紧实，大；下巴：方；头发：灰褐色；肤色：浅色；脸型：长。"护照还注明了儒特此行的目的，即以报纸和杂志记者的身份游历西班牙、意大利、希腊、埃及、叙利亚（海法、阿卡、耶路撒冷）、印度、中国、日本、澳大利亚和锡兰等国。护照里记载的儒特身高五英尺三英寸，合160厘米。

这样一个羸弱的小女人，完成了四次东方之旅，她去过中国四次，有三次经历非常丰富，而且留下了文字记录。现在，就让这个弱女子儒特，带领我们进行一次中国的灵性之旅吧。

儒特作为活跃于19世纪末20世纪20——30年代的美国知名巴哈伊传导者，圣护守基·阿芬第把她誉为"巴哈伊信仰第一个百年中走在最前的传导者"，并且在她去世后追认其为圣辅。儒特因向多位国家元首和公众人物传导巴哈伊信仰而为人所知。而在中国，她的名字也被鲁迅、周作人、钱玄同、胡适、蔡元培、刘师复、吴稚晖、李石曾、马叙伦、张秀鸾、孙中山、陈铭枢、王正廷、叶恭绰、蒋梦麟、曹云祥等高层人士广为所知。可惜的是，已经出版的《玛莎·鲁特：神圣殿堂前的雄狮》（M.R.加里斯（MABEL GARIS）著，成群译，新纪元国际出版社2013年）这本唯一的中文版儒特传记，对此并无些许着墨。而且，加里斯的原作MARTHA ROOT: LIONESS AT THE THRESHOLD，应该翻译为女狮，不知道中文译作怎么会把一个女性变为雄狮。而且，网上流传的很多介绍儒特在中国的视频和纸本材料中都有不少错误，比如说儒特去过烟台，其实并没有，而是从英文翻译误传了。儒特去过曲阜，英文曲阜和芝罘音同，就把曲阜误译为芝罘，就是烟台了。还说儒特到苏州，也不对，是到过徐州。徐州和苏州英语语音差不多而误译。

总之，中国读者对儒特所知甚少。为此，笔者愿意钩沉这段史实，以飨读者。

2、巴哈伊文明致力于
推动创造一种新的全球文明

　　中国是一个历史悠久的文化大国，在世界文化史上占有十分重要的地位，是著名的四大文明古国。中国的历史文化通过最早的丝绸之路远播中东、非洲和欧洲。中国的四大发明也是沿着丝绸之路传播到巴格达，而后又传入西方世界，改变了整个人类的文化生活。在中东和阿拉伯世界，中国的影响更为巨大。伊斯兰教的先知穆罕默德对中国十分敬仰，曾意味深长地说："学问虽远在中国，亦当求之。"伊斯兰教创立之后，大量穆斯林到中国定居，到明末清初，形成了颇具中国特色的中国伊斯兰教，刘智、马复初、王岱舆、马注等一大批穆斯林学者，都对"学通四教"做出了巨大的贡献，对中国思想文化的活跃和发展不可忽视。

　　而在伊斯兰教基础上衍生出的世界独立宗教——巴哈伊教（我从2010年开始称之为巴哈伊文明），对中国文化更是十分重视。

　　巴哈伊文明是什么？

　　巴哈伊文明在西方的明哲之士那里，早就已经是世界的希望。德国历史学家斯宾格勒的《西方的没落》直接预言西方文明已经走到尽头，而东方的巴哈伊却令人重新燃起对未来的希望。英国学者剑桥大学教授布朗，则早在1870-1880年代赴阿卡拜谒了巴哈欧拉，并且和伊朗的巴哈伊在一起相处，向西方世界通报了这个新文明。英国另一个历史学家汤因比更是看好巴哈伊。而托尔斯泰这位俄罗斯大文豪则直接赞美了巴哈伊，后来的高尔基也一样。印度的甘地、

笔者的巴哈伊研究著作

泰戈尔都曾热烈赞扬巴哈伊，这对巴哈伊文明来说都是很重要的。

巴哈伊在华有三十多个不同的译名：波海会、巴哈伊教、巴哈伊信仰、巴哈主义、八海、贝哈主义、贝哈因主义、巴哈教、白哈教、巴海尔教、巴海的主义、比哈教、贝哈教、巴海教、巴赫伊教、巴哈依教、巴孩教、白衣教、白益教、大同教、博爱社、巴赫泛神教、波斯泛神教、通一教、伯哈尔大同教、巴海大同教等，巴海尔教、贝哈教、百合一教、伊朗万神教、新普神教（巴布阶段为普神教）。德国著名历史学家斯宾格勒的《西方的没落》中文版还使用了"拔海派"。由于译名不统一，分散了人们对巴哈伊的注意力。1992年以后全球统一使用巴哈伊，情况有所好转。

巴哈伊是宗教？是的，它是一种新兴宗教。但它是把宗教味降到最低程度的宗教，或许是宗教仪式、仪轨最少的宗教，是和科学紧密结盟的宗教。

巴哈伊是信仰？是的，它是一种新型信仰。但它是一种和迷信格格不入的信仰，在巴哈伊信仰领域，不容偶像崇拜有容身之地，和形形色色的偶像崇拜划清了界限。而对其他宗教的偶像崇拜则并不绝对反对。在这种新信仰里，不再有盲从，只有每个人独立探求真理的认知。根据巴哈伊信仰的说法，民族竞争、仇恨和阴谋终将停止，偏见将被种族友好、相互理解和合作取代，世界和平不仅是可能的，而且是不可避免的。如果发现宗教信仰和观点违反科学标准，那就只是迷信。来世并不可怕，天堂是接近上帝的精神进步，地狱是远离上帝的状态。巴哈伊认为，灵性是一个寻求接近上帝的旅程。你越遵循教义，按照它的原则生活，你在生命中将越靠近上帝。在个人的肉体生命终止后，灵性的生命会继续接近上帝。真理是连续的和相对的，不是最终的和绝对的。巴哈伊领导人对犹太教的态度也给许多犹太人留下了印象，1891年，巴哈欧拉直接写信给罗斯柴尔德男爵，向他宣布犹太人即将回到以色列土地，这个预言的实现被历史证明了。

巴哈伊更是一种普世文明。

巴哈伊文明的出现，据杨洁华介绍的朋友说，是在巴哈伊的译作中，最早是阿迪卜·塔希尔扎德编辑的《巴哈欧拉启示录》2006年中文版第一卷第186-187页：

> 在这个启示期，在精神与物质领域都将产生出大量的知识。这两种知识应当形影相随，这样一种神圣的文明才能诞生。缺少了任何一种知识，都会给人们的生活造成不平衡，以致彻底阻碍人们的进步。仅有科学知识会产生物质主义，而单靠宗教知识则会造成迷信。在人类社会中建立这种平衡，是巴哈欧拉天启的目的。这一平衡在世界范围内达到之时，便是巴哈伊文明的诞生之日。到那时，上帝的知识便会支配人的灵魂，人们的显著特征是品格高尚和拥有神圣的美德。到那时，科学的进步与灵性成果并驾齐驱，这将开创出一个人类成就的新时代。在这样一个社会中，巴哈伊的艺术、文学、音乐和表现人类精神的其他艺术形式将产生出来并得到发展，人类之树将鲜花盛开并日臻成熟。

维基百科在介绍巴哈伊的时候指出："巴哈伊信仰（旧译'大同教'）由巴哈欧拉创立于19世纪中叶的伊朗，其著述言论构成了被认为是满足人类现阶段、即迈向成熟阶段之需要的最新启示体系。它的最高宗旨是创建一种新的世界文明，真正实现人类大同。"根据巴哈伊世界中心的文告《谁在书写我们的未来：巴哈伊全球愿景》，巴哈欧拉已经指出了这个新文明的本质："巴哈欧拉著作中提出的未来文明道路的理念，对很多强加于当今之世的、以'标准'、'不可改变'面目出现的观念提出了挑战。在'光明的世纪'中取得的突破性进展已打开了通往新世界的大门。如果社会和知识的进步确实要反映人类生活中内在的道德智慧，许多决定当前决策方式的理论就存在着致命的缺陷。如果人类的意识从本质上讲是精神性——正如绝大多数普通人一直以来本能性地直觉到的，那么人类发展的需要就不能通过一种机械地坚持其它论点的解释方法来理解和满足。"（《谁在书写我们的未来：巴哈伊全球愿景》，马来西亚巴哈伊出版社2009

年，第67页）

而在大陆，巴哈伊文明是在2010年才出现的新名词，应该是笔者在给许宏博士的毕业论文《巴布宗教思想研究》（人民出版社2010年10月）所写的序言中首先使用了巴哈伊文明，序言说：

> 巴布出现之后，人类在物质与灵性文明上都发生了惊人的进展。科学上的发现在很短的时间里，产生前所未有的增加，建立起难以置信的联络网。巴哈欧拉的信仰就是靠这个工具传遍整个地球的。这个现象是早期的巴哈伊信徒们所不能想象与相信的。巴布曾经说过，人类要建立一套快速的传播系统，这样，"上帝将要显现的那位"的消息才能传达全世界。现在，一切都实现了，整个世界变成一个国家。当人类的知识在灵性与物质上都能平衡发展时，一种神圣的文明才能出现，巴哈欧拉的启示就是要在人类社会中创造这种平衡。当这种平衡达到之后，就会出现巴哈伊文明。上帝的知识要充塞、主导人类的灵魂，高贵的性格和神圣的道德就成为人类的特性，人类的成就会进入一个全新纪元。

2016年10月4日上午，笔者又在杭州图书馆博文公益讲座做了《巴哈伊文明对儒学现代化的启示》的讲演，把巴哈伊文明和儒家文明进行了有益的比较。稍后，笔者2018年在美国又出版了《晚清民初的新学与巴哈伊文明》，进一步把巴哈伊文明作为巴哈伊信仰的替代品。文明（Civilization）的本来含义为人类生活在城市和社会集团中的能力。文明是先进的社会和文化发展状态，以及到达这一状态的过程，涉及的领域包括民族意识、技术水准、礼仪规范、宗教思想、风俗习惯以及文化艺术、建筑艺术、科学知识的发展等等。越来越多的证据显示巴哈伊确实是一种新文明，而巴哈伊信仰只是其中的一个分支，与之共存的还有巴哈伊文学艺术，巴哈伊建筑艺术，巴哈伊生活方式，巴哈伊生活习惯等等。

巴哈伊文明在2014年以后被官方广泛使用，被与山东有关的两篇报道首先使用。2014年7月17日至18日，全国文化厅局长座谈会在内蒙古自治区鄂尔多斯召开。山东省委宣传部副部长、省文化厅厅长徐向红做题为《激活中华优秀传统文化，让核心价值观接地气入人心》的典型发言。他的发言在第四个问题《努力推动中华文化在核心价值层面走出去》中谈到：

近年来，山东积极响应中央"参与世界文明对话"的号召，利用多种形式对外传播文明成果，着力推动以儒家思想为代表的中华文化成为世界文明对话的重要力量。一是举办尼山世界文明论坛。自2010年起，成功举办三届尼山论坛，先后开展了儒家文明与基督教文明、犹太教文明、印度文明、巴哈伊文明等多个世界文明对话，累计组织学术演讲和文化对话交流活动100余场，对儒家伦理进行了盛大展示，有力宣扬了儒家讲仁爱、重民本、守诚信、崇正义、尚和合、求大同等思想理念，充分阐释了儒家伦理对于建构人类共同伦理、建构世界文化新秩序、进而解决当今世界种种问题的重大意义和普遍价值。期间，尼山论坛还走出国门，举行了"巴黎尼山论坛"、"纽约尼山论坛"。第三届尼山论坛于今年5月份在山东大学举办，联合国教科文组织官员、韩国政府代表团、中外嘉宾、港澳人士等出席活动。论坛受到习近平总书记、刘延东副总理、刘奇葆部长等党和国家领导人的关注，蔡武部长也作了重要批示，文化部专门派出观摩组进行了全程观摩，对论坛给予了充分肯定。今年7月3日—5日，应韩国方面邀请，尼山论坛组委会组团出席韩国首届"陶山论坛"，组委会主席许嘉璐先生发表主题演讲。

《中国文化报》李庆禹先生2014-12-15在文化部网站发表的《山东积极构建推进齐鲁文化传承创新三大体系》也提"巴哈伊文明"。

巴哈伊文明接着被《光明日报》2015年12月22日发表的赵秋丽、李志臣撰写的《用文化品牌推动传统文化建设——山东落实"强中华魂、筑中国梦"倡议纪实》使用：

近年来，山东积极利用多种形式对外传播文明成果，着力推动以儒家思想为代表的中华文化成为与世界文明对话的重要力量。以孔子诞生地尼山命名的"尼山世界文明论坛"也日益成为世界文明对话的中国平台。自2010年起，山东已成功举办三届尼山论坛，先后开展了儒家文明与基督教文明、犹太教文明、印度文明、巴哈伊文明等的对话，充分阐释了儒家伦理对于建构人类共同伦理、建构世界文化新秩序，进而解决当今世界种种问题的重大意义。

稍后，2016年5月15日《人民日报》在头版头条套红发表的《山东让优秀传统文化活起来》（记者徐锦庚、卞民德）认定巴哈伊文明是和儒家、基督教、犹太教、印度教一样的文明，指出"'尼山世界文化论坛'走出国门，先后开展儒家文明与基督教文明、犹太教文明、印度文明、巴哈伊文明等世界文明对话，累计组织学术演讲和文化对话交流活动100余场，在国际上产生广泛影响。"这篇在第一版头条发表的重头文章，发表伊始，便在学界受到注意，引起巨大反响，也得到其信仰者的普遍认同。2018年9月5日山东省人民政府召开新闻发布会，介绍第五届尼山世界文明论坛和2018中国（曲阜）国际孔子文化节相关情况。山东省委宣传部常务副部长、尼山世界文明论坛协调小组办公室主任兼论坛秘书长王红勇介绍说，尼山世界文明论坛已举办四届，一大批中外知名学者齐聚山东，开展儒家文明与基督文明、犹太文明、印度文明、巴哈伊文明等多个世界文明对话，取得丰硕成果，彰显了儒家讲仁爱、重民本、守诚信、崇正义、尚和合、求大同等思想理念，成为中华文化在价值层面走出去的重要平台。赵秋丽、李志臣的《锻造文明交流互鉴的中国名片——写在第五届尼山世界文明论坛开幕之际》（2018年《光明日报》济南9月25日电）写道：文明因交流而多彩，文明因互鉴而丰富。9月26至28日，文化界的目光再次聚焦山东曲阜，第五届尼山世界文明论坛将在此间举办，海内外30余个国家和地区的240名专家学者将围绕"同命同运，相融相通：文明的相融与人类命运共同体"的主题，聆听世界不同声音，促进文明交流互鉴……一大批中外知名学者将齐聚山东，开展儒家文明与基督文明、犹太文明、印度文明、巴哈伊文明等多个世界文明对话，一定会取得丰硕成果，必将彰显儒家讲仁爱、重民本、守诚信、崇正义、尚和合、求大同等思想理念，成为中华文化在价值层面走出去的重要平台。

2019年6月1日，《求是》杂志2019年第11期发表山东省委书记刘家义的文章《以高度文化自信守护中华民族文化根脉》也肯定巴哈伊文明属于世界文明之一，他说：尼山世界文明论坛创办以来，围绕"和而不同与和谐世界"、"传统文化与生态文明"、"文明的相融与人类命运共同体"等时代主题，先后开展了儒家文明与基督文明、犹太文明、印度文明、巴哈伊文明等多个世界文明对话，引起国际社会广泛热议。

巴哈伊文明早在伍德罗·威尔逊和富兰克林·罗斯福两位总统上任之前，就一直在推动国际联盟和联合国的创建。

因此，与其说巴哈伊是宗教，是信仰，还不如说它是一种引人向上、健康的生活方式。这种生活方式，使一切导致人类身心不健康的东西和陈规陋习毫无容身之地。在这种生活方式指导之下，人的身、心都会健康成长。健康的生活方式就是巴哈伊提倡的以爱与和谐为核心的生活方式，这种生活方式必须有好的环境来支撑，最好的环境就是世界和平。在人类这个大家庭之中，世界和平只能建立在人类一家这个牢固的基础之上才能实现。用巴哈欧拉的话说，这种生活方式要做到：

> 富足时须慷慨；患难时须感恩。对他人要诚实可靠，和蔼友善。做贫穷者的财库；富裕者的劝诫；对急需者有求必应；谨守誓言；公正评判；言辞慎重。对人要不偏不倚；以最大谦和示人。要成为夜行者的明灯，悲伤者的安慰。做干渴者的甘泉，苦难者的天堂，受压迫者的护卫。一言一行都要彰显诚笃和正直。要做陌生者的家园，受伤者的药膏，逃难者的

堡垒。成为盲人的眼睛，迷途者的路标。要成为真理之容的妆饰，忠诚之额的冠冕，公正之殿的柱石，人类生命的气息，正义之主的旗帜，品德之天的明星，人类心田的露珠，知识海洋的方舟，恩泽之天的太阳，智慧之冠冕的宝石，世代苍穹的明灯，谦逊之树的果实（《巴哈欧拉圣典选集·致狼子书简》）。

因此前国家宗教局局长叶小文在任时，肯定巴哈伊是"新兴宗教之中"，"逐渐自成一体"的，"是往上靠，努力朝着传统、主流的宗教靠拢，走向制度化"的（叶小文：《邪教问题的现状、成因及对策》，载《"法轮功"与邪教》，宗教文化出版社1999年出版）。

这种健康的信仰是1844年创立的，核心思想是：主张上帝独一、宗教同源、人类一家。这是现今世界上九大宗教中最年轻的宗教。

巴哈伊的先知巴哈欧拉对中国非常熟悉，而阿博都·巴哈则对中国怀有极深的情感，他在二十多年里，不断地强调宣扬上天圣道，主张在每一个市镇都应举办宣扬上天圣道的课程，教导年轻人传扬圣道的方法，给他们做好准备以从事这至为重要的服务。他希望每一位巴哈伊都必须掌握传导的能力，这会带来好的成果，没有任何服务比这项服务更加重要的了。弘扬巴哈欧拉的天启，是最受到肯定的服务。在任何一个时候，只有一种服务居于至为重要的地位。他展望说：有一个是翻土的季节，另一个是播种的季节，又有一个是灌溉的季节，还有一个是收获的季节。不同的活动，要在不同的季节里进行，才会有成果。现在是播种的时候，然而，有些教友似乎在想着收成了，这样做是不会有成果的。任何人想着其他的事，都是浪费时间。发扬巴哈欧拉的原则，是摆在上天的信徒们面前最为重要的事项。（《西方之星》VOL. 21，P261)

巴哈伊文明希望并提倡每一个巴哈伊信徒都是传导者。传导者必须有纯洁的心愿，独立的心灵，高尚的精神，平静的思想，坚定的意志，豁达高尚的胸怀，在"上苍"的天国中，成为一枝光耀的火炬。因为传导者有了这些优秀品质，那么他高洁的气息，必将影响顽石（阿博都·巴哈：《垦荒圣牒》，马来西亚巴哈伊总灵理会1982年，第25页）。

1916年，阿博都·巴哈在致美国和加拿大巴哈伊的一封信中谈到：宣扬巴哈伊的训诫，高呼上苍的召唤，宣布万王之主的佳音，即传导者的工作是一项光荣而艰巨的任务，虽然这一工作目前的成就还未明显，传导者服务上苍的意义还不为人知晓，但是不久后，人们将目睹他们每个人都成为一颗灿烂的明星，普照着引导之光，并成为人们的永生之道。他希望，不久的将来，传导者的成就将照亮世界各方，他们在世界各地，均能得到像在美国的成就。通过传导者们，教义的芳名将传至东西方，并且在五大洲，宣布天国来临的好预兆。他非常具体地谈到应到达的世界各地，包括五大洲的许多国家。对亚洲，他特别谈到日本、韩国、泰国、马来亚、印度、锡兰、阿富汗、中国的传导者工作，他说："要是一队包括男女的教友，能一起跋涉到中国和日本去加强友爱关系，宣扬本教，将能建立大同世界。"（阿博都·巴哈：《垦荒圣牒》，马来西亚巴哈伊总灵理会1982年，第17页。）在4月19日的同样致美国和加拿大巴哈伊的信中，更具体地谈到，那些跋涉到外国去传导的人，必须熟悉该国的语文。例如：一位通晓日语的信徒，可以到日本去；一位通晓中文的，须赶快到中国去。他希望在美国的巴哈伊信徒到欧洲、非洲、澳洲，并到日本和中国去，而在德国的巴哈伊信徒，也要到美国、非洲、日本和中国去。巴哈伊信徒到各大洲和海岛去，在短期内便能产生神奇的效果，天下太平的旗帜将飘扬，世界大同的光辉将照亮整个宇宙（阿博都·巴哈：《垦荒圣牒》，马来西亚巴哈伊总灵理会1982年，第26-27页）。

值得注意的是，阿博都·巴哈特别关心巴哈伊教在中国的传播，对中国表示出极大的兴趣。

事实上，早在1875年，阿博都·巴哈就对中国有了一定程度的了解，他认识到，中国拥有世界上最丰富的物质和精神资源，其前途必然光明无比，但是中国的问题是缺乏教育。他不无感慨地说："看看，缺乏教育会使一个民族衰弱、堕落到何等程度!今天

(1875年)，从人口来看，中国是世界最伟大的国家，约有4亿多人。由此算来，它的政府应是世界上最杰出的，它的人民应是最为人所称道的。然而，正好相反，由于缺乏文化及物质方面的教育，中国是所有弱小国家中最软弱无助的。不久前，一小支英法联军与中国开战并取得决定性的胜利，占领了中国首都北京。假如中国政府与人民能早早跟上这个时代科学的发展，假如他们早就熟知文明社会的各项技艺，那么，即使世上的所有国家全部出动与之作战，他们也会打败入侵者，侵略者从哪里来的，还得退回到哪里去。"而中国的邻国日本，却正相反，"比这一事件更为奇怪的是：日本政府原是中国保护下的附属国(原文如此)，由于近些年来，日本开始觉醒，采纳了当代的先进科技，在民众中倡导科学、发展实业，并竭尽全力将公众思想集中于改革之上。目前日本已获得长足的发展，虽然其人口仅是中国的六分之一甚至只是十分之一，但它最近向中国提出挑战，并最终迫使其妥协。仔细看看，教育与文明的各种技艺是如何给一个政府及其人民带来繁荣、独立及自由的。"（《神圣文明之奥秘》，美国巴哈伊国家精神议会1957年，第110～112页。）阿博都·巴哈希望西方的巴哈伊信徒能够到中国和日本去传导，在到其他国家传导时能够顺便去这两个国家，"经过日本和中国，这似乎要好得多，也可以从中得到更多的乐趣"。（《阿博都·巴哈著作选集》，曾佑昌译，新纪元国际出版社2004年，第91页。）

　　看来100多年以前巴哈欧拉和阿博都·巴哈不仅对灿烂悠久的中国文化了如指掌，而且对当时中国的症结的分析可谓一针见血，指出科技教育落后是中国的主要病因，而科技教育落后就要挨打，科技教育先进就能打败侵略者。从巴哈欧拉和阿博都·巴哈等人所了解的中国文化来看，中国文化与巴哈伊教义是有许多契合之处的。尤其是中国哲人早就提倡大同世界和天下为公的思想，如《礼记·礼运》中说："大道之行也，天下为公，选贤与能，讲信修睦。故人不独亲其亲，不独子其子。使老有所终，壮有所用，幼有所长，矜寡孤独废疾者皆有所养，男有分，女有归。货恶其弃于地也，不必藏于己；力恶其不出于身也，不必为己。是故谋闭而不兴，盗窃乱贼而不作，故外户而不闭。是谓大同。"由于有这种相似，所以中国旧译巴哈伊教为大同教。另外，中国人民爱好和平，讲道德，这也与巴哈伊教的基本精神相契合，这些相同点就像纽带一样把中国文化和巴哈伊教这两种东方文化联结起来了。

值得一提的是，2020年11月28日，中国社会科学院世界宗教研究所、中国宗教学会、中国社会科学院世界宗教研究所巴哈伊研究中心、中国宗教学会宗教人类学专业委员会在北京恒源祥大厦会议厅联合主办了"巴哈伊文化习俗与节日"学术研讨会，细心的读者会发现，这里的会议名称读法可以有很多种，可以理解为巴哈伊文化的习俗和节日，也可以理解为巴哈伊文化、习俗和节日，还可以理解为巴哈伊的文化习俗和节日。而后微信群出现了"巴哈伊文化群"，可能是和此会议有关。

3、最先到达中国的信徒

上面提到,中国最早报道巴哈伊文明出现的信息是1874年上海的《万国公报》,主编美国人林乐知非常敏锐地发现了这个新宗教,虽然没有详细记录这个新文明,但是能够发现并且载入影响深远的报纸,已经说明他的世界眼光。他以《阿喇伯国奇闻》为题的报道,已经不具名地报道了巴哈欧拉的出现:他"由野僻隐居而出,云素来参合道理,自称为弥赛亚于世,劝化人民信道,而竟有人信从之(《万国公报》1874年9月26日,第7卷第304期,第29页)"。

巴哈欧拉隐遁的库尔德山区是在阿拉伯境内,所以有这种阿拉伯国奇闻的说法。这可能属于口耳相传的信息,但明确是指这个新出现的宗教。而且,要注意,这里使用的是弥赛亚,而不是迈赫迪。基督教系统使用的是上帝、弥赛亚。弥赛亚是上帝选中的使者、先知。而安拉、真主、迈赫迪(马赫迪),是伊斯兰教的用语。真主选中的使者是迈赫迪。不管是正统的逊尼派,还是少数派什叶派都使用这个系统的术语。两个宗教系统,使用的概念不一样。这里的奇闻显然不是指沙特阿拉伯的瓦哈比运动,因为该运动出现于18世纪中叶,不是在库尔德地区,而且已经不再是传说和奇闻,而是广为人知的。所以这个奇闻只能是从巴布开始,由巴哈欧拉完成的巴哈伊文明的创始。短短的报道透出巨大的信息:巴哈欧拉在库尔德山区隐居了两年,七年后宣示自己的使命,确实是奇人,"由野僻隐居而出",点明了这段历史,"自称为弥赛亚于世,劝化人民信道,而竟有人信从之",说明当时在巴格达得到信众拥护

讚美詩之原

哥里崙冰山讚美詩之原

英一千八百十九年分有一人名以巴者喜寫讚美詩彼嘗時曾聯末士利公會唱頌讚美詩心中甚為快樂因亦欽彼之公會內創此唱詩彼係大英公會內人於年幼時曾寫讚美詩蘸詩一本面致大英公會於末士利公會之監師請其應允於禮拜堂內用彼之詩址以於一千八百十九年分其英國皇諭知大英公會於之讚美詩內諫選取用以助各處傳道彼時以巴至一城名雷吉哈欲聘彼之岳艾講書是日係講傳福音遺往昔天下之蒼茶無合式之讚美詩應用眾人皆知以巴能作於基請彼急速作就以便讚唱以至今日各公會所用哥里崙冰山讚美詩卽係以巴所作也此詩自大英公會阿撒大禮拜堂內先唱之

阿喇伯國奇聞

阿喇伯國回部也現出一奇人由野僻礦居而出云紫來恭合道理自稱為關寨堂於世勸化人民信道而竟有人信從之

的情况。

行文至此，为明晰起见，有必要顺便梳理一下美国基督教长老会李佳白博士前后的巴哈伊来华情况。

这方面，较早的是国内广州大学的雷雨田教授，他在《大同教流行中国始末》中较早理出了大致的线索，为我们进一步挖掘历史提供了方便。金宜久先生的《巴海教今昔》则简略介绍了巴哈伊的简史。他们的贡献应该记载在巴哈伊文明在中国的发展史上。我的方法是滚雪球，沿着前人的路，把他们提供的这个线索扩大，使之更为明晰和具体。

在巴哈伊信仰的感召之下，从1862年开始，就有巴哈伊传导者先后踏上中国的土地，开展一系列的拓荒活动。那时候，他们被称为巴比。

巴哈伊入华的最早记录，是创始人之一巴布的亲戚哈吉·米尔扎·穆罕默德·阿里，1862至1868年在上海居住。作为商人，他从事中国茶叶、瓷器和金银首饰等贸易。1870年后，他在香港居住过一段时期。1879年，其弟哈吉·米尔扎·布尔祖格到达香港，与他合伙开办了贸易公司，一直待到1897年。在海法镶嵌巴哈欧拉和巴布照片的三个金银铸造的像框，是由他们提供的。此后，越来越多的巴哈伊来到中国并定居。巴布妻侄阿加·米尔扎·易卜拉欣于1881年到1882年间在香港居住；1888年有两个巴哈伊到过西藏；1891年米尔扎·阿布-法德勒·古尔佩根访问了喀什地区。

1902年，两位伊朗巴哈伊阿卡·米尔扎·迈赫迪·拉西提（AQA MIRZA MIHDI RASHTI）和阿卡·米尔扎·阿博都巴奇·亚兹迪（ÁQÁ MÍRZÁ `ABDU'L-BAQÍ YAZDÍ），到上海开办奥米德贸易公司（OMID TRADING COMPANY），万兆元先生查到奥米德公司的中文名字是公美洋行。笔者查到公美并没有洋行两个字，该公司1910年就在上海注册，英文名字是OMMID &.CO（孙修福编《近代中国华洋机构译名大全》，团结出版社1992年，第692页），公司最初设在上海北京路15号B，后来搬到四川路124号。这个公司最早出现在1910年7月11日的《华北正报》，以后又连续出现，一直到1918年。经营的茶叶有天香珍眉茶、公平贡熙茶、玉芳香贞熙茶，数额都不大。拉西提早在1869年就在伊朗设拉子传播巴哈伊信仰，但是由于当时的局势动荡不安，收效甚微。他们结伴来上海主要是经营茶叶公司，但是传播巴哈伊信仰也是他们的目的之一。拉西提说："上海已经觉醒，中国人中已有信仰者，并在这一转变过程中将启示之光照向他们的同胞。"作为上海茶叶公司通事的郑观应完全有可能与他的公司有交流。拉西提于1924年在上海去世。

下图据HASHIMOFF，M. A. B., M'GER.THE NORTH CHINA DESK HONG LIST 1910年7月011版

直到1916、1917年，这个公司一直在经营茶叶。

美公 Kung-mei.
15B, Peking Road.
Head Office:—Askhabad.
Tel. Add.: "Ommid."

Ommid & Co.,
Tea and General Merchants and Commission Agents.
Hashimoff, M. A. B., *M'ger*
Mamedoff, S. K.
Bamjee, R. C., *Assistant*

1910年，美国巴哈伊霍华德·斯特鲁文（HOWARD CHRISTMAS STRUVEN，1882—1977）和查尔斯·梅森·雷米（CHARLES MASON REMEY，1874年5月15日至1974年2月4日）开展了环球传导之旅，对于美国巴哈伊来说尚属首次。霍华德·斯特鲁文1898年或1899年在巴尔的摩受其兄影响接受了信仰，1909年，他被任命为巴尔的摩灵理会成员，以制定新的地方精神大会的章程，参与了早期巴尔的摩巴哈伊社区的建设。1909年他27岁，阿博都·巴哈指示他与梅森·雷米一起环游世界，拜访巴哈伊社区并传授信仰。他于7月20日离开巴尔的摩。

查尔斯·梅森·雷米是一位著名的有争议的美国巴哈伊，他于1951年被任命为圣辅，并担任国际巴哈伊会议主席。他是乌干达和澳大利亚巴哈伊灵曦堂的建筑设计师，守基·阿芬第批准了他为以色列海法未来将要建造的灵曦堂做设计。守基·阿芬第记录说，雷米和他的巴哈伊教徒霍华德·斯特鲁文是最早在地球上传导的巴哈伊信徒。雷米是一位多产的作家，他发表了许多宣传巴哈伊信仰的出版物和个人文章，其中包括《阿博都·巴哈-圣约的中心》和五卷《巴哈伊运动的全面历史》（1927年），《巴哈伊的启示与重建》（1919年），巴哈伊运动（1917年）和阐述巴哈伊运动的建设性原则的一系列十九篇论文（1912年）。

梅森·雷米远赴俄罗斯和波斯，然后与霍华德·斯特鲁文一起在巴哈伊历史上首次绕地球旅行，途中曾前往夏威夷群岛、日本、中国、印度和缅甸。

他们访问了上海和香港，可能是第一批到中国的西方巴哈伊信徒。他们在上海时间不长，但是遇到了同情他们工作的几个人。他们可能在尚贤堂演讲过。

梅森·雷米从缅甸给HC瓦格纳夫人写信说：中国的上海是我们从事工作的下一个领域。人们对这些教义的兴趣才刚刚开始。在那里，我们遇到了波斯巴哈伊公司之一（指公美）的米尔扎·阿卜杜勒·巴吉（MIRZA ABDUL BAGHI），他曾在这里居住。

《时报》1914年9月19日第15版刊登了一篇《世界第一古教》的报道，内容是费卡琦君1914年9月20日下午在尚贤堂的演讲。按说这篇演讲可以在《尚贤堂纪事》上查到，但是《尚贤堂纪事》1912-1915年的均缺遗，无法查到费卡琦君演讲的具体内容。该报道的可疑点有两处，一是文中的公兴洋行可能是公美的误写，费卡琦君可能是巴吉的误写。演说的内容《波斯教之原理与行事有益于人世》，记者所述内容多为臆测，因为所讲述内容并不是尚贤堂的主调，大致可以肯定是讲胡适所说的波斯泛神教，就是巴哈伊。另外一篇报道提到万国人种会有一位演讲者波斯亚爷君，始终无法查到该演讲者具体是哪一位。（见《译辑：万国人种会开会启：辑申报》，《尚贤堂纪事》1911年第5期，第19页），而演讲内容也无从知晓。我推测，可能是公美公司的阿卡·米尔扎·阿卜杜·巴吉·亚兹丁，亚兹丁按中国人的习惯可以叫亚爷。

《时报》1914年9月19日第15版

雷米在一篇文章中回忆道：1909年6月，我们离开华盛顿和巴尔的摩，向西访问了美国几乎所有的巴哈伊中心，从东部的格林阿克尔（GREEN ACRE）到洛杉矶、西雅图和斯波坎的太平洋沿岸。正是在11月，我们驶往夏威夷，在那里我们与艾格尼丝·亚历山大小姐AGNES ALEXANDER组建的檀香山小组的朋友们一起度过了三个星期，而在圣诞节前一周，我们到达日本，在东京度过了几天，举行了个人和团体的会议。他们被事业吸引。我们在东京的第一次会议是在美国基督教青年会教堂里举行的，约有125人。戈登夫人、道奇（DODGE）夫人是在日本生活了多年的英国女士，她们和其他人最友好，在安排这次大型会议以及几个较小的会议方面发挥了作用。

上海是我们下一个巴哈伊活动的领域。在那儿，我们会见了"奥米德公司"（公美）的波斯信徒。会见了公美公司的阿卡·米尔扎·阿卜杜·巴吉·亚兹丁。他们可能是最早进入中国的巴哈伊信徒。通过这些朋友，我们找到了英国传教士李提摩太牧师，他与大多数传教士不同，对圣道最友好。他的助手李佳白（REV. GILBERT REID）牧师也很亲切，他去世前回到美国，在纽约和华盛顿的会议上与巴哈伊教徒有联系。这些传教士为远东宗教之间的和谐关系建立了尚贤堂"中国国际学会"，并在他们出版物（笔者按：如《尚贤堂纪事》）中提及圣道并予以宣传。（BAHA'I TEACHERS GO TO EUROPE, ASIA AND AFRICA, TEACHING IN EUROPE. ASIA AND AFRICA，第187页）

要注意的是，雷米在这里把李佳白当作李提摩太的助手，可能是误会，但是他明确说李佳白在纽约和华盛顿与巴哈伊教徒有联系，就值得我们考证一番。当1911年曹云祥在宇可诺松林举办基督教青年会夏令营的时候，曹云祥邀请李佳白和穆德这两位了解并且认同巴哈伊的基督教人士演讲，李佳白是多次演讲，《胡适日记》里都有详细的记载。就是在这一年，曹云祥进入哈佛大学读工商管理硕士，时间应该是在秋季，才会离开纽约，前往波士顿。1921年曹云祥出席华盛顿会议，任中国代表团副秘书长，1922年初回国。

中国出版的英文名报《大陆报》有报道。另有报道称，有一位与华盛顿和平会议有关的中国大学生出席巴哈伊教的聚会，详细认真地请教了许多问题，最后说："这是我听说过的最好的宗教。"我们可以确定起码这个人与曹云祥有关，即使说就是曹云祥也不为过，因为曹云祥其时是中国代表团的副秘书长。其时李佳白正好也在美国。那么，那时候李佳白完全有可能在一次纽约的巴哈伊活动上再次见到曹云祥，这是可以推论出来的。

法国希波吕特·德雷福斯博士（HIPPOLYTE DREYFUS）于1901年成为第一位法国巴哈伊教徒。他撰写了众多关于巴哈伊信仰的书籍、文章。1911年与美国巴哈伊劳拉·克利福德·巴尼（LAURA CLIFFORD BARNEY）结婚后，夫妇两人于1914年访问了中国青岛，希望沿长江（及陆路）上行到云南昆明。然而，由于第一次世界大战爆发（在1914年），他们回到了欧洲。

德国的西格·弗里德·肖普弗洛彻（SIGFRIED SCHOPFLOCHER）于1877年9月26日出生在纽伦堡附近的巴伐利亚州菲尔特，是父母18个孩子中最小的一个。一直作为东正教犹太人长大，却在离开学校后成为不可知论者，并开始进行广泛的精神探索。洛罗尔（LOROL，即Florence (Lorol) Schopflocher）和他结婚几年后，在蒙特利尔遇到了一位巴哈伊教徒，名叫ROSE HENDERSON，她发现自己被信仰所吸引。当她受邀去美国缅因州埃利奥特市巴哈伊学校和会议中心格林阿克尔（GREEN ACRE）时，洛罗尔趁机了解了更多有关该宗教的知识。此后，西格弗雷德（FRED）为洛罗尔在世界各地的广泛旅行提供了资金，以宣传巴哈伊信仰，在此期间，她能够访问80多个国家。《巴哈伊世界》赞誉她为"一颗辐射的恒星从西方向东方移动"。"她始终特别强调女性在这个时代的地位，以及她们在实现更好的社会秩序中将要发挥的更大作用"。洛罗尔是少数西方女性之一，包括她的密友基思·兰瑟姆·凯勒（KEITH RANSOM-KEHLER），她们试图减轻巴哈伊信仰者在伊朗遭受的迫害。基思·兰瑟姆·凯勒1911年在巴黎见到阿博都·巴哈，1921年5月成为巴哈伊，在1920年代，她先后几次访问了中国和香港。

圣辅艾格尼丝·鲍德温·亚历山大（AGNES BALDWIN ALEXANDER）于1914年11月应阿博都·巴哈的请求，在香港停留。后来随着阿里·哈森沃夫、侯赛因·乌斯库利（HUSAYN USKULI）、米尔扎·侯赛因·图缇（HUSAYN TUTI，他是菲律宾的拓荒者）和其他拓荒者的到来，上海巴哈伊社团日渐稳固。其他稍小的巴哈伊社团也在北京、广州、哈尔滨逐步得到建立。于此期间，在外留学的部分中国人逐渐了解到此信仰。

20世纪初，陆续有一些伊朗的巴哈伊信徒到中国旅行或经商。此时中国内地则通过李佳白创办的尚贤堂开始知道巴哈伊。

1882年李佳白入华，在山东居住十年之后，1893年在芝加哥参加世界宗教议会，得知巴哈伊信仰，1894年再度回中国，在北京和上海先后创办尚贤堂。他在华前后达40多年，直接、间接传播巴哈伊，实践天下一家思想。期间和众多清末人物接触，主要有光绪帝、孙中山、李鸿章、翁同龢、郑观应、康有为、梁启超、谭嗣同、刘光第等。他在尚贤堂安排巴哈伊演讲，1914年致信阿博都·巴哈，邀请圣约中心到上海参加预期要召开的世界宗教大会，并且在尚贤堂演讲，此举因为一战爆发未能实现。阿博都·巴哈致信李佳白，赞誉他融合宗教之功。因为大会不能召开，于是1914年11月李佳白在尚贤堂用英文演讲巴哈伊，1915年5月将演讲的中文稿在商务印书馆主办的《东方杂志》发表，题为《论波海会之精神与作用》，主编杜亚泉配合李佳白，发表《波海会》予以摘要介绍。波海会就是巴哈伊。这方面的内容已经在《西来巨儒李佳白的中国心》里详细介绍过，这里不赘述。

中国第一次出现巴哈伊教这个名词也是杜亚泉的功劳。1916年第5期《东方杂志》："波斯固素奉巴哈伊教者，此教与日本之武士道相似，毫不畏死，且以殉教而死为荣。其政权虽为英俄所掌握，然自其教义观之，则波斯之复活，决非绝望也。况波斯之宗教，巴哈伊教之外，回回教亦甚盛"（来伊得博士著，杜亚泉（高劳）译：《回教徒其将崛起乎？》，《东方杂志》1916年第13卷第5期，第41页）。这里原作对巴哈伊有误解，把巴布初期不得已的武装抵抗误当做和日本武士道相似的组织，而忽视了巴哈伊的和平主义理念。但巴哈伊教这个译名的出现，这里是第一次。1918年杜亚泉又发表《矛盾的调和》，引用波海会的观点，扩大了巴哈伊的影响。《东方杂志》发表的这些文章和译作，是中国最早也是最全面介绍巴哈伊的文章。该杂志影响非常大，是当时主流知识分子的必读物，从此巴哈伊开始在中国上层广为人知。与李佳白交际相当深厚的郑观应、康有为、孙中山的世界大同思想与巴哈伊的影响有关联。孙中山的思想一生当中发生的最大变化，莫过于从"驱除鞑虏"发展到"五族共和"、世界大同，实现了思想上质的飞跃。孙中山1912年9月3日《在北京五族共和合进会与西北协进会的演说》说："今者五族一家，立于平等地位，种族不平等之问题解决，政治不平等问题亦同时解决，永无更起纷争之事。所望者以后五大民族，同心协力，共策国事之进行，使中国进于世界第一文明大国，则我五大民族共同负荷之大责任也。现在世界文明未达极点，人类智识，犹不免于幼稚，故以武装求和平，强凌弱，大欺小之事，时有所闻。然使文明日进，智识日高，则必能广其博爱主义，使全世界合为一大国家，亦未可定。"（《孙中山全集》第2卷，中华书局1982年，第439页）。这完全是响应巴哈欧拉提出的"地球乃一国，万众皆其民"的地球村思想。阿博都·巴哈1912年在美国的访问是世界范围的大事情，而后孙中山又和李佳白交往非常多，受巴哈伊影响而形成这种世界大同思想，一点不奇怪。1919年，孙中山对朱仲华说："天下为公，要的是天下鼎鼎大公。实现了天下为公，就可以达到世界大同了。"（沈建乐编著《绍兴历史名人》宁夏人民出版社2006年，第314页）下边会详细叙述李佳白。

4、不能忽略儒特以前有个李佳白

儒特是中国人民的好朋友，也是巴哈伊朋友早就熟悉的伟大女性，早在20世纪20年代的中国巴哈伊朋友圈就很知名，现在则更因美国学者M.R.加里斯在1983年出版的英文著作《玛莎·鲁特——神圣殿堂前的雄狮》（成群译，澳门新纪元国际出版社2013年），近年翻译成中文而更广为人知。加里斯赞誉"她那虚弱的身躯里蕴藏着一个虔诚和崇高的灵魂"。但是国内对儒特也有一个认识误区，就是现存的很多著作以为儒特是最早在中国传播巴哈伊信仰的人，导致读者误读巴哈伊在中国的传播史。

而真正详细介绍巴哈伊文明的，是美国原基督教长老会传教士李佳白传播的巴哈伊——"波海会"，最早出现在《时事新报》1914年11月21日的一篇报道《尚贤堂之教务会》预告李佳白演说《波斯国波海会之精神与其作用》，介绍说：

> 波海会为波斯国新发明之教会，其宗旨纯粹在于统一各教，破除种族国家之见，力求世界之和平，故其会中亦含有各教分子，诚大同之先导也。有志愿为世界造和平幸福者当群乐趋聆也。

《时事新报》1914年11月21日

该文明确无误地指明波海会（巴哈伊文明）的发源地为波斯国，各种宗教背景的信徒都可以加入巴哈伊，可以不改原来的信仰，波海会则是音译加意译了的巴哈伊文明。这篇报道，把中国巴哈伊有文字的历史提前了七八年。值得注意的是，李佳白不仅宣传巴哈伊文明，而且实践巴哈伊文明，具体在行动中贯彻巴哈伊文明的基本原则，如调节各宗教之间的关系，致使和谐相处；提倡男女平等；重视教育；禁烟禁毒（1914年10月23日《申报》纪"不吸卷烟联合会通告"节云："在会同志诸君子公鉴敬启者：本会鉴于时艰，暂停开会，近以劝导人少吸者渐多，为此通告公举正、副会长二人，重行整顿办理。务望我在会诸同志协力同心、广为劝戒、再接再厉，务期国家社会扫除毒害而后已。奉上公举票人名单各一纸，请即举定按期投箱以便公布。兹定于阳历十二月七号起投票六日，至十三号星期日止，午后二时开箱揭晓。凡投票者如有要事不能亲来，或请代表，或写信来皆可。敬此通告。伍廷芳、王文典、李佳白等计五十六人。以上诸君或助经费，或任编辑、演讲、书记、会计、劝导等干事员，或全不吸烟者，均有选举权及被选举权。"到12月9日，已经扩大到76人（《不吸卷烟联合会通告》，《申报》1914年12月9日））。

《尚贤堂之教务会》中提到的波海会，是李佳白博士的英文演讲稿BENEFITS OF THE BAHAI MOVEMENTS，在上海《大陆报》1914年11月24日第7版和同天的《上海时报》第3版发表，而商务印书馆1915年5月出版的著名《东方杂志》则发表了该演讲的中文译稿《论波海会之精神与作用》，该杂志没有发表阿博都·巴哈致李佳白的信函。当时的年轻编辑胡愈之刚刚到这个杂志，杜亚泉是杂志主编。1904年创刊的《东方杂志》是影响最大的百科全景式老期刊，正如王云五先生所说：是中国杂志中"最努力者"，也是"创刊最早而又养积最久之刊物"，有"藏界不倒翁"、"传世文章最富"、"澎湃学门，大匠如云"、"历史的忠实记录者"、"传世名作"、"盖代名刊"、"知识巨擘"等盛誉。当时的中国主流知识分子，没有不看该杂志的。十多年后的1915年，才有陈独秀创办的《新青年》，可以和

《东方杂志》比肩。作为影响极大的东方文化派主将的杜亚泉先生也发表了《波海会》，和李佳白的文章一起出现在1915年第5期《东方杂志》上，此文是他为配合李佳白的演讲中文稿发表而特意撰写的。过去一直认为美国女记者儒特是最早在中国传播巴哈伊文明的人，但是现在这个最新的发现是，美国李佳白博士是第一个在中国传播巴哈伊文明的人，也是第一个在中国实践巴哈伊文明的人，而且是在中国唯一一位接到阿博都·巴哈信件的人。

上海《大陆报》1914年11月24日第7版发表李佳白讲稿，
BENEFITS OF THE BAHAI MOVEMENTS

在翻译为中文的《论波海会之精神与作用》里，李佳白说：

世界各大宗教，皆由亚洲发源，而不自欧洲创始，故教中之仪节，亦多与亚洲近而不与欧洲同。如孔教、道教出于中国，神道教出于日本，佛教、婆罗门教出于印度，犹太教出于西亚细亚，基督教出于犹太，波斯教出于波斯，回教出于阿拉伯，是皆班班可考者。由此以观，则亚人信仰之根性，实较欧人为胜。虽今者欧陆列强，群向东方灌输其通商、传教、兴学诸术，俨然为文明之先导，然即道理之本体，宗教之根据言，则固东人为其创，而西人为其因者。

于各宗教外，在中亚细亚新发现一团体，有宗教之性质，而不立宗教之名目者，乃为波海会。译西文文义，仅为一种活动之团体。盖个中人之本旨，在重道之精神，不重教之形式，在执一至公无偏之精义，期有以贯彻于各教，而仍不打破各教之范围。不在立异矫同，而创为新奇特别之名，以自树一帜也。名为波海，特以纪创始人之姓氏耳。

按波海会始自一千八百四十四年，创始之人凡三。首者名阿利·穆罕默德，波斯人，生于一千八百十九年，迨年二十四，忽谓得上帝之默示，因创为此会，从者多信之，因奉以嘉名曰波海（编者按：译文此处有误，应为"巴布"，英文原文为巴布），波斯语谓门也。意谓信徒从其说，乃得入道之门径也。阿利本为回教徒，然窃以为上帝之道与表示，未必尽于回教之圣经而无余蕴。上帝将来，必更降一圣书，以发明至高通行之道，藉以为各教联合之基础云。此说既盛，人乃群指其从者为叛徒。一千八百五十年，阿利遂被逮入狱，越二年即卒。自始迄今，其门徒之殉此主义而被逮以死者，盖已不下三万人焉。

其次者，人称之为波海由拉，亦为波斯之贵族，而本奉回教者。当阿利被逮，由拉及其从者亦与。初被遣至土耳其属之配辦达（编者按：巴格达）。继锢之于君士坦丁，继复移锢之于阿特来拿勒耳。迨一千八百六十八年，乃复移锢之于犹太属之阿克雷（编者按：阿卡），从之受罚者凡七十人。始严禁之于两室，后乃稍予自由，然亦不准出此地。迨一千八百九十二年，乃卒於戍所，时年已七十五矣。由拉既卒，其子波海，固与其父同罪而共罚者。至一千九百零八年，乃始与其徒众，得蒙土政府之释放，盖被锢者已四十年矣。然诸人遭难之年，实即为其主义发展之日。波海既免于罚，乃游历欧美以播其志。而欧美两洲，暨西亚细亚之慕名以往与联合者，乃实繁有徒焉。

波海会成立之历史，既如上所述矣。若其精神与作用，则又有可得而言者。夫该会之诞生，既经如许之困难，受如许之屈辱痛苦。而会中份子，不惟忍受之、耐守之，且毫无愤恨报复之私焉。此与耶稣及其门徒之遭遇大略相同。而受其感化者，乃群有耐苦忍辱，不报无道之美德焉。此其为益者一也。

各宗教中，如基督教、回教等，除所谓圣贤外，又有所谓德行高洁、知识宏远、能力伟大，受上帝默示，出而为世界拯大难、为上帝布德者，而特号为先知者，如耶稣，如穆罕默德，即基督教、回教之所奉为先知者也。第基督教及回教，以为除耶稣、穆罕默德外，要无望再有先知之降临。即有之，亦惟耶稣、穆罕默德之重至耳。若波海会则以为不然，以为先知不限定于耶稣诸人。今日者世界日即于凶残危难之境，当必另有先知，奉帝命而起，以宣帝意，以拔人罪，以救人难，以助世界人类种种之不足而无缺陷者。此种理想，实足兴起各教各界之希望，而有进步之机，不至以悲观而就消极也。此其为益者二也。

波海会之宗旨，并不欲自成一教。乃欲联络各教，以研究相同之道。而同一归服于唯一之真宰者。故彼礼拜堂中，各教皆有。且明许得自由信奉一教。第须确认各教有合一之理，以为同趋于至善之根基。故该会之成立，乃完全为谋统一、望和平起见。否则若有立异鸣高，自为一教之志，则即有竞争之忍，而无联合之美矣。此其为益者三也。

波海会之宗旨，又在于宽大无我。凡表同情于该会者，该会不第不劝其离原信之人，或原奉之教，且常勗其葆所固有而弗失焉。故在该会中，此教徒与彼教徒接触，不仅无诋责之声，并无抵制之意。与基督教、回教之严同异之辨者过异。惟其然，而该会虽竞尚宽容，终不能邀土耳其、波斯二国基、回两教之宽容，乃屡逼迫而摧害之。然其善终不可没也，此其为益者四也。

若夫宝爱和平而反对一切之战役，尤为该会宗旨最大之一端。故以为两国苟不幸而至于战，当必设法救止之。若未至于战而已起龃龉，尤宜亟谋调处之。盖理也者，处于久后不败之地者也。若舍可凭之理而诉诸武力，是即显示其所颁之理为不足恃矣。故该会之用意，与海牙和平会将毋同，而反对战衅尤过之。盖纯粹崇道德而不崇势力者。此其为益者五也。（《东方杂志》1915年5月10日第12卷第5号《内外时报》）

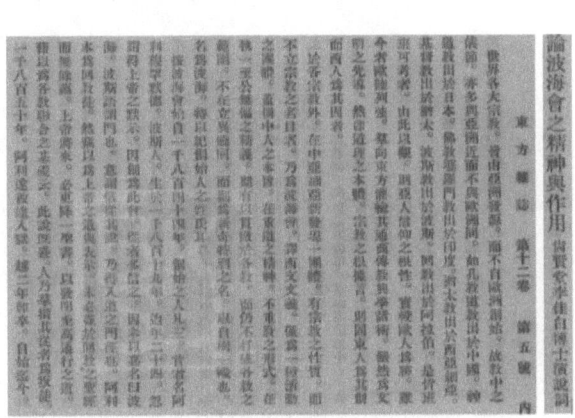

《东方杂志》1915年5月10日第12卷第5号《内外时报》发表李佳白演讲稿

在这之前的1914年10月份，在一篇《追记尚贤堂之祈祷会》（《时事新报》1914.10.06）的报道中有如下文字：

4日为美国总统通令全国开祈祷和平会之日，本埠尚贤堂系中外联合机关，以和平为宗旨，故由该堂教务联合会发起于同日下午四时半开同式祈祷会，届时除回教未至外，基督教李提摩太君，道教张元旭君，德教士普勃斯君，犹太教怡生君，孔教姚菊坡君、伍廷芳君，释教仰西君等，皆代表各教主席。其余中外男女来宾，如唐少川、唐露园、陈兰熏、陈润夫君等到者凡数百人，至座不能容。先由该堂总理李佳白博士报告开会缘由，大意以本会之开纯粹为悲悯战争起见，故以诚心祈祷和平为唯一宗旨，而绝无偏好之私，即各教演说亦不过各抒企想和平之理，仍各守不互相非薄之成规云。报告毕，即译述郑（汝成）镇守使来函，略谓：贵国大总统为祈祷和平令全国开会，贵堂联合各教亦于同日开同式之祈祷会。并嘱鄙人来会演讲和平之意，甚为感佩。唯鄙人以公冗事繁，不克趋命，甚为歉疚。惟鄙意对于和平实为无上之盼望。且不仅为欧洲及中国祷，为全世界祷，并望吾人祈祷之目的从速达到云云。嗣乃由波斯、犹太、孔教、道、耶各代表次第演说，并由美国、德国各女士先后弹西弦、抚钢琴，唱各种歌词于其断续之间。各教演说毕，全体来宾即行祈祷仪式，祷毕复由某女校生合唱爱国歌，并由李佳白君一人祈祷，言词甚为恳挚动人。

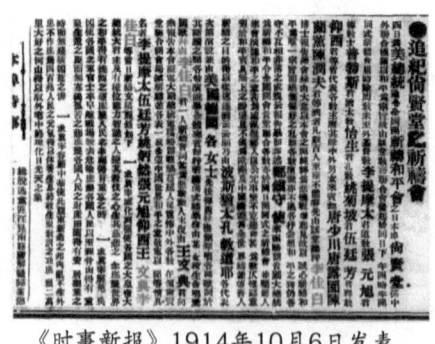

《时事新报》1914年10月6日发表《追纪尚贤堂之祈祷会》

这次祈祷会因为伊斯兰教未到，令李佳白焦虑。到1915年，他特别组织了一次以伊斯兰教为主题的演讲：

尚贤堂之联合会：法界宝昌路尚贤堂中外教务联合会，以研究各宗教之旨趣为归，乃该堂各项联合会之一，前数星期由该堂李佳白君演说

《外人对于回教之观念》，本星期(即明日下午四时半)，闻更由本埠回教俱进会马维常君、马宜之君等演说回教所以能得外人赞成之余旨。按回教为各大宗教之一，素以固闭着，不乐与他教接近，今屡与于该会之列，稍稍变通，不可谓非智识之进步也。（《时事新报》1915.07.03）

这位李佳白博士，是非同一般的传教士，是能够影响朝廷的举足轻重的人物。且看李佳白劝清廷退位的电报（《时事新报》1912.01.15）：

> 肃亲王并转庆醇各王公鉴：佳白久居中国感深帱载。民军起事，适值回华，忧念国势危险，人民困苦。持平劝解，或溯本朝善政，或述满员往事。又若君主立宪之适宜，朝旨退让之多款。时操公论，冀闻者稍悟。易于和平解决，不图群相反对。区区愚诚，尽归无效。窃恐战事复起，全国危亡在即，按民军条款，既宣布优礼皇室，安置满人，昭示中外必无改悔，为今之计，惟有请速联合王公，泣奏宫廷退位，以完全治理之权，责成民国皇族永享尊崇，生民并免涂炭，天下之感激贤王，爱戴旧主者，仍无已时也。美国李佳白上海去电。

《时事新报》1912 年 1 月 15 日发表李佳白文章

《时事新报》1912.01.24：

> 李佳白抵北京，其意在劝导满清亲贵，使和平解决云。

李佳白在中国的地位非常高，在清末，他是光绪皇帝外务会议上邀请的唯一一位外国人士,民国初则可以直接和总统对话。

《时事新报》(1916.06.09):

> 北京黎大总统钧鉴:侧闻继统,中外胪欢,丁此时艰,愿公奋勉所望,统一现局,正国本而绝弊源,克荷天麻,系苞桑而安盘石,是为祝。尚贤堂李佳白叩齐。

1916年6月11日,李佳白在致黎元洪的电报中说:

> 目下要图,似断在祛莠存良,陶镕一冶,任抒自由之见,力化偏执之私,群策合衷,乃克济有。(《李佳白复黎大总统电》,《时事新报》1916.06.11)三天后,黎元洪回电说:"鄙国时局艰难,自非群策合衷,鲜克有济,至于陶镕一冶,任抒自由之见,力化偏执之私,箴言卓识,深惬鄙怀。大局前途,尤切殷盼。"(《黎总统复李佳白电》,《时事新报》1916.06.14)

李佳白致力于宗教之间的沟通和和谐相处。《道教大会纪事》(《时事新报》1912.09.20)报道:

《时事新报》1912.年9月20日发表《道教大会纪事》

李佳白君演说,略谓世界宗教极宜联络,耶稣天主两教,前因派别太多,曾经提议联络,事尚未成。中国释道两教,派别亦不少,联络一气,乃是正办。现在时世,无论何教均联络为是。如中国政府近亦有联络美国之说。今兄弟乃一外国来宾,躬逢张天师开道教总会,极为赞成云云。

报纸对李佳白在尚贤堂组织的宗教对话活动大力报道,《时事新报》1915.10.02《尚贤堂星期会预志》报道：

> 尚贤堂星期会预志：法界霞飞路尚贤堂每逢星期开会，演说各宗教之原理，以和平为宗旨，以联合为主体。历久靡间，中外融洽，届期与会者辄形踊跃，明日星期下午四时半，闻由李佳白博士演说《宗教与万国联合之关系》，按联合各教实开大同之先河，无论何教何界定然乐闻，特行预志，以为未知者之绍介焉。

李佳白和李提摩太、丁韪良都是参加美国芝加哥世界宗教议会的基督教人士，李佳白是第一个用中英文介绍巴哈伊信仰的美国人。他和孙中山关系也非同一般。

李佳白和孙中山的关系并不是一成不变的。辛亥革命开始的时候，李佳白并不支持。（1911年）11月2日李佳白投书《北华捷报》，呼吁革命党人"集中力量从速谋求和平"，"与清军言和"，"不再从事战争而坐下来如同家人一样冷静地商议全国人民的最高利益"。（上海社会科学院历史研究所编《辛亥革命在上海史料选辑（增订版）》，上海人民出版社2011年，第1172页）

后来李佳白对孙中山十分尊敬，他们结识于辛亥革命初年，他们结识。但很早以前，李佳白即"服膺其主义，神交已有日"，"继是恒于沪寓相过从，益钦仰其志行。盖先生抱伟大之志愿，为国为民垂四十年"，虽"以政局傲扰，先生终不以之稍屈。兹以病殁于京邸，予知先生虽殁，先生之主义后之人必有以光大而昌明之，不与之俱殁可也。"（李佳白《哀悼孙中山先生》，《国际公报》1925年第120期，第1页）他认为孙中山"本具有一极良善之建设主义。主义维何？即以提倡民权与创造共和民国而已。所谓革命者，不过为国中必经之阶级，非此不足以脱离旧政府之羁扼，并非专与满族为难，而有残害或报复。其此一种族之意，盖以当时清政不纲，亲贵弄权，海内汹汹已不可终日。中山先生茹苦含辛，锲而不舍，以蕲达其志愿，故于成事之日，仍容纳北政府之协商，订定优待条款，以隆胜朝。……追南北统一，即翻然下野，功成不居，此其谦让之美德。"他回忆1921年，"在沪寓，与中山迭相过存，甚钦服其主义与人格，著为论文，播之欧美。"（李佳白《我与中山先生之感言》，《国际公报》1925年第121期，第1-2页）孙中山去世，1925年3月的北京追悼大会，李佳白送去挽联：先天下忧以忧，志行倘旦夕抒申，旷世古今无与匹；后列宁死而死，成败留人间评论，噩音中外有余哀——中山先生千古，美国李佳白谨挽（《国际公报》1925年第121期，第2页）

这是有关李佳白和孙中山交往的一些记载：

  1911年12月25日，孙中山在经历了16年的海外生活和艰苦斗争之后，乘船自欧洲经新加坡、香港回到上海，受到黄兴、陈其美、宋教仁、汪精卫等人和上海各界人民的热烈欢迎。江亢虎也以中国社会党代表的身份，前往码头迎接，并在轮船舷梯旁同孙中山握手。这是他第一次见到孙中山。接着，在法租界尚贤堂李佳白为孙中山举办的宴会上，江亢虎再次同孙中山见面，并交换了一些意见。（汪佩伟《江亢虎研究》，武汉出版社1998年，第88页）。

  本月十七日（1912年4月17日）下午，尚贤堂中西董事会开会欢迎孙中山。是日五时许，孙君偕数随员到堂。先由尚贤堂督办李佳白博士请孙君在该堂园地手植嘉木，并合摄一影。后随至会场介绍来宾与孙君相见。首先演说者为本埠领袖领事，次为李博士，再次为孙君。该堂备有军乐，陈设颇为完美，一切家具，有福顺洋行备办，概不取资。并由中西各国官商女眷预备茶点，分布各席，款待孙君暨来宾，计到者凡十五国人，洵极一时之盛（《申报》1912年4月19日）。

1912年李佳白在尚贤堂安排孙中山演讲，演讲之后在尚贤堂植象征和平的棕榈树，植树后和李佳白等人合影留念。我们引用以下记载：

尚贤堂。1912年4月17日。

当孙中山到达时，人们都出来迎接。先由李佳白请孙中山到堂内石牌楼下种植柳树（笔者按：应为棕榈树）一棵作为纪念，并留影一帧。

然后，李佳白向孙中山介绍各位重要来宾。

上海领事的开场白完后，是李佳白博士的演讲。在讲话中，他表达了对孙中山的高度敬仰：尽管我个人反对一切流血的革命，赞成凭藉真理、辩论与理智的运用以达鼓足干劲的目的，我却是长久以来，即对孙博士怀有高度的仰慕。我之所以对这位伟大的革命家心怀仰慕，乃是由于钦仰他在企图推翻满清政府的艰苦过程中，所表现的正直无私、百折不挠、勇往直前、贯彻始终的精神。他的目的，是政府当局多年以来即所深知的。面临着危险横逆，孙博士坚持立场，从无动摇与畏惧。猝然爆发的辛亥革命之所以顺利成功，主要在于这位青年革命家从广东省所安排的周密部署。他在促使清帝退位以结束满清统治的过程中，所表现的忍让精神与开阔胸怀，更赢得中国人民以及在华外人的最高崇敬！

他的讲话获得热烈掌声的回应。孙中山也作了演讲。他对在华各外国人士在输入世界新理、令中国得以风气日开、民智日辟、建成共和方面的贡献表示感谢。但当他谈到"你们外国要帮助我们收回租界"时，引起了一些不安。

李佳白忙说：属于中国人民的东西，外人是拿不走的。

……

鲜花和美酒，表达着人们对孙中山宽阔胸怀的敬意。但热烈中却又浮着些许感伤。不知不觉中，夜幕已经降临。法租界捕房捕头特意安排的巡捕早已来到尚贤堂，等待护送孙中山起程往码头。

……

门口的签名册传到李佳白的手上。对，只有这才是最好的纪念品。他在扉页上题到："赠中华民国首届临时大总统孙逸仙于1912年4月17日尚贤堂欢迎会谨以此对他为自由事业与民国政府的贡献致以敬意。"……这个欢送会给孙中山留下了至深的印象，直到1924年1月，孙中山在中国国民党第一次全国代表大会上还提起这次欢迎会（邓丽兰《临时大总统和他的支持者——孙中山英文藏档透视》，中国文史出版社1996年，第1-3页）。

此报导在罗刚编著的《中华民国国父实录（1-6册）》得到确认：4月17日午后孙中山"赴尚贤堂外籍人士欢宴，席中曾呼吁赞助中国收回租界。即晚登'泰顺'轮，次日凌晨3时启碇离沪。"（《财团法人罗刚先生三民主义奖学金基金会》1988年，第1885页）

尽管李佳白对革命充满忧虑，但他对革命的领袖人物孙中山等人非常钦佩。孙中山具有的基督教背景并没有引起他过多的关注，他充分肯定的是孙中山的抱负和品格。

我们知道，从1903年第169册起，《万国公报》连载由美国传教士李佳白撰写的《列国政治异同考》，该文在介绍美国官制后提出"倘若中国能效而仿行之，岂徒国家幸，亦人民之幸也"。1909年，李佳白编译的《欧美强国宪法汇编》由上海华美书局出版。李鸿章致李佳白说："阁下在中国士大夫阶层中所进行之工作，可以西学启迪中国民众，对此，我曾在各种不同之场合下表示过同情，我亦深信阁下多年来在中国各地忘我工作以为当地人民谋福利。故值此阁下即将返美之际，我愿意为阁下出具下述证明：我对阁下从事目前的艰难工作时所表现出的勇敢和坚毅深表敬佩。不幸的是，中国士大夫阶层中存在着疑虑、偏见及自我满足，对西方国家的认识方面尤其如此。不管造成上述情况的原因是什么，其直接的后果是使中国成为目前世界各国中的落后国家，这是令人痛心的。中国的社会、教育和政府体制都使得士大夫阶层能够左右中国的命运。士大夫阶层对政权的控制时好时坏，我们没有必要去考虑它，反正它是一个既成的事实。现在我们所面临的一个现实的问题是将之转变为有益、有用的渠道。阁下已经开始解决上述问题，所用之方式值得向一切人道之友加以推荐。毫无疑问，若阁下能够把西方的光明和知识传授给我们暗昧的领导人，并通过他们而把我国人民从黑暗中引导出来，我想，我完全可以宣称：我在美国是有很多志同道合者的。从前我在美国所到之处均受到热情接待，在我心中留下极为深刻的印象，对贵国人民倍感亲切。如果他们乐于知道我对阁下评价极高并将给予阁下以必要的帮助，以便阁下能将更多光明带人世界并实现人类更高之理想，那么，阁下可以使用此封推荐信。"按此信为译文，转引自《戊戌变法文献资料系日》，上海书店出版社1998年，第309~310页。

　　李鸿章如此重视李佳白，当然是因为其影响巨大。他在《万国公报》发表的一系列政论文章在中国激起了很大的冲击波，甚至光绪帝的案头都摆着李佳白的著作。对这些政论文章和著作，孙中山当然也从来不会放过。而孙中山对李佳白的信任，通过安排对他的单独采访，更可见一斑：

　　1912年7月中下旬，孙中山和李佳白有一次长谈，成为对外传播孙中山信息的重要渠道。这是孙中山在上海接见纽约《独立杂志》特约代表、美国长老会在华代言人李佳白的谈话记录。发表于1912年9月9日出版的纽约《独立杂志》(The Independent)，署名孙逸仙。发表时未注明时间，据李佳白在该文后的"注记"说，这篇谈话"发表于北京因党争而致否决了陆征祥总理所提内阁阁员名单之时"。李佳白访问孙中山当在七月十八、九日之后，故时间酌定为七月中下旬。（中国社科院近代史所等编《孙中山全集》第2卷，中华书局2011年，第392页。）

李佳白说：

前大总统孙逸仙有保留地发表了如上意见，他不愿意于此时将其意见公布出来。正因如此，他的观点更有特殊重大的价值。孙前大总统的上述意见，发表于北京因党争而致否决了陆征祥总理所提内阁阁员名单之时，尤其具有重要性。激烈分子似乎有意要把他们为之奋战而建立的共和制度毁掉，孙前大总统意在缓和紧张气氛的论调，令人从纷乱的政局中看到了一线希望。他的谦抑值得人们赞扬。孙先生是革命的领导者，他的希望一向为所有革命党人——同盟会的会员们所尊重。革命党人对袁世凯及其国务总理的政府行动的阻挠，将不会形成灾难，因为孙逸仙的意见才是决定性的力量。举例来说，在我们的简短谈话中，孙先生提议说，临时政府副总统兼湖北都督黎元洪将军，乃是出任国务总理并负责组阁的最佳人选。而黎元洪将军乃是不同于孙博士及其友人的政党的另一个党的领袖。我个人愿意推荐孙逸仙为国务总理——至少是在黎元洪不能担任时，我愿推荐孙先生。

今后数月内，大家的注意力将集中于临时政府的结束，与第一届真正国会及第一任正式总统的选举。在这次足以发展个人雄心的机会中，孙博士仍然保持他谦逊的性格，他将以温和但决非无效的手段，帮助他的国家实现共和的理想，他本人则以继续保持一个普通公民的身分而感到满足。——李佳白，上海，中国。（中国社科院近代史所等编《孙中山全集》第2卷，中华书局2011年，第394-395页。）

公开报道的李佳白采访内容并没有涉及孙中山和巴哈伊的关系。但是除了公开发表的内容，他们还谈了什么？我们无从知悉。只是此次采访之后，孙中山开始和巴哈伊的世界大同、天下一家相呼应了。1912年4月在尚贤堂聚会之后，孙中山访问武汉，应共进会员、参加武昌起义的曾尚武之邀题写"天下为公"字幅。这种与巴哈伊有关的内容是否和李佳白有关，现在只能存疑。

林家有先生指出，孙中山最早是在1912年9月3日《在北京五族共和合进会与西北协进会的演说》中第一次谈到"大同之世"和"大同主义"的。他说："现在世界文明未达极点，人类智识，犹不免于幼稚，故以武装求和平，强凌弱，大欺小之事，时有所闻。然使文明日进，知识日高，则必推广其博爱主义，使全世界合为一大国家，亦未可定。""蒙昧之世，小国林立，以千万计，今则世界强国大国仅六、七耳。由此更进，安知此六、七大国不更进而成一世界唯一大国，即所谓大同之世是也。虽然，欲泯除国界而进于大国，其道非易，必须人人尚道德、明公理，庶可致之。今世界先觉之士，鼓吹大同主义者已不乏其人。我五大种族皆爱和平，重人道，若能扩充其自由、平等、博爱之主义于世界人类，则大同盛轨，岂难致乎？"孙中山1912年10月《在上海社会党的演说》中说："农以生之，工以成之，商以通之，士以治之，各尽其事，各执其业，幸福不平而自平，权利不等而自等，自此演进，不难致大同之世。""如父子昆弟同处一家，各尽其生利之能，各取其衣食所需，不相妨害，不相竞争，至治之极，政府遂处于无为之地位，而归于消灭之一途。"（《孙中山文集》上卷，团结出版社1997年，第343页）实际上，1912年1月1日，孙中山就任中华民国临时大总统时发表就职宣言时就说：临时政府成立以后，当尽文明国应尽之义务，以期享文明国应享之权利。满清时代辱国之举措与排外之心理，务一洗而去之；与我友邦益增睦谊，持和平主义，将使中国见重于国际社会，且将使世界渐趋于大同。循序以进，不为幸获。对外方针，实在于是（林百克著，徐植仁译《总统誓言：孙逸仙传记》，红旗出版社2012年，第105页）。

孙中山1912年在北京会晤四国银行团代表的谈话中，提出更冀世界各国共进大同、永不至再有战事的愿望。要消灭战争，人类社会必须进化到破除国界，故他主张"泯除国界而进于大同"，这与"天下一家"的思想是一致的。而所谓"泯除国界"，就是要"使全世界合为一大国家"。世界强国大国而成一世界唯一大国，即所谓"大同之世"是也（林家有等《孙中山社会建设思想研究（修订版）》，中山大学出版社2014年，第413页）。

孙中山1912年9月19日在太原各界欢迎会上发表演说，谓"今日五族共和，天下一家，建设方法非各省联络一气，同舟共济，万不足以建稳固之基础"（中国国民党中央执行委员会宣传部编《总理演讲新编》，1930年，第58页）。

李佳白早在1893年在美国参加芝加哥世界宗教议会的时候，就和另一个美国基督教知名人士穆德博士同时得知巴哈伊教的存在。除了李佳白和穆德，还有李提摩太、丁韪良、保灵、何德兰、花之安、坎德林（又名甘林）、白汉理、颜雅清的祖父颜永京，都是从中国去参加芝加哥世界宗教议会的。李佳白和李提摩太从此就把推行巴哈伊天下一家的思想作为自己的终生目标。于是乎，李佳白的一生就和巴哈伊连成一体了。1912年6月，李提摩太、李佳白和梅殿华等倡议在沪成立世界宗教会，为了结束宗教之间的分门立户、门派众多的局面，"收联合之效"，世界宗教会"持大同主义联合儒、释、道、耶、回各教为一大团"，以"维持法律，灌输道德"。会长李提摩太并提出"各教精义大致相同，明达之士颇拟联合各教融而为一，俾得协力救世，大展宗教之精神，永弥（弭）门户之争执"（曾纪善《中华民国道教会江西本部驻沪总机关部发起词》，《申报》1912年11月22日第7版）。有关李提摩太和孙中山的关系，笔者没有具体研究，但是从李提摩太的中国经历得知，1895年，他就和康有为通信，讨论社会存在的问题。同年，康有为在北京成立强学会，李提摩太专程从上海到北京参加成立大会。他还聘用康有为的学生梁启超为中文秘书。光绪皇帝也非常器重他，赐予李提摩太三品顶戴亦即三品官待遇。李鸿章和张之洞的改革思想都有他的影响，康有为和梁启超更以他为维新运动的精神导师兼领袖，甚至孙中山早年也与李提摩太有交往，曾主动寻求李提摩太的指引。而李佳白和孙中山的亲密关系则是笔者非常关注的。在拙著《西来巨儒李佳白的中国心》里，已经收集了很多资料，有的是首次披露。

李提摩太和李佳白都是知悉巴哈伊的西方人，在上海还和奥米德（公美）茶叶贸易公司的波斯巴哈伊群体联系紧密，对孙中山的影响不能忽视。

1914年11月左右，李佳白在尚贤堂演讲，用英语详细介绍了巴哈伊的历史，而且提到阿博都·巴哈给他的函件。《上海时报》1914年11月24日第3版发表了这篇英文演讲，并附录了阿博都·巴哈给李佳白的信。而杜亚泉主编的商务印书馆《东方杂志》在第二年的5月发表了中文版《论波海会之精神与作用——尚贤堂李佳白（Gilbert Reid)博士演说词》。杜亚泉则用高劳的笔名发表了《波海会》，简略介绍了巴哈伊信仰。

前已述及，《东方杂志》1904年创刊，是中国最重要的一流杂志，当时中国主流知识分子无人不读，到现在还是引用率很高的杂志。那时候李佳白已经闻名于中国。孙中山承认宗教对中国的作用，对穆德1896年在上海建立的、曹云祥担任过会长的中国基督教青年会赞美有加，说"教会之入中国，其直接间接之有造于中国人心社会"，"中国人民之得集会自由，初实多教会之赐也。由是风气渐开，民智日进，至今竟能恢复中华、创立民国，其影响所至，不为不大矣。"他深切地说"统观中国今日社会之团体，其结合之坚，遍布之广，发达之速，志愿之宏，孰有过于中国基督教青年会者乎？是欲求一团体而当约西亚之任，以领带中国人民至加南乳蜜之地者，舍中国基督教青年会其谁乎？予既有望于青年会之深，而不禁勉青年诸君之切也。诸君既置身于此高尚、坚强、宏大之团体，而适中国此时有倒悬待救之人民，岂不当发其宏愿，以此青年之团体而担负约西亚之责任，以救此四万万人民出水火之中而登之桩席之上乎？"（1921年中国基督教青年会成立二十五周年祝词《勉中国基督教青年》，秦孝仪主编《国父全集》第9册，台北，近代中国出版社1989年，第626-627页。）

可见孙中山是受李佳白天下一家思想影响很深的，孙中山对李佳白也评价甚高。1922年10月，北京尚贤堂在东安门真光电影院召开消弭战端、裁减军备讨论会，参加会议的各界人士通过了一项和平请愿书，分别呈送总统、国会、国务院及各省，恳请当政者"念疮痍其未安，知武健之可畏，诚雷厉而风行，化干戈为玉帛"。此次请愿得到了各界的回应，王宠惠代表国务院复函称赞李佳白及宗教联合会"热心宏愿，钦佩莫名"；高洪恩代表交通部表示对和平活动当"竭力资助，期底于成"。孙中山委托陈群祝贺李佳白的宗教联合会，认为李佳白是"洞明时势，出而建议。他山之言，借我攻错。洵中国国民之良友"。当时王宠惠代表中华民国国务院，表示赞赏"各教联合会以消弭战端裁剪军备为标帜"（《尚贤堂及附设之各教联合会纪事》，《国际公报·尚贤堂纪事》1922年第1期，第4页）。

后来在1916年8月21日，孙中山在游览浙江省绍兴上亭公园时，还应老同盟会员、《越铎日报》社长孙德卿之请，题写"大同"二字，后来悬挂于上亭公园朱舜水像旁（林家有等《孙中山社会建设思想研究（修订版）》，中山大学出版社2014年，第102页）。

如果从世界范围理解，孙中山认为"大同"是人类进化的必然。1923年1月，孙中山为戴季陶题写楹联："人类进化，世界大同"（刘望龄辑注：《孙中山题词遗墨汇编》，华中师范大学出版社2000年，第280页），"将来世界上总有和平之望，总有大同之一日。此吾人无穷之希望，最伟大之思想"（《孙中山全集》第3卷，中华书局1981年，第25页）。

1923年1月，孙中山所撰《〈五修詹氏宗谱〉序》：余曰：夫天下一家，则人不独亲其亲，子其子，是世之极治也。抑自治非臻于是，则亦不足以言其至也。……其进而革民族相食之陋也，将惟是；其益进而树天下一家之基也，将亦惟是。若是，固亦吾同志无尽之责也，愿共勉之（王鹤鸣、王澄：《中国家谱史图志》，安徽科学技术出版社2012年，第141页）。

1923年1月22日止，孙中山的另一些来访者有：……美国前传教士吉尔伯特·里德博士（李佳白）（上海市档案馆编《辛亥革命与上海 上海公共租界工部局档案选译》，中西书局2011年，第

350页）。

1924年6月16日，黄埔军校举行隆重的开学典礼。孙中山到会场给青年做了热情洋溢的讲话："要从今天起，立一个志愿，一生一世，都不存在升官发财的心理，只知道做救国救民的事业。"孙中山还宣布训词："三民主义，吾党所宗，以建民国，以进大同，咨尔多士，为民前锋，夙夜匪懈，主义是从，矢勤矢勇，必信必忠，一心一德，贯彻始终。"此训词其后成为国民党党歌及军校校歌，并由陈祖康谱曲，从黄埔五期开始传唱至今（陈建华、贡儿珍编著《广州史话》，社会科学文献出版社2015年，第51页）。

与此有关，孙中山也主张宗教自由、各教平等。"今日之中华民国，乃吾族同胞合力造成。国家政体既经改良，不惟五族平等，即宗教亦均平等"（《孙中山全集》第2卷，北京中华书局1982年，第361页）。学者指出：除了他自己信仰的基督教外，他与其他教派如伊斯兰教、佛教、大同教（巴哈伊）等也有密切的关系。他倡导各教平等，劝谕各教派爱国、支持革命事业，为振兴中华而努力奋斗。宗教自由是孙中山长期坚持的一项原则。在1912年的《对外宣言书》《中华民国临时约法》及1924年《中国国民党第一次全国代表大会宣言》中都有明文规定（林家有、萧润君主编《孙中山与中国社会·博士论坛论文选集》，中山大学出版社2009年，第233页）。

李佳白在世的时候，以提倡大同而闻名于世，《时事新报》1923.01.17发表他65岁生日庆典的时候，获得一幅赠联，是著名基督教人士俞宗周所赠：

对联如下：

> 降世六十五年，教化大同，道德文章足千古，
>
> 环球九万余里，光辉普及，梓潼（男神，文昌帝、济顺王、英显王、梓渔夫子、梓潼帝君、灵应帝君。）宝婺（女神）耀双星。

李佳白1927年在上海宝隆医院逝世之后，在中国人的唁电和唁文中，他是以大同主义出现的。如《民国日报》1927年10月1日引述《文汇报》的报道就称李佳白为大同主义者。

所以见诸文字传播巴哈伊信仰的第一人决不是儒特，而是李佳白。李佳白不仅是传播者，而且还是实践者。最早传播巴哈伊信仰的，也并不是1921年在上海出版的巴哈伊著作。早在1907年，李佳白创办的上海尚贤堂已经有人演讲巴哈伊，只是到现在还没有找到正式的出版物。除了李佳白、儒特，其他人士对在中国传播巴哈伊信仰，也付出了巨大的努力，取得了巨大的成功，如笔者已经出版的著作涉及到的杜亚泉、曹云祥、颜雅清，还有胡适、廖崇真、廖崇圣、廖奉灵等等。意外的是，2020年5月17日，笔者偶然在《上海画报》（1929年第453期，第2页）发现了同一版面里发表了胡适和颜雅清的照片，这种巧合也是十分难得的。

李佳白1903年把尚贤堂从北京转移到了上海，从国外到上海的美国巴哈伊在上海见到了来自波斯奥米德茶叶贸易公司（中文字号为"公美"）的巴哈伊群体，其中肯定有阿卡·米尔扎·阿博都巴奇·亚兹迪，而且通过他们，拜会了李提摩太和李佳白，觉得他们和其他美国传教士不一样，是最友好的同道。他们两人（李提摩太和李佳白）在纽约和华盛顿与巴哈伊信徒有联系。而尚贤堂则是为宗教之间的和谐而创办，还出版了巴哈伊读物（应该是《尚贤堂纪事》，并不是巴哈伊专业刊物）（BAHAL TEACHERS GO TO EUROPE, ASIA AND AFRICA，第187页）。除了在芝加哥听闻巴哈伊之外，李佳白和李提摩太通过这个巴哈伊群体，获取了更多的巴哈伊信息。尚贤堂的目的是推进国际和谐与善意事业、真理与正义事业，特别是中国的福祉，将每个国家和每一种宗教的精神融合在一起；或者带来中国人和其他民族之间，基督徒和其他宗教信徒之间，以及一套中国人和中国人之间的和平与和谐、友谊和善意。

李佳白的好友李提摩太，作为英国浸礼会传教士，对宗教是持开放的态度，对世界宗教都有各种不同程度的了解。他认为五大洲

李佳白逝世 享年七十

三十日文匯報云：美僑李佳白博士，數月前因病入寶隆醫院診治，無效，已於今晨夜子該醫院。博士爲大同主義者，僑居中國數十年，熱心中國改革事業，曾爲本報投稿多年，其論頗博爲中國問題，博士學問淵博，慈愛華事，深通華文，畢生盡瘁於中國，一旦溘逝，殊堪悼惜，其遺體將於明日（一號）午後五時葬於虹橋路公墓，茲附記博士略歷於後，博士於一八五七年十一月念七號生於紐約，其父爲教士，一八七九年畢業於紐約協和神學院，被派至中國傳教，先在煙台濟南等處工作，一八九四年復來華，創辦尚賢堂於北京，落堂於一八九七年稔中國政府批准設立在此數年間，博士助中國革新運動，枉爲出力，旋復歸美，又至歐洲遊歷，一八九九年間華，一九○年在北京拳匪圍攻使館中受傷，一九○二年移設尚賢堂於上海，自一九○二年至一九二二年，除赴美二次外，其在中國時，努力於教育社會文學等工作，一九一七年再度至美歐旅行外，又一九一八年從北京郵局問士撰北京郵報政府從北京政府之請，因反對叁戰，被押送至馬尼拉，一九二一年復來報，博士曾爲倫敦泰晤士報晨郵報紐約海路德約通信員，又主辦尚賢堂國際公報，曾著華文書多種，享年七十歲。

中间是胡适，下图是颜雅清（后右一）和朋友们
《上海画报》1929年第453期，第2页

主要教门有六：印度教、回回教、释教、儒教、道教、救世教（耶稣教今在基督教三大派：基督教、天主教、东正教）。他对天主教、印度教和伊斯兰教均有批评，认为天主教的弊端在于：一，天主教云愚民皆无知识，惟天独授教皇以权，能定所行各事善恶是非，不知人人各有天良，能知善恶，天万不能以此权私于一人。二，他教人虽多行善事而不愿随从天主教者，皆谓为异端，难入天堂。不知天本无私，不以教为赏罚而以善恶为赏罚。三，私自告诫。四，禁教士婚娶等。凡此数端皆难服众善之心，因此欧洲人士久经改变，而已复其原教之善（《民教相安释疑篇》，《万国公报》第37册，第15页，光绪十八年，即1892年）。而回回教虽有救世之说，乃自视过高，觉他教均不及彼。而考其实在之效，乃终落人后。如所属波斯、土耳其、埃及等处均无从前之兴盛，即现在之回教，其是否能及初兴时，未可知也（《救世教益》第七章，《万国公报》光绪十八年（1892年）第36、37册，第8页）。所以当他看到波斯的伊斯兰教出现了巴哈伊，他觉得非常难得，给予支持和推介。他把雷米介绍给公美公司的巴哈伊信仰者，就是出于这种考量。

1891年，李提摩太节译了美国小说家爱德华·贝拉米（EDWARD BELLAMY, 1850-1898）1888年出版的《回头看纪略》，在《万国公报》上连载三次，1894年又以《百年一觉》为书名由上海广学会出版单行本，署"（美）毕拉宓著、李提摩太译"。小说的核心就是"四海皆兄弟"的思想：战争已经废除了，贫困已经消亡，人们健康快乐，没有犯罪，没有自私的商品买卖，但是每个人都有政府的借记卡。最高的口号是"尽力而为"，对每个人的评判标准都是能力而不是生产力、创造力或知识。学校已被国有化，扫盲正盛行。1904年商务印书馆出版的《绣像小说》杂志也连载了这部政治小说《回头看》，该小说后来多次被再刊、再版，在晚清风行一时，对中国知识界和学术界产生了极为深远的影响。康有为认为 "美国人所著《百年一觉》书是'大同'的影子。"（吴熙钊、邓中好校点《康南海先生口说》，广州：中山大学出版社1985年，第31页。）谭嗣同认为："地球之治也，以有天下而无国也。……君主废，则贵贱平；公理明，则贫富均。千里万里，一家一人。视其家，逆旅也；视其人，同胞也。父无所用其慈，子无所用其孝，兄弟忘其友恭，夫妇忘其倡随，若西书中《百年一觉》者，殆仿佛《礼运》大同之象焉"（谭嗣同《仁学》，《谭嗣同全集》卷一，北京：三联书店1954年，第85页）。

爱德华·贝拉米的小说有没有巴哈伊文明的影响？我们可以分析判断一下。1844年，巴哈伊文明的创始人之一巴布，宣布自己就是通向隐遁伊玛目的"巴布"——门，人可以通过他去了解隐遁伊玛目的旨意。1847年完成的《默示录》，系统阐述了巴布的教义、律法及礼仪和社会改革的主张，提出要实现人人平等、和谐幸福的"正义王国"。

1857年1月鉴于英国和波斯发生战争，马克思为《纽约每日论坛报》写了一篇关于英国对波斯的侵略计划的文章，恩格斯写了一篇展望英波战争的文章，两篇文章都作为社论于2月14日和19日在该报发表。马克思恩格斯关切波斯，写过关于波斯的多篇文章，包括恩格斯的《波斯和中国》，该文写于1857年5月20日左右，载于1857年6月5日《纽约每日论坛报》第5032号。文末有一段话：中国的南方人在反对外国人的斗争中所表现的那种狂热态度本身，显然表明他们已觉悟到古老的中国遇到极大的危险；过不了多少年，我们就会看到世界上最古老的帝国作垂死的挣扎，同时我们也会看到整个亚洲新纪元的曙光。（《马克思恩格斯全集》第12卷，人民出版社1979年，第288页），马克思《与波斯签订的条约》，载于《纽约每日论坛报》1857年6月24日第5048号，认为英国—波斯战争和中国的第二次鸦片战争，由于基本上是以英印军队进行的，便给印度人民增加了不堪忍受的负担，从而在很大程度上推动了印度起义的爆发。马克思写于1857年6月30日的《印度军队的起义》作为社论载于1857年7月15日《纽约每日论坛报》第5065号，里面明确提到：伊斯兰教徒和印度教徒忘却了他们相互间的仇隙，而联合起来反对他们共同的统治者；"骚动由印度教徒开始，而实际上其结果是在德里拥立一位伊斯兰教的皇帝"；起义已经不仅限于少数地区；最后，英印军队中的起义与亚洲各大国对英国统治的普遍不满同时发生，因为在孟加拉军内的起义无疑与波斯战争和中国战争有密切的联系，——所有这些，都是过去从未有过的事情（《马克思恩格斯全集》第12卷，人民出版社1979年，第251页）。

1857-1859年发生的印度民族起义受到马克思的高度关注，在评论这次起义的时候，马克思说，1857-1859年的印度民族起义同中国太平天国起义和伊朗巴布教徒起义一样，是亚洲人民对资本主义大国，首先是对英国奴役他们的回答。马克思指出，这次起义"与亚洲各大国对英国统治的普遍不满同时发生"。

1893年美国芝加哥举办世界宗教议会，是巴哈伊走向美国和世界的真正开端。西方学者普遍认为，芝加哥的世界宗教议会是巴哈伊文明向西方传播的开始。如当代最著名的宗教史学家（法）让·德吕莫（JEANDELUMEAU）和（法）萨比娜·梅尔基奥尔-博内（SABINEMELCHIRO-BONNET）合著的《宗教大历史》就说：1893年，第一届世界宗教大会借世博会之机在芝加哥召开。在同一时期"普世信仰"或称巴哈伊教开始传播。美国人开始关注巴哈伊文明开始于这一年（上海三联书店2009年，第364页）。

当然，在1892年，已经有两名巴哈伊到达美国传播这种普世信仰，其中一个是叙利亚商人易卜拉欣·海路拉（IBRAHIM GEORGE KHEIRALLA）。他本是基督教徒，一次在开罗，从一位伊朗德黑兰商人那里无意中接触了巴哈伊教，后来成为巴哈伊信徒，而且得到过巴哈欧拉写给他的书简。1892年12月他抵达美国纽约，1894年2月迁居芝加哥，开始传导。第一个由西方基督教徒成为巴哈伊教徒的，是桑顿·蔡斯（THRNTON CHASE），他也是美国的第一个巴哈伊。桑顿·蔡斯曾在芝加哥博览会上阅读过有关巴哈伊信徒的介绍，通常被认为是西方第一位巴哈伊信徒。20世纪初，易卜拉欣·海路拉到阿卡监狱拜望了阿博都·巴哈，回美国后写书《在加利利》，介绍巴哈伊教、巴哈欧拉和阿博都·巴哈，说阿博都·巴哈是教长，"他是这个伟大年代中的基督精神！他是那受膏油者！是他的父亲所命定的！那父亲是上帝之至大的显示者——

巴哈欧拉。他是圣约的中心；渴望之新的医疗和满足者！服务人类之王"（白有志：《阿博都·巴哈——建设新秩序的先锋》，新纪元国际出版社2001年，第51页）。他去世不久后的1912年。

据易卜拉欣·海路拉说，到1897年，在芝加哥等地，有数百人在他影响下成为巴哈伊，其中有一个年轻而又精力充沛的女信徒露薏莎·葛兴革（LOUISA GETSINGER），她的贡献很大，被阿博都·巴哈命名为"西方传导之母"。她走遍了芝加哥以外的美国各地，把巴哈伊教传播开来。在传导过程中，她遇见了参议员乔治·赫斯特（GEORGE F HEARST）的太太菲比·赫斯特（PHOEBE HEARST），使她成了巴哈伊。在露薏莎·葛兴革那里，梅·艾丽丝·波尔（MAY ELLIS BOLLES）也成为巴哈伊。1898年菲比·赫斯特太太组织了15人的朝圣团去阿卡拜见阿博都·巴哈，易卜拉欣·海路拉夫妇、露薏莎·葛兴革夫妇都在其中。他们于1898年12月10日到达阿卡，拜会了阿博都·巴哈以后，他们以为他就是救世主。但阿博都·巴哈予以否认，说"我的名字是阿博都·巴哈，我的资格是阿博都·巴哈，我的本质是阿博都·巴哈"（威廉·哈彻、道格拉斯·马丁：《巴哈伊信仰——新兴的世界宗教》，苏逸龙、李绍白译，新纪元国际出版社1999年，第51页）。这次对巴哈伊教圣地短暂的访问，对西方世界早期巴哈伊教的发展产生了重大的影响。"朝圣者带回了巴哈伊信仰早期的意识"，"在美国，巴哈欧拉圣道的所有活动都出自那十几个人"（威廉·哈彻、道格拉斯·马丁：《巴哈伊信仰——新兴的世界宗教》，苏逸龙、李绍白译，新纪元国际出版社1999年，第51页）。此后，西方拜会阿博都·巴哈的活动持续到他去世的1921年。

另外一个是安东·哈达（ANTON F. HADDAD，1862-1942年），他是黎巴嫩的巴哈伊，于1892年移居美国。他制作了一些最早的巴哈伊材料，用英语出版，包括一些巴哈伊著作的翻译。

和李佳白博士一样，李提摩太也是世界主义者，主张天下一家，世界大同。蹊跷的是，他在巴布宣示巴哈伊文明的第二年，也就是说1845年出生，好像是预示着他和这种新文明的善缘。他24

岁来华开始传教士的生涯。山东烟台也是他最早落脚的地方，长期在山东和山西传教，山西大学堂就是他创建的。他自号菩岳，在中国以李菩岳的名字发表过文章。李佳白和李提摩太具体什么时候相识，李提摩太在自己的文章《中国的维新运动》中提到"我在山东的老朋友美国长老会李佳白博士"（夏晓虹编《追忆康有为（增订本）》，生活·读书·新知三联书店2009年，第251页）。笔者在《西来巨儒李佳白的中国心》里考证他们相识在1887年上海的一次会议。1887年11月1日，英国苏格兰长老会传教士韦廉臣（ALEXANDER WILLIAMSON）在上海创办同文书会，这一天，清朝海关总税务司英国人赫德、德国驻沪总领事佛克、英国有利银行伯斐细以及传教士李提摩太、慕维廉、林乐知、艾约瑟、丁韪良、李佳白在虹口林乐知宅基（今多伦路四川北路转角）召开成立大会，公推赫德为会长。同文书会成立后出版了大量介绍西方宗教政治、历史、教育及自然著作，对中国知识分子的思想转变及中国近代社会变革产生了很大的影响。在起草的《同文书会发起书》中，韦廉臣明言成立该会的两个目的：一是供应高档书籍给中国的才智阶层阅读；二是供应附有彩图的书籍给中国家庭阅读。韦廉臣认为，若要实质性地影响整个中国，必须从士大夫下手——"只有当我们愈是博得士大夫的尊敬，我们在中国的事业才愈能顺利进行。"韦廉臣说："我们发现往往在北京的高级官员和开通的官员已准备接受外国人的建议，而地方上的士大夫们却进行干涉，并且会有效地阻塞一切进程。这般士大夫们充斥在帝国各地而且受到高度的尊敬，事实上他们乃是这个帝国的真正的灵魂，并实际地统治着中国。这就很明显，如果我们要影响整个中国，就必须从他们下手；只有当我们愈是博得士大夫的尊敬，我们在中国的事业才愈能顺利进行。……因此，我们认为凡是对中国昌盛感兴趣的人，最重要的莫过于设立这样一个协会。"这次会议使李佳白得以认识赫德、李提摩太、林乐知、丁韪良等著名人士，找到他的同道韦廉臣和李提摩太，坚定了他在高层传教的信心，对他今后在华活动影响甚大。同文书会后来改名为广学会，广学会日后出版的著作，也包括了李佳白的几部。

李佳白的知名度和威望，使得他推动文化融合的工作如鱼得水。而在他主持的尚贤堂，也把李提摩太作为最重要的演讲者。据胡宝芳《清末上海外侨与江南社会——以李佳白为例》：

> 李佳白认为"教育为预备立宪之基础……中国民智如仍不开，则变法亦终无实效。余故甚愿博采众人之议论为折衷至当……"1906年秋天"尚贤堂"开学后，每礼拜六邀请中外名人来堂演讲教育问题。李佳白组织的教育演讲前后共计13次，演讲者主要为欧美人士。首讲者为创办山西大学堂的英国人李提摩太，他演讲"教育创始守成之条议"。
>
> ……
>
> 1902-1907年，李佳白每次讲座前，《申报》代为刊布预告，每次讲座后，《申报》将其讲义刊出，李佳白的讲义还时常以"代论"形式出现在《申报》头版。《申报》主笔黄协埙认为"李林(李佳白、林乐知)诸君苦心孤诣，嘉惠我国"，申报记者评价李佳白讲学为"中西实学，名言谈论，倾倒一时"，他的讲座被《申报》以"妙论餐花""名儒伟论"为题给予报道。1903年秋，李佳白为"尚贤堂"拟订功课章程后，《申报》帮助其将章程随报附送。1902-1904年间，前来聆听李佳白讲座的人"经常人多如鲫至后来者无地可容"。江南学子慕李佳白之名前来"尚贤堂"学习。1902-1908年间，"尚贤堂"普通学校人数也从最初的十几人发展为后来的一百多人。曾在"尚贤堂"追随李佳白求学的南京学子秦百里认为：中国近几年来的失败是因为人才不足。李佳白在上海开设"尚贤堂"，并教授"东西有用之实学，示古今不易之经济"是培养人才的关键，李佳白"惠我中国多矣"。曾任《万国公报》主笔的沈赘叟（笔者按：（沈毓桂））评价李佳白"生平著述经经纬史，崇实黜华，道扬理究，启示道原，著一国之大猷，抒济时之伟略，世所敬佩"。李佳白讲稿不仅在《申报》刊载，有时还在《万国公报》等

报刊连载。上海媒体及江南学人等对李佳白的信任和赞许，为李佳白在江南地区传播新学起了推波助澜的作用。（胡宝芳《清末上海外侨与江南社会——以李佳白为例》，见上海市档案馆《上海档案史料研究》第20辑，上海三联书店2016年，第7-9页）

后来他们双李亲密合作，一起参加了芝加哥世界宗教议会。接受到巴哈伊文明的强大信息。从美国回中国之后的1899年，李提摩太和蔡尔康合译过（英）颉德著的《大同学》，他在1915年给《世界语字典》写的序文里说：中国子思有云："今天下，车同轨，书同文，行同伦"。不意数千年的之遗言迄今日而大验。自汽学明而舟车大开，民权昌而伦理革新，同轨同伦，早著成效。惟五洲之大，言语不通，文字互异，彼此交际，尚多窒碍。重译传达，往往失真。故同文之运，尚有待焉，自波兰人柴门霍夫世界语出，而同文之象乃见萌芽。……世界各国以此语于万国联合之际，实有效用。（《时事新报》连续三天1915.06.11，06.16，06.18）

1899年2月《万国公报》第121期上发表李提摩太翻译，蔡尔康撰文的《大同学》第一章中的一段话，是中国第一次出现马克思的信息：

其以百工领袖著名者，英人马克思也。马克思之言曰："纠股办事之人，其权笼罩五洲，突过于君相之范围一国。吾侪若不早为之所，任其蔓延日广，诚恐遍地球之财币，必将尽入其手。然万一到此时势，当即系富家权尽之时。何也？穷黎既至其时，实已计复无之，不得不出其自有之权，用以安民而救世。"所最苦者，当此内实偏重，外仍如中立之世，迄无讲安民新学者，以遍拯此垂尽之贫佣耳。

三年后，中国维新派思想家梁启超借鉴李提摩太的译作《大同学》，成为中国人里面第一个提到马克思的人。梁启超化名"中国之新民"刊于《新民丛报》第十八号上的《进化论革命者颉德之学说》说：

> 虽然，以斯宾塞之睿智，创"综合哲学"，自谓借生物学之原理，以定人类之原理，而其于人类将来之进化当由何途，当以何为归宿，竟不能确实指明，而世界第一大问题，竟虚悬而无簿。故麦喀士（日耳曼人，社会主义之泰斗也）嘲之曰："今世学者，以科学破宗教，谓人类乃由下等动物变化而来。然其变化之律，以人类为极点乎？抑人类之上，更有他日进化之一阶级乎？彼等无以应也。"赫胥黎亦曰："斯宾塞之徒，既倡个人主义，又倡社会主义（即人群主义）。然此两者，势固不可以并存，甲立而乙破，乙立而甲破。故斯氏持论虽辩，用心虽苦，而其说卒相消而无所余。"此虽过激之言，亦实切当之论也。虽然，麦喀士、赫胥黎虽能难人，而不能解难于人。于是颉德乃百尺竿头，更进一步，于一千八百九十四年，初著一书，名曰《人群进化论》，以解此问题。

在此之后，马克思主义如急风暴雨，成为中国的指导思想。而巴哈伊文明则如微风细雨，从另一个侧面进入中国人的内心世界。而这两种文明在中国的传播都与李提摩太有关。正如笔者在《晚清民初的新学与巴哈伊文明》（美国壹嘉出版2018年，第1页）前言里指出的：

> 我们都熟知一句话："十月革命一声炮响，为我们送来了马克思列宁主义。"，但是往往对文化交流的涓涓细流，通过古老的丝绸之路，给我们送来了和马克思主义同时产生的巴哈伊信仰，却缺乏了解和认知。隆隆炮声，振聋发聩。涓涓细流，沁人肺腑。十月革命的炮声和文化交流的细流都是对人类的特殊贡献，来自于1817～1820年代出现的两对人类双圣马克思、恩格斯和巴布、巴哈欧拉，他们连续4年分别出生于1817

（巴哈欧拉）、1818（马克思）、1819（巴布）、1820年（恩格斯）。马克思主义缔造者是双数年代出生，巴哈伊信仰创始者是单数年代出生。我们不知道这是历史的巧合，还是历史的必然性所致。也许是人类到了最危险的时候，信息量太大，一个圣人单独解决不了人类的难题，所以需要两个圣人的密切合作，才得以解决人类的难题。而且这两对双圣还需要在思想上互相补充才能够真正完成伟大的使命。马克思主义催生了中国革命的胜利，而巴哈伊信仰则一方面是参与催生了中国的新文化运动，新文化运动又催生了五四和中国共产党的诞生，而另一个方面又催生了清华大学国学研究院的成立，成为保守中国传统文化的重要"道场"。

美国芝加哥世界宗教议会的参加者除了李佳白和穆德，还有李提摩太、丁韪良、保灵、何德兰、花之安、坎德林（又名甘林）、白汉理，这些外国与会者都是从中国去参加芝加哥世界宗教议会的。李提摩太在《万国公报》发布过这个世界大会的征文通告。李佳白和李提摩太从此就把推行天下一家思想作为自己的终生目标。在世界宗教议会上，李提摩太发表了演讲，强烈地意识到"认为自己教派的典籍为独一无二的权威，这种骄傲一开始看起来就非常荒谬"（苏慧廉著，关志远等译《李提摩太在中国》，广西师范大学出版社2007年，第293页）；"没有想当然，没有迫害，没有禁止，殿堂的大门为每一个真理而开，每一个谬误都逃之夭夭"（李智浩《基督教与佛教在中国的相遇：李提摩太（TIMOTHY RICHARD 1845-1919）个案研究》，香港中文大学出版社2003年，第67页）。黄丁先生指出：他在会上希望各国结束老死不相往来的黑暗时代，认为"所有的宗教都在教导人们，世界上有一个全能的、全知的、至高无上的神，他无所不在。所有的教派都教导人们，和这个至高无上的神联合，人类就能够达到他发展的顶点。所有的教派教导人们，善有善报，恶就像身体的疾病一样，会危害一切"。这番讲话大致体现了李提摩太的宗教观。在比较宗教学的思想影响下，这位开明的基督教传教士想在基督教神学的框架内包容其他的宗教，譬如佛教的善恶因果理论"（黄丁《从'宗教'的本义看李提摩太的佛耶对话观》，《武汉科技大学学报》2018年第2期）。李提摩太的观点完全和巴哈伊文明吻合。李提摩太或许对本国布朗教授的著作早有所闻，或许是预先知道1893年芝加哥世界宗教议会的内容。因为从他在芝加哥世界宗教议会的发言可以看出，这时候的李提摩太几乎已经是成熟的巴哈伊了。

李提摩太很重视他和李佳白之间的亲密合作关系："从1910年开始，李佳白(GILBERD REID)博士在上海他的尚贤堂每月组织一次研讨会，研究中国不同宗教各自的优越之处。我被邀请担任外方主席，还有一位中国人担任中方主席。他邀请了儒教、佛教道教、伊斯兰教和基督教的领袖人物主持讨论会，每人就自己的宗教写一篇论文。根据规则，任何人都不能考虑其他宗教的错误，而只能考虑其他宗教所带来的好处。一开始，参加研讨会的很少，但革命爆发后，来参加的人就很多了。而当某些有名望的宗教领袖做报告时，听众多得大厅里都容纳不下"（英李提摩太著，李宪堂，侯林莉译，《亲历晚清四十五年　李提摩太在华回忆录》，天津人民出版社，2005年，第340页）。

为了推广芝加哥世界宗教议会的精神，他们参与成立了世界宗教大会后续委员会。上帝一位论者桑德兰（J. T. SUNDERLAND）和李佳白是好友，桑德兰参加了世界宗教大会，1913年到访日本和中国，来到尚贤堂演讲并且做初步的准备工作：决定1914年底至1915年春，在尚贤堂举行一场宗教大会——"万国宗教联合会"，作为芝加哥世界宗教议会（李佳白称之为"万教联合模范会"）系列会议的延续。这一会议原定由宗教开明人士国际大会（THE INTERNATIONAL CONGRESS OF RELIGIOUS LIBERALS）主办。尚贤堂对此进行了非常认真的准备，专门发出"万国宗教联合会"的筹备通知：

> 美国耶稣教中之一部分，其以文学著，或以科学著者，

大都器识宏远，度越寻常，绝无偏执狭隘之见，曾于该教会外，别立一会，当前20年美国开支家哥博览大会时，该会曾邀集世界各国之宗教家，在该地开一"万教联合模范会"，会期至一月之久。凡孔、佛、道、耶、天主、清真、犹太、婆罗门等，皆与焉。现该会已大发达，各国各教之表同情者，遍于五洲。因拟乘此时机进行，为世界大同之基础。已于去年由该会全体分遣代表，周历全球，约会各教名人，定于西历1914年（即本年）（19）15年之间，在欧、亚、美三大洲要地，次第开联合大会。其集会地点为美国纽约，英京伦敦，匈加利京，土耳其京，印度，中国上海，日本新金山等处。去年十月，该会派赴东亚代表孙德兰博士，由日本抵沪。因稔知本堂之宗旨与该会符合，爰与本堂会长、董事、经理等商定，以本堂为该大会在中国集会之地点。约于明年三四月间，挈欧美该会同志，茌堂开联合大会，约以一月为期。以万教互相发明，彼此联络，屏去轻蔑歧视之见，为世界实际和平之先导为惟一之宗旨。豫（预）计东西之同志之来者，当不下千人。届时拟分中英文二大部，各选长于中外语言文字之人，随时译述，以期共晓。又拟暂设世界宗教研究科，由各教分举本教名人为主讲员，以备愿研何教者得讲贯之地。本堂既为集会地点，所有开会各项手续，业已开始筹备。除本堂中外各董事、各会友、各经理人，均得一律与会外，各界士女如有表同情于斯会而愿躬逢其盛者，请向本堂经理部报名接洽可也。开会确期，临时布告。（《万国宗教联合会之筹备》，《尚贤堂纪事》第5期第3册，1914年3月，第34页。）

这个通知发出之后，李佳白还在1914年专门致函在海法的阿博都·巴哈，汇报他在中国上海创建尚贤堂，进行宗教对话，消除宗教分歧，实践大同思想的情况，邀请他来上海参加这次宗教盛会。这也是上述《万国宗教联合会之筹备》所谈及的内容。大约在1914

年6月,阿博都·巴哈给在中国的李佳白写了一封书简,肯定了李佳白创办的尚贤堂,表示如果身体许可,自己很愿意到尚贤堂去演讲。阿博都·巴哈对尚贤堂的宗教对话寄予厚望:"愿这一集会能摆脱陈旧观念的禁锢,去探寻那至真之理。如此,他们便能获得对各大神圣宗教的准确理解。而且,集会的种种探究,也将明白无误地揭示出,哪种宗教在今时今日,会有能力复兴世界、为此世纪注入曙光、实现人类大同。如此,冲突的基础将被一扫而尽,所有宗教将联接并围绕一个中心团结起来。"(此书简的波斯文原件大约是1914年5-6月所写,英文译文的日期是1914年6月1日。该书简现藏于美国纽约汉密尔顿学院图书馆档案馆,中译文由鲍景超先生、欧阳琴女士完成。)

芝加哥宗教议会委员会拟于1915年在欧洲、美洲、亚洲再次召开联合大会,集会地点定在纽约、伦敦、匈牙利、印度、上海等地,尚贤堂乃是中国的集会地点。由于欧战爆发,此次大会并未如原定计划实行,见《本堂紧要通告两则》,《尚贤堂纪事》1914年第3册。李佳白将宗教议会所组成的委员会称为万国宗教联合会。

我亲爱而尊贵的朋友,

您的来信已收讫,从来信中得知您的努力结出硕果--使得跨宗教集会得以成形,在此集会中,每位成员将获得充分自由去阐释各自信仰理念的基础,这一消息真是令人欢欣雀跃。

愿这一集会能摆脱陈旧观念的禁锢,去探寻那至真之理,如此,他们便能获得对各大神圣宗教的准确理解,而且,集会的种种探究,也将明白无误地揭示出,哪种宗教在今时今日,会有能力复兴世界、为此世纪注入曙光、实现人类大同,如此,冲突的基础将被一扫而尽,所有宗教将联接并围绕一个中心团结起来。

我多么希望我可以亲自参加这样的聚会,多么可惜啊,当前我虚弱不适的身体无法满足我旅行的热望，这样的远行需要强健结实的体魄，而我却力不从心。对您成立这一集会，我真的表示十分地赞许，我多么盼望与您见面，这期待之情真是无以描述！将来若有这样的时日-我的健康状况和精力足以支撑我去中国旅行，我一定不遗余力地去实现这一目标，我确实期望与您见面并出席此集会，然而，当下却无能为力，或许将来我的精力和健康状况可以得到恢复。

在这之后，1915年第5期《东方杂志》发表李佳白的文章《论波海会之精神与作用》，一年后，1916年第5期的《东方杂志》发表杜亚泉的翻译文章，在中国首次使用了"巴哈伊教"这一术语。

到1923年，美国艾格尼丝·亚历山大女士和儒特在北京通过电话，还安排见面，知道李佳白是唯一接到阿博都·巴哈信函的人。可见儒特去北京之前已经知道李佳白的信息。

5、儒特的朋友曹云祥早就是巴哈伊

1911年胡适在美国结识了李佳白、穆德和曹云祥，1917年胡适日记承认自己的"新文学思想"来源之一是"波斯泛神教"——巴哈伊。胡适的老师杜威和美国巴哈伊斯坦伍德·柯布是至交，都是美国进步主义教育协会负责人，他们是胡适巴哈伊信息的来源之一。1912年阿博都·巴哈访问美国达十个月之久，几百家美国报纸均有报导，时刻关心国际事务的胡适不会不注意这些信息，这也是胡适的巴哈伊信息来源。之后，周作人在日本看到在美国出版的小册子《九》，了解到巴哈伊。蔡元培、陈独秀、鲁迅可能通过世界语也了解一些巴哈伊。

过去说中国最早的巴哈伊是陈海安，他于1916年4月在芝加哥大学，通过齐亚·巴格达迪（ZIA BAGHDADI，他是巴哈欧拉的使徒穆罕默德·穆斯塔法·巴格达迪的儿子）成为巴哈伊信徒，同年启程回国，1917年1月20日回到上海。据1917年2月1日《时事新报》载《留学生逮捕原因》："日文《上海周刊》云本月20日有少年名陈海安者，乘支那号轮船来沪，将登岸之际，被持有会审衙门提票之英国巡警二人所捕，所有行李亦被押收，闻逮捕之理由，谓陈著有小书，触中英两国政府之怒，实则疑彼为大亚细亚会会员，同情于印度革命者。云陈在芝加哥大学毕业，得硕士学位，被捕之后，会审公堂，即许保释云。"后来在1926年有关他的信息只有一个，就是陈海安给北伐捐款5美金。稍后，车庭墨（另写陈廷谟）

于1919年在美国接受巴哈伊信仰。他回到中国后，阿博都·巴哈致信劝他去传扬上帝之启示，让车庭墨代表他"向两位新信仰者转达至大的友爱"，"祈求确认使他们能展现上帝的赐福，能被引导成为两支明亮的灯烛。"两位新信仰者是谁，现在还不能得知。

最近几年来，因为在继续编辑《巴哈伊文献集成续编》，又查阅了大量资料，直到2022年1月10日，即中国传统的腊八这一天，借用了孙悟空的火眼金睛，通过滚雪球和顺藤摸瓜的方式，在杂志缝里找文章，才终于发现了陈海安的蛛丝马迹。现在终于找到他了，这位神秘的陈海安原来就是当年在大江南北高校里炙手可热的著名教授陈定谟！他的英文名为Chen Hai An，Chen Ting Mo，T. J. Chwang，或Harold. A. Chen。原来大家提到的车庭墨、陈廷谟也都是他，这个陈定谟！他是教授、哲学家、社会学家、教育家、逻辑学家、佛学家，还涉及天文学、历史学各学科。有一些在当时影响颇大的著作。太虚法师称呼他陈定谟博士，不知道何所本。佛教界则称呼他为陈定谟居士。

这位陈海安地位之所以非常显赫，是因为蔡元培聘他为北大文科教授，教授社会学（一说英语），他是鲁迅的好朋友，在北大是同事，一起去西安讲学，在厦门大学又是同事，从1916年北京大学从教认识开始，1924年夏，同赴西安讲学。他也是胡适、蒋梦麟哥伦比亚的同学，胡适的北大同事，复旦校长李登辉的同事，担任复旦的学监，在全国各界联合会，则与著名报人邵力子是同事，也是钱钟书父亲钱基博的朋友，他就是大名鼎鼎的陈定谟教授！

中国的巴哈伊朋友中有人认为清华之父曹云祥是通过儒特而成为巴哈伊的，其实不然。笔者在《清华之父曹云祥》里就认为，曹云祥1911年在耶鲁大学留学的时候已经成为巴哈伊。这个推断很多朋友不同意，有的学者引据在艾格妮丝·亚历山大的书和信里的说法，认为曹是通过儒特而成为巴哈伊的。笔者主张，即使曹云祥不是1911年成为巴哈伊的，也不可能是通过儒特而成为巴哈伊的，他在1923年见到儒特以前就成为巴哈伊。亚历山大的书中提到，李佳白虽然是在中国大陆唯一接到阿博都·巴哈信函的人，但是他的灵性的眼睛并没有打开。然而笔者认为，李佳白在中国创办尚贤堂，贯彻1893年世界宗教大会的理念，自己在1914年发表"波海会"即巴哈伊的演讲，其中文译稿发表在《东方杂志》1915年第5期，同时还致力于促进宗教和谐和世界和平，并为这一理想奉献了一生的大多数时间，他在自己主编的《国际公报》发表介绍儒特和巴哈伊的文章，这也说明他的灵性眼睛是打开了的。据基思·兰瑟姆·凯勒在《在脚步中》一文说，儒特1923年只是确认了曹云祥校长和他的妻子在圣道上的生活，说明在看到儒特以前，曹云祥夫妇已经是巴哈伊了。

曹云祥于1911年毕业于耶鲁大学，1914年在哈佛大学获得工商管理硕士学位，之后在欧洲从事外交工作。他娶了瑞典籍的巴哈伊艾琳·刘易斯·霍林为妻，曹云祥在伦敦使馆工作时与她相识。他于1922年到1928年间，把清华学校改建为清华大学，担任校长。1925年写文章介绍巴哈伊。1925年招收清华大学历史上第一届本科生，同时成立举世闻名的清华国学研究院，聘请四大导师王国维、梁启超、赵元任、陈寅恪，邀请亚历山大和儒特给全校学生演讲巴哈伊信仰。他翻译了许多巴哈伊书籍，包括《巴哈欧拉与新纪元》《笃信之道》《巴黎谈话》，以及《已答之问》的大部分。他还撰写了很多巴哈伊研究和介绍的文章，包括《大同教之在中国》《大同教的贡献》《大同教与人心的改造》《大同主义与新中国》等等。这些著、译作大多都收入《巴哈伊文献集成》，但是肯定也有没收录进去而遗漏的。曹云祥在《巴哈伊世界》的一篇文章中写道："一个真正的巴哈伊信徒，当目睹到人们的疾苦、无知与贫穷时，他将加倍努力去改善自己，虚荣、骄傲与自私将很自然的从他的思想中涤除。中国毫无疑问需要这样的人，每个人都强烈地了解并体会到这一点。如果巴哈伊信仰能提供这样的人，中国将愿意并迫切的接受此信仰。"曹云祥于1937年2月8日意外去世。在曹云祥去世的时候，圣护发过电报给当地（上海）的巴哈伊，特别表扬他杰出的服务。

1937年曹云祥去世之后，2月17日，远在日本的艾格妮丝·亚历山大通过上海的乌斯库利先生，得知了这个噩耗，立即给上海巴哈伊写了一封信，对曹云祥的意外逝世表示哀悼。她简短回忆了和曹云祥的交往，却仍然坚持曹云祥是通过儒特成为巴哈伊的。而耶鲁大学的1911年级史是肯定曹云祥在校期间就是巴哈伊了，这个结论应该是令人信服的。因为写级史的人考虑的是1911年耶鲁大学毕业生在校期间的历史，以后的经历不在记载范围。曹云祥自己已经提到他1911年以前已经代表耶鲁大学世界大同会参加会议。

所以笔者仍然坚持曹云祥早就是巴哈伊，现在再详述如下：

曹云祥在1907-1911年耶鲁大学读书期间接受了信仰。在这里，他曾经代表该校学生参加大同会的活动，并在会上演讲。"美国耶鲁大学开大同会时，余被推为中国学生演说代表"（曹云祥《道德哲学与宗教（十八日讲演）》，清华学校《消夏旬刊》1923年第3期，第27页）。按照曹云祥的朋友胡适的说法，美国各大学都建立了世界大同会，耶鲁大学自然不会例外。曹云祥既然代表学校参加大同会的活动，说明他在耶鲁大学是很有名气的世界主义者，不仅仅因为他的辩才出色。

曹云祥成名很早，最早于1904年6月就在《万国公报》185卷发表文章《记考孛顿创行无税通商始末》，1904年6月《万国公报》186卷发表《续论微生物》，圣约翰大学读书时就参加他表兄颜惠庆任主编的《英华大辞典》的编写，《英华大辞典》的编辑们参考了邝其照编的《商务书馆英华新字典》（初版在1899年11月大清光绪三十三年（1907年）岁次丁未季秋月六版），该字典前有李佳白序言一篇。序言的写作年代为光绪30年（1904年），可知时任《英华大辞典》主要署名编辑的曹云祥对李佳白早已知悉。曹云祥还是《东方杂志》的作者之一，在1914年9月《东方杂志》第11卷发表《留美学生曹云祥致某君书》。我们知道，1914年李佳白在上海尚贤堂英文演讲波海会（巴哈伊文明），上海的两家重要英文报纸《大陆报》和《上海时报》都发表了李佳白的英文演讲，而且《大陆报》还发表了阿博都·巴哈给李佳白的英文信函。1915年5月李佳白又在《东方杂志》发表了演讲的中文译文《论波海会之精神与作用》，另一篇是李佳白的朋友杜亚泉（署名高劳）所写的《波海会》。

杜亚泉和李佳白都致力于推广巴哈伊的天下一家思想，1916年1月23日，李佳白不失时机地邀请到伍廷芳这位大腕和自称是大同教徒的梅殿华到尚贤堂演讲。

《民国日报》引述伍廷芳和梅殿华说：

> 前数百年欧洲因仇教而生战斗，屠戮人民，灭绝人道。盖各教均有原理，因地制宜，稍有区别。然其宗旨同一，劝人为善。自后人张大其事，广设教堂，大兴庙宇，徒尚形式仪文，于真理反少研究。梅殿华演讲：各项宗教互相发明，始能略知究竟。盖各教同一大主宰，其名虽异，实则同。（《尚贤堂讨论大道理》《民国日报》1916年1月26日）这都是推广巴哈伊文明的基本理念。

1916年4月23日，尚贤堂则由伍廷芳任主席，李佳白演讲《真宰能与人复活之机能》（《尚贤堂特别庆祝会》，《民国日报》1916年4月22日）

至于曹云祥和李佳白之间的交往，目前所知的曹云祥和李佳白的第一次见面，是1911年在美国孛可诺松林的夏令营，曹云祥是组织者，李佳白被曹云祥邀请在夏令营多次演讲，胡适作为留美学生听了李佳白的演讲，对李佳白的中文水平和儒学素养赞不绝口。笔者在《西来巨儒李佳白的中国心》里提出：李佳白对巴哈伊教的贡献，比儒特要大、要早。他还最早建议使用大同教的概念。1916年6月，黎元洪在袁世凯死后出任民国总统，召开国会制定宪法，孔教会重申立孔教为国教的重要性，在各教意见不一的情况下，李佳白聪明地提出一种折中办法："不可专提孔子之道，盖以各教之道，其足以为修身之本者不少也。"他提议："改立一建设政策，试求各教相同之理奉为道德，与各宗教之大原俾载入宪法中，美其名为大同教之为得乎？"（李佳白《宪法上宗教问题之商榷》，《尚贤堂纪事》1917年1月第8期第1册，第11页。）此后"大同教"之名一时间风行中国，各种名为"大同教"的组织纷至沓来，1925年曹云祥正式以"大同教"冠名巴哈伊信仰，此一名称一直为中国所使用，一直到1992年全球统一使用"巴哈伊"才终止。由此可知，曹云祥除了在美国接触了很多巴哈伊文明的信息之外，最大的信息源可能来自李佳白这位多年的朋友。

曹云祥在美国期间，正是巴哈伊文明在美国风行的时候。

在1911年和1912年，巴哈伊信仰创始人巴哈欧拉的儿子阿博都·巴哈访问了美国和加拿大。1911年底《纽约时报》发布了阿博都·巴哈在美国的第一张照片，之后阿博都·巴哈的名字频繁出现在美国的各大报纸上。香港的英文报纸《南华早报》在1911年10月11日发表的《巴哈主义：一种起源于波斯的新宗教》里也报导了阿博都·巴哈访问欧洲的信息。

根据守基·阿芬第《神临记》第19章：《阿博都·巴哈在欧美的旅行》记载：阿博都·巴哈在美国会见了国务卿、大使、国会议员、杰出的犹太教信徒以及其他知名人士，其中包括约瑟夫·乔丹博士，斯坦福大学校长，哥伦比亚大学杜威教授、杰克逊教授，纽约的犹太教拉比斯蒂芬·怀斯，马丁·迈耶博士，拉比约瑟夫·莱维，拉比艾布拉姆·西蒙，亚历山大·格雷厄姆·贝尔，印度诗哲拉宾德拉纳特·泰戈尔，富兰克林·莱恩，威廉·詹宁斯·布赖恩夫人，安德鲁·卡内基议员。美国财政部长富兰克林·麦克韦格，李·麦格伦，罗斯福先生，温赖·海军上将，佩里海军上将，英国，荷兰和瑞士三国部长，以及在华盛顿的土耳其驻该国的土耳其大使托马斯·西顿先生、KHEDIVE的兄弟WILLIAM SULZER和埃及亲王MUPRINCEAMMAD-'ALÍ。

1912年3月25日，阿博都·巴哈乘坐塞德里克号汽轮从那不勒斯出发，4月11日抵达纽约。阿博都·巴哈访美引起了巨大的轰动，他到美国的消息传遍了全国，记者和摄像师争先采访，刊登他的声明。报纸报道，阿博都·巴哈此次访美的主要目的是借出席第18届莫洪克湖国际仲裁会议之机，说服更多的人努力创建世界和平。阿博都·巴哈在美国四处奔波，给无数的观众发表演讲，不论观众人数是多是少，演讲的内容涵盖了社会、政治、经济和宗教等话题，"在东西方连接起团结之纽带，搭建起共识之桥梁，让上帝之爱普降全世界"……那些高傲而冷漠的记者几乎都放下了自己的轻浮和质疑，被阿博都·巴哈的才能、智慧、灵性和热情所感动。《纽约晚邮报》记者写道：他是一位有思想的人……这些思想经过吸收，又构成了世界的经络。阿博都·巴哈的观点是，所有的宗教其实是一样的，它们来自同一个源泉……他甚至说："没有犹太人或希腊人之分，没有束缚和自由之分，没有男性或女性之分。"阿博都·巴哈在匹兹堡直接影响的人是安德鲁·卡内基。从巴哈伊的教义中，安德鲁·卡内基看到了解决世界问题的道德与和平之道。他提出要捐赠一大笔钱，在芝加哥附近建造一座巴哈伊灵曦堂。但是，不管是建造一座建筑还是其他活动，只有巴哈伊成员才有资格向巴哈伊信仰捐赠财物，因此教长没有接受安德鲁·卡内基的捐赠。不过，卡内基先生后来确实收到了教长的一封邀请信。到1912年12月5日离开美国之时，阿博都·巴哈穿越了美国的东西海岸，从纽约到加利福尼亚州，几乎每一个重要城市和村落都有祂的足迹。在教堂、福利机构、礼堂、酒店大厅、犹太教堂、大学均发表过演讲，到处向人们传播团结与和平的天启。祂跟人们讨论男女平等、经济、历史和宗教等话题，并告诉人们怎样将这些话题融入到个人生活中去。阿博都·巴哈所广布的无限能量，在美国产生的影响也是无限的。包括在美国的留学生也通过报章杂志了解到巴哈伊文明的很多信息。其中曹云祥和胡适就是其中受其影响最大的留学生。

　　1912年4月14日星期日，阿博都·巴哈前往纽约第五大道和第十街的耶稣升天教堂，这对纽约巴哈伊教徒来说是一个历史性胜利的日子。珀西·斯蒂克尼·格兰特博士主持了阿博都·巴哈在这里的演讲。演讲说：若把物质文明比做一盏灯，那精神文明就是这盏灯的光。要是物质文明和精神文明能够同行并举，就等于既有了灯又有了光，就可以产生至善的结果。因为物质文明只是一具美丽的躯体，精神文明却是生命的灵气……耶稣基督来到世上，给世人讲授的是这神圣文明而非物质文明。祂将圣灵的气息吹进尘世的躯体，建立了一个教化的文明。祂在世上宣扬的神圣文明的诸原则之一是人类的至大和平。祂的精神文明的诸原则之一是人类王国的大同。祂带来的天国文明的诸原则之一是人类世界所必需的美德。祂宣告的天国文明的诸原则之一是人类道德的提升和进步。现今，人类世界所需要的是国际团结与调和。建立这些重大的根本原则需要推动力。人类世界的大同与至大和平无法靠物质手段实现，这是不言自明的。政治力量也做不到，因为各国的政治利益各有不同，各民族的政策相异乃至冲突。当天他在纽约西57街的卡内基大厅再次演讲：每一个人都能成为同一棵大树——天下一家之大树——的枝叶，因为人类就好比这大树的分枝、叶子、花蕾和果实。上帝的恩宠是无尽和无限的（阿博都·巴哈《弘扬世界和平——阿博都·巴哈1912年北美演讲录》，澳门新纪元国际出版社2014年，第10-15页）。1912年4月15日《纽约时报》发表《阿博都·巴哈在升天教堂祈祷》的长篇报导，详细披露了阿博都·巴哈演讲的内容。一个多月以后的中国上海英文大报《大陆报》发表了内容相近的报道，信息来源很可能是来自于《纽约时报》，只是标题略有不同，把《纽约时报》的"升天"两个字去掉了，变成《阿博都·巴哈在纽约教堂祈祷》。

ABDUL BAHA PRAYS IN ASCENSION CHURCH; LEADER OF BAHAI MOVEMENT, SPEAKING IN PERSIAN, PLEADS FOR THE ONENESS OF HUMANITY.

APRIL 15, 1912

上海的《大陆报》在晚了4天以后的5月19日也发表了相同内容的文章。

1912年5月19日上海大陆报（The China Press）发表题为
Abdu Baha Prays in New York Church的报道

在这之前，《大陆报》在1912年5月15日发表了阿博都·巴哈4月11日从埃及抵达美国参加莫洪克湖的国际仲裁会议，以及之后顺访美国的重要信息。该文也提到阿博都·巴哈第一次访问的西方是英国和法国。

《大陆报》是很多名人和胡适关注的报纸，也是李佳白经常摘译的一份报。胡适在康奈尔读书，《纽约时报》是导师规定的每天必读报纸。阿博都·巴哈访问美国这样的重大信息自然不会被胡适错过，也不会被胡适的朋友曹云祥错过。而且曹云祥很早就是《东方杂志》的作者，李佳白发表在上面的关于波海会的文章和杜亚泉以高劳名义发表的《波海会》，他也不会放过。综上所述，亚历山大小姐说曹云祥是通过儒特知道巴哈伊的，有待商榷，她当年在日记中关于李佳白的心灵的窗户没有打开的记录，或许随着时间的变迁，被记载之人的心灵状况也有了变化。无论如何，李佳白在中国介绍巴哈伊的开创之功，是不可磨灭的。

6、北京世界语专校是怎么回事？

儒特后三次来中国，大多都与世界语有关。

柴门霍夫创造的世界语传入中国，最早可追溯至19世纪末年。最早记录是1891年，详情不能确知。1905年，一位俄国人在上海开办了世界语讲习班，《万国公报》在1907年连续发表了三篇有关世界语的报道，给出的译名是音译"爱史伯兰多"。而且肯定爱史伯兰多"以统一万国文字为目的"，"故尤为世界大同之先驱"（《世界新文字之发现》，《万国公报》1907年第217期，第68页）。1907年6月22日，李石曾、吴稚晖、张静江等在巴黎学习世界语，创办《新世纪》杂志；同年刘师培在上海组建世界语传习所；1912年5月中华民国世界语会在上海成立中央事务所，推举盛国成、陆式凯为正副代理员；1913年2月，上海成立世界语高等专门学校，创办《人道周报》；1916年区声白编辑的《世界语读本》出版；1917年4月北京大学世界语招收专班。除吴稚晖、李石曾、张静江在法国学习世界语，蔡元培在德国学习，邵力子、钱玄同1906年赴日本留学，在日本学习世界语。

北京之创办世界语学校得利于教育家蔡元培先生的推毂。北京大学1922年12月15日在第三院举行世界语联合大会，有2000多人出席会议，当时的总统代表刘春霖和教育总长代表沈步洲出席祝贺。蔡元培致开幕词："世界人类，以种族国籍之不同，言语各异，互相交际，每多扞格。世界语出，此弊可免。即如交通经济，及国际和平诸端，亦可增进。使近人已知世界语之重要。全国教育联合会，业经议决，实行提倡。今系柴门霍夫博士诞辰，因开会纪念，到会人数极多，至可欣慰。并有总统及教育部总长各派代表致辞，足见政治教育当局，均表同请，尤深荣幸。"刘春霖宣读总统致辞，对世界语颇表赞美，深望国人，加速研究。教育部总长代表沈步洲演讲也强调"世界人类，不无分区。惟言语不同，遂生种种纠纷。今有此世界共同语言之实现，世界各国竟肯舍其保守之私，降心相从，俾国际间语言统一，实为人类幸，愿国人注意研究。"（《世界语联合大会》，《国际公报》1922年第5期，第35-36页）会上还有顾维钧、爱罗先珂均演讲，支持世界语为人类统一之工具。蔡元培为世界语的这场造势，影响极为深远。随后，世界语专门学校便应运而生。

据《时事新报》1923.08.10：

创办之北京世界语专校

北京世界语之专门学校，在中国为初次创办之学校。各界对之均特别注意。闻该校因中官房校址狭小，已改定西城锦什房街孟端胡同三十九号为校址，一切布置，均经完善。已向瑞士日内瓦世界语总会电告进行状况，并电邀爱罗先珂从速归来任课。校长一职，因蔡子民出洋，暂推谭仲逵教授代理。各科教授均系当代学术宏富之教育家。此次招生，报考者甚形踊跃，试卷业已评定完毕，当于昨日上午八钟揭晓，计共录取男生86名、女生7名。第二次招考，自八月八日起，至二十五日为止云。

《时事新报》1923年8月10日发表《创办之北京世界语专校》

著名学者耿云志先生已经注意到，无论是支持世界语的，还是反对世界语的，当时的学者都主张世界大同："1，双方原则上都承认世界主义、世界化或人类大同的目标。2，双方都主张中国文化应当与世界文化更紧密地联系起来。只是，一方想通过'世界语'，加速这种联系；一方主张通过加强外语的教育与训练及推动汉语拼音，来加强与世界文化的交流。3，由此可见，双方的争论是关于如何加速或加强中国与世界文化的交流与融合的讨论，正体现了他们为建立中国与世界文化密切关系的努力。"（耿云志《新文化运动：建立中国与世界文化密切关系的努力》，《学术研究》(广州)2008年2期）

从巴哈伊方面来说，世界语者乔治·雅各布·奥格尔（GEORGE JACOB AUGUR，1853-1927）博士是耶鲁大学医学院的毕业生，他是第一个到达日本的美国巴哈伊。之后几个月，在1914年11月，艾格妮丝·亚历山大小姐来到东京。她来自夏威夷，是太平洋地区第一个巴哈伊，1900年在意大利罗马访问时接受了信仰。1914年，这两位英勇的巴哈伊——亚历山大小姐和奥格尔博士在东京开了会，并尽力在日本周围传播巴哈伊信仰。这位不朽的先驱采纳了日本的语言传导，穿着日本和服，住在日本人的房子里。1915年，一名18岁的学生福田康太郎先生率先宣布了他对巴哈欧拉的信仰。苏联的乌克兰世界语者，24岁的诗人爱罗先珂当时也在东京，他和亚历山大小姐相识。她和他多次会面，用英语向爱罗先珂宣读巴哈伊启示，他用英文盲文将其记下来。这种合作使巴哈欧拉的神秘主义作品《隐言经》的阿拉伯语部分，在1915年由爱罗先珂先生翻译成世界语，并于1916年印制。通过世界语的奇妙手段，巴哈伊信息在日本的重要城市为人们所熟知。

爱罗先珂离开日本返回俄罗斯，后来又到北京，参加北京世界语专门学校的世界语教学，和儒特、鲁迅成为同事。

1918年11月，鲁迅发表《渡河与引路》，表示对世界语的支持，说："要问赞成的理由，便只是依我看来，人类将来总当有一种共同的语言，所以赞成ESPERANTO"。他认为，世界语如"独木小舟"，在没有"汽船"的情况下，可先坐"独木小舟"，将来有了汽船，便弃置独木小舟。鲁迅大力支持世界语者爱罗先珂。1921年，爱罗先珂应上海世界语学会负责人胡愈之的邀请，来到上海担任讲师。胡愈之把他介绍到北京。到北京以后，爱罗先珂和鲁迅成为朋友。鲁迅先后翻译了爱罗先珂的童话《狭的笼》《池边》《春夜的梦》等作品，并向蔡元培推荐爱罗先珂到北京任教。1922年2月，爱罗先珂赴北大任世界语课讲师，蔡元培安排他和鲁迅一起住在八道湾寓所，共同生活了大约十个月，结下深厚情谊。鲁迅全家包括弟弟周作人，给予这位远道而来的盲诗人无微不至的关怀。

世界语和巴哈伊文明的关系非常密切，这是众所周知的。

在介绍世界语和巴哈伊文明的关系这个过程中，胡愈之起了非常关键的作用。胡愈之的巴哈伊背景，现在很多人不会知道。

胡愈之是中国现行体制内级别最高的和巴哈伊文明交集最多的领导人，担任过第五届全国政协副主席、第六届全国人大副委员长。他曾经是《光明日报》创办人，第一任新闻出版总署署长。

胡愈之（1896年9月9日-1986年1月16日），原名学愚，笔名胡芋之、化鲁、沙平、伏生、说难、景观，流亡国外时化名金子仙，鲁迅写作越之。这就导致查阅他的资料难上加难。他1922年开始以化鲁（有时候署胡化鲁）为笔名发表了大量著译作，如发表在《东方杂志》《文学旬刊》《绿光》（世界语杂志）等著名刊物的论文《妇女参政运动的过去与现在》《欧洲问题的缓和与亚洲问题的紧张》《中国的报纸文学》《最近美英文学》《台莪尔（泰戈尔）的东西文化联合运动》《回教之世界》《回教民族复兴的感想》《美国的三K党》《文艺界的联合战线》《小协约与中南欧的新局面》《布兰兑斯的时代心理观》《欧洲新局势与未来之祸机》《国际劳工局与失业问题》《威尔士的新乌托邦》《形式和实质——对于近时文艺界的一个感想》等，还翻译了大量有关李宁（列宁）的文章，都产生过重大影响。他在当时和巴金、茅盾、西谛（郑振铎）是齐名的作家。胡愈之是浙江上虞人，中华民国及中华人民共和国出版家、社会活动家、政治人物。

胡愈之1914年在商务印书馆《东方杂志》社做编辑，就是那时候，《东方杂志》发表了李佳白和杜亚泉有关波海会即巴哈伊文明的几篇文章，胡愈之作为编辑，得风气之先，熟悉了巴哈伊文明的主要观点。对世界语，胡愈之不仅是学习者，而且还写了《介绍盲诗人爱罗先珂》（《民国日报·觉悟》1921年10月14日）《爱罗先珂君回到北京》（《民国日报·通信》1922年1月10日）等文章。胡愈之在《东方杂志》第19卷第1期发表了他的译作《为跌下而造的塔——诗人爱罗先珂为本志特著》，第19卷第5期发表了他翻译爱罗先珂的《枯叶杂记——上海生活的寓言小品》，翻译了《人马》（《儿童时代》1922年第4卷第8期）。他以胡学愚的笔名在《东方杂志》1917年1月第14卷第1期发表了《世界语发达之现世》的长文，直接引用了波斯名人在英国爱丁堡的一次演讲：

  囊年有波斯名人，遂游英兰，颇受英兰三岛之欢迎，其所演说，颇足发挥世界语之价值。今摘译如次，以当结论。

  凡世界所有之事业，可分为普遍的与特别的之二种，普遍的事业，恒为天然的，故其所造就，殆无涯涘；特别的事业，恒为人为的，故其结果，极有限制。日月之光，无所不照。故为天然的，为普遍的。室内之灯，所爝不过寻丈，故为人为的，为特别的。大凡人力所成之事业，多限于局部，而不能普遍。惟世界语则不然。世界语虽成于人力，然其效力，则能普遍于世界。故虽为人类莫大之创造，亦无不可也。文明之进化，思想之发达，由于问学。问学之传递，由于语言。故语言之不统一，实为世界文化之大障。吾东方国家，与西方政治不同，宗教不同，社会不同，思想不同，欲谋沟通东西，非国际语不为功。……夫吾人类因语言不统一，而发生种种种族国界之恶感，以自相残杀，自相攻伐，亦既数千余年于兹矣。今者天牖斯民，假手于柴氏，使创造人类未有之大事业，以弭国际之争端。吾人类可不仰体上帝好生之德，而亟事传播乎？（下

略）（第12-13页）

这个波斯名人会不会是阿博都·巴哈？胡适要我们"大胆地假设，小心地求证"。我就假设胡愈之所说的波斯名人就是阿博都·巴哈，于是擦亮眼睛，到处找阿博都·巴哈和世界语的演讲。看看有没有这个内容。功夫不负有心人，沿此线索，笔者费尽千辛万苦终于找到了阿博都·巴哈在英国和世界语有关的线索。

1912年12月5日，阿博都·巴哈鼓轮赴英，居六星期，游历利物浦、伦敦、孛立斯多及爱丁堡等处；1913年1月7日晚在爱丁堡时，在乔治街96号新的共济会大厅世界语学会演讲，他们制作的海报让人印象深刻，附有阿博都·巴哈的照片，标题是"爱丁堡市民聚会迎接阿博都·巴哈（阿巴斯·阿芬第）"。阿博都·巴哈在世界语协会的演讲是他在苏格兰的第一次公开演讲。礼堂挤满了人，大厅有1000人，许多人站着，还有大约300人不得不站在礼堂外。在爱丁堡世界语协会的主持下，阿博都·巴哈发表演讲，并宣言已劝东方之巴哈伊信徒学习世界语，以期沟通东西之文化。但是里面的内容并没有胡愈之提到的这段话，令我非常灰心。阿博都·巴哈在英国爱丁堡的演讲是：

> 每个促进世界团结与和谐的运动都是好的，而制造不和谐与不满的一切运动都是不好的。这是一个充满光辉的世纪，在其许多发现，伟大的发明以及浩瀚而多样的事业中超越了其他所有世纪。但是，这个时代在给人类带来利益和享乐方面的最大成就是创造了一种国际辅助语言。语言的统一造就了心灵的统一。语言的统一带来和平与和谐。它消除各国人民之间的所有误解。它在人子之间建立和谐。它给人类智力一个更广泛的概念，一个更主导的观点。
>
> 今天，人类最需要的是相互理解和尊重。借助国际语言，社区中的每个成员都可以了解世界各地的事件，并与时代的道

德和科学发现保持联系。国际辅助语言为我们提供了钥匙——钥匙的钥匙——可以解开过去的秘密。有了它的帮助，今后每个国家都将能够轻松而毫不费力地完成自己的科学发现。

一个众所周知的事实是，来到西方的东方学生在努力了解西方文明的发现和成就的过程中，必须花费毕生的宝贵时间来学习他之前所居住的土地的语言。他可以转向他感兴趣的特殊科学的研究。例如，让我们假设一个来自印度，波斯，土耳其斯坦或阿拉伯的年轻人来到这个国家学习医学。在开始医学研究之前，他必须首先与英语作斗争四年，以排除其他所有问题。如果在他的童年时期在所有学校中都教授辅助国际语言，他将在自己的国家学习该语言，此后，无论他想去哪里，他都可以轻松地追求自己的专业，而不会损失某些最佳的英语学习时间，从而延长他的生命。

今天，如果一个人希望出国旅行，即使他拥有多种语言，也可能会因为他不知道的特定语言而受到严重障碍。

我对东方语言进行了深入的研究，比阿拉伯人自己更了解阿拉伯语。但是，除了东方的其他语言外，我还在自己的祖国学习土耳其语和波斯语，但是当我访问西方时，我不得不带着翻译，好像我不懂任何语言一样。现在，如果普遍使用国际语言，那么在世界上每个国家对我来说，世界语和波斯语就足够了。

只考虑国际语言将如何促进地球上所有国家之间的交流。我们一半的时间都花在学习语言上，因为在这个开明的时代，每个希望在亚洲和非洲以及欧洲旅行的人都必须学习几种语言，才能与他们的人民交谈。但是他很快就会学会一种语言，而不是另一种语言。因此，在获得那些阻碍国际交流的语言时，可能会花费一生。国际语言使人类摆脱了所有这些问题。

总之，要理解和被理解，就必须有一种国际媒介。老师和学生必须彼此了解对方的语言，以便老师可以传授自己的知识并让学生接受。在全世界，没有什么比您的同胞更重要的了，因为这取决于文明本身的进步。要获得一门艺术和科学知识，人们必须知道如何说话，理解并同时使自己被理解，而这种理解和被理解的问题取决于语言。一旦建立了这种辅助语言，所有人都将能够相互理解。

我记得在巴格达发生的事件。有两个朋友互不相识。一个人病了，另一个人拜访了他，但无法用言语表达他的同情，转而打手势，好像在说："你感觉如何？"病人又用另一个手势说："我很快就会死了。"来访者表示病人自己正在好转的手势，便说："上帝被赞美！"

从这些例子中，您将看到，世界上最伟大的事情是能够让自己被朋友理解并理解他们，并且世界上没有比不能与他人交流您的想法更大的障碍。但是有了辅助语言，所有这些困难就消失了。

现在，赞美上帝，柴门霍夫博士创造了这种语言——世界语。这是光明世纪的特殊礼物之一，是这个伟大时代最杰出的成就之一。

多年前，巴哈欧拉写了一本名为《亚格达斯经》的书，其基本原则之一就是创造一种国际语言的必要性，他解释说，采用国际辅助语言，这将产生巨大的好处。

现在让我们感谢主，因为世界语已经被创造出来。我们已经命令东方的所有巴哈教徒非常认真地学习这种语言，并且很长一段时间它将传播到整个东方。我祈求你们（世界语和非世界语）为这种语言的传播而热心工作，因为它将加速那一天，即先知和先知所预言的千禧年的到来，据说那一天是狼和羊羔要在同一个喷泉里喝水,狮子和鹿要在同一个牧场里喂食。这个圣言的意思是,敌对的种族,交战的国家,不同的宗教将本着爱的精神团结起来。

我再说一遍,世界上最重要的事情是国际辅助语言的实现。语言的统一将把人类转变为一个世界,消除宗教上的误解,并本着兄弟情谊和爱情的精神团结东西方。语言的统一将把这个世界从许多家庭变成一个家庭。这种辅助性的国际语言将以一种标准聚集各国,就好像世界五大洲已成为一个国家一样,这样所有人的思想交流才有可能。它将消除无知和迷信,因为任何种族或国家的每个孩子都可以继续学习科学和艺术,而只需要两种语言即可——他自己的语言和国际语言。物质世界将成为心灵世界的表达。然后将揭示发现,发明将繁衍,科学突飞猛进,地球的科学文化将沿着更广阔的道路发展。然后,将使各国能够利用最新和最好的思想,因为它们以国际语言表达。

如果国际语言成为未来的因素,那么所有东方人民都将能够熟悉西方科学以及西方国家将逐渐熟悉东方的思想和观念,从而改善两者的状况。简而言之,随着这种国际语言的建立,人类世界将成为另一个世界,非凡的进步将成为人类的世界。因此,我们希望世界语将很快在全世界传播,以便所有人能够本着友谊和爱的精神生活在一起。(摘自1913年2月的英国ESPERANTIST,阿博都·巴哈演讲是用波斯文,由Mirza Ahmad Sohrab翻译)

接着我找到第二天的演讲:英国世界语协会特别顾问安德鲁·威尔逊,代表世界语学者迎接了阿博都·巴哈,主持聚会的是约翰·克尔曼博士。1月8日傍晚,阿博都·巴哈在芒德山新学员的雨厅发表演讲。他说:

我很高兴参加这个聚会，因为我有机会向各位解说巴哈欧拉的一些基本教义。大约在六十年前，当时的东方正陷于战火之中，各宗教派别相互敌对攻伐……此时，巴哈欧拉降临了。黑暗笼罩在东方的地平线上，无知的乌云掩盖了天空，宗教偏见盛行。东方民众淹没在盲目的教条与传统之洋里。各宗教的神职人员彼此仇恨，不共戴天。如果他们共处同一屋檐，便觉自身遭玷污……巴哈欧拉正是在这种情况下出现，并毫无畏惧地宣示了人类一家的教义。

然后，祂谈到了有关种族团结、国际和平、科学与宗教、宗教与种族偏见、男女平等、普及教育、经济问题解决之道等方面的巴哈伊启示。最后，祂这样结束演讲："还有许多其他的原则，我只是向你们讲述了其中的一些，从中你们可以了解巴哈伊启示的精神。"（《阿博都·巴哈：新世界秩序的拓荒者》，澳门新纪元国际出版社2015年，第302页）还是没有胡愈之引用的这段话。

再找，发现阿博都·巴哈在伦敦也谈到了世界语的重要性：

一位朋友问及巴哈欧拉在《天堂圣语》里关于创立一种世界通用语的预言，他想知道世界语可否入选。

"人们对世界语所投入的爱和努力不会白费，"祂回答说，"但单凭某个人是无法创立一种世界通用语的。应当组建一个由各国代表组成的委员会，由它来创造一种世界通用语，这种语言必须包含各种语言的词汇。它将遵循简单的语法规则，不允许不规则语法出现。它既没有性之分，也没有多余的无声字母。在阿拉伯语中，骆驼竟然有上百个名字！在各国的学校里，不仅教授母语，也要教授经过改进的世界通用语"（《阿博都·巴哈在伦敦》，新纪元国际出版社2014年，第63页）。

但是我始终找不到胡愈之引用的这段话,难道这个波斯名人不是阿博都·巴哈?我不甘心就此打住,继续找世界语的资料,凡是和阿博都·巴哈在欧洲有关的一概不放过。功夫不负有心人,最后终于找到了阿博都·巴哈1913年2月12日在巴黎摩登酒店举行的宴会上向巴黎世界语小组的致辞。巴黎世界语协会会长布尔特(M. BOURLET)在介绍阿博都·巴哈时说,他所宣扬的世界大宗教原则之一是建立一种通用语言。而第一段正是胡愈之所说的波斯名人说的那一段话。原来阿博都·巴哈是在法国巴黎的演讲,不是在英国爱丁堡。胡愈之把演讲的地方搞错了。阿博都·巴哈在巴黎的演讲说:

> 凡世界所有之事业,可分为普遍的与特别的之二种,普遍的事业,恒为天然的,故其所造就,殆无涯涘;特别的事业,恒为人为的,故其结果,极有限制。日月之光,无所不照。故为天然的,为普遍的。室内之灯,所爓不过寻丈,故为人为的,为特别的。大凡人力所成之事业,多限于局部,而不能普遍。惟世界语则不然。世界语虽成于人力,然其效力,则能普遍于世界。故虽为人类莫大之创造,亦无不可也。文明之进化,思想之发达,由于问学。问学之传递,由于语言。故语言之不统一,实为世界文化之大障。吾东方国家,与西方政治不同,宗教不同,社会不同,思想不同,欲谋沟通东西,非国际语不为功。

> 东方人尚未完全了解西方发生的事件,西方无法与东方保持同情。他们的思想被放在棺材里。通用语言将成为打开它的钥匙。西方书籍将被翻译成该语言,东方将被告知其内容。同样,东方传说将成为西方的财产。这样,不同宗教之间存在的误解也将得以消除。宗教偏见在各国人民中造成破坏,并引起战争和冲突,没有共同的媒介就不可能消除它们。

> 相互的语言将成为实现普遍进步的最强大手段,因为它

将巩固东西方。这将使世界成为一个家，并成为人类进步的神圣动力。它将提高人类世界统一性的标准，并使地球成为普遍的联邦。它将在人子之间创造爱心，在各种信条之间建立良好的团契。

夫吾人类因语言不统一，而发生种种种族国界之恶感，以自相残杀，自相攻伐，亦既数千余年于兹矣。今者天牖斯民，假手于柴氏，使创造人类未有之大事业，以弭国际之争端。吾人类可不仰体上帝好生之德，而亟事传播乎？

因此，我们每个人都必须学习这种语言，并尽一切努力进行传播，以使它每天都能得到更广泛的认可，被世界上所有国家和政府所接受，并成为所有公立学校课程的一部分。我希望未来的国际会议和大会的事务将在世界语中进行。

在未来的时代，学校将教授两种语言，一种是母语，另一种是国际辅助语言。今天考虑一下人际交流有多困难。一个人可能学习五十种语言并穿越一个国家，但仍然茫然。我本人会说几种东方语言，但不会说西方语言。如果这种普遍的语言遍及全球，我应该已经对其进行了研究，您将被我和我直接了解到我的想法，而你们之间的特殊友谊将在我们之间建立。

请派一些老师到波斯，以便他们可能会向年轻人传授世界语。我写信请其中一些人来这里学习。希望它能迅速颁布；人类世界才能找到永恒的和平；所有国家都将像母亲和姐妹，父亲和兄弟一样彼此交往，并且每个社区成员都将充分了解所有人的想法。我非常感谢您，并感谢您的不懈努力，因为您聚集在这场宴会上，为实现这一伟大目标而进行了无私的努力。您的希望是为人类世界提供强大的服务，为此，我向内心深处的崇高目标表示祝贺（阿博都·巴哈ABDUL-BAHA ADDRESSES THE ESPERANTISTS OF EDINBURGH AND PA- RIS《西方之星》1913年第2期，第34-37页）。

这段话印证了胡愈之和巴哈伊文明的关系。可惜阿博都·巴哈的这段讲话，没有收进阿博都·巴哈的《巴黎谈话》，该书收录的仅是1911年的巴黎讲话。

之后，胡愈之在胡适的奖掖之下得到提升。1921年商务印书馆进行全面革新，特邀胡适到编译所考察，提出改革方案。胡适在考察中对胡愈之的著译大为赞赏，胡愈之得到加薪，并成为《东方杂志》的主要编辑（中国人民政治协商会议浙江省上虞县委员会文史资料委员会《上虞文史资料》第6辑《纪念胡愈之专辑》，1991年，第18页）。

胡愈之在《国际语的过去现在及将来》（《学生》1922年第9卷第8期，第60页）中回答为什么要有国际语的时候说：因为人类的社会组织的进化，总是向扩大的方面走的。在野蛮时代，人除了家族，没有别的社会组织；后来由家族扩大而成部落；再由部落扩大而成国家。但是现在的国家，究竟还不是人类社会组织发达的最后止境。所以人类将来还是要再进一步，把国家的界限打破，把全世界的人类都结成一个团体。

《学生》1922年第9卷第8期发表胡愈之《国际语的过去现在及将来》

另外一篇《国际语运动国际语的理想与现实》中（《东方杂志》1922年第19卷第15期，第78页），胡愈之说：

国际语运动所以有重要的价值，全因为它有更大的理想的缘故。这所谓更大的理想，就是人类国际心理的养成和民族偏见的消灭。现代的国家组织是一种阻碍人类文化的障碍物，未来的理想社会，必须建筑在非国家主义的基础之上，这是大家知道的。但在实际上，国家主义的打破，却非常困难。所谓国际的平和与协调，不过在外交家嘴边说说，事实上全不是这样。这是什么缘故呢？我们可以说，一大半是由于人类思想感情未能融合。人类自从几千年来就被拘囚在人种和国家的笼子里，所以要打破国家主义的偏见，决不是容易的事情。现在第一先要使各民族养成一种"国际心理"，灭除人种和国家的臭味才好。所以最要紧的是各民族思想情感的沟通，民族思想情感隔阂的原因，虽有许多，而最大的原因，却在于语言。因为语言不通，所以各民族不能相互了解，因不能了解而引起猜疑忌嫉。这是民族冲突的主因。国际语的最后理想就是想从语言的统一，以求得人类的安宁与平和。国际语运动者同时也便是平和和非战主义的战斗者

在胡愈之之后，世界语者孙国璋在评论钱玄同、陶履恭的世界语通信时也说过："囊年有波斯名人（因其为外人名字。不易记忆。故遂忘之。），游英伦时，颇受三岛文人学士之欢迎，其演说中有'吾东方国家，与西方政治不同，宗教不同，社会不同，思想不同，欲谋沟通东西，非世界语不为功。'"（《论ESPERANTO》，《新青年》1918年第4卷第4期，第358页）。针对《论ESPERANTO》这篇文章，胡适有一段评论，他认为孙国璋通信中"有几句容易使人误会的语，不可不替他指出"。《新青年》的地位自不用说，而且和胡适关系十分密切，所以胡适应该会注意到阿博都·巴哈的这段话，这又是其和巴哈伊文明的关系的例证。

上述两段文字仅仅说明是波斯名人的话，有人可能会怀疑你怎么能够确定这位波斯名人就是阿博都·巴哈呢？我借鉴的是季羡林先生杂志缝里找文章的方法。古人的"上穷碧落，下及黄泉"，我很难做到。但是傅斯年当年要求中研院考古所"上穷碧落下黄泉，

动手动脚找东西",只有下功夫找,才有希望。地理大发现需要航海的勇气,走出去,而学术发现却需要坐下来,沉住气。学术界有个基本要求:"板凳甘坐十年冷,文章不写一句空",实际上十年是不够的,是要一辈子的。笔者从1992年第一次接触巴哈欧拉的《隐言经》,到现在几乎30年,一直在含辛茹苦查阅资料,受益于恩师季羡林先生教给我胡适先生的"大胆假设,小心求证"的方法,从十几年以前看到胡适日记里提到的巴哈主义(BAHAISM)就假设胡适可能受到巴哈伊文明的影响,但是证据呢?一直没有找到直接证据。直到发现了一个非常重要的线索,有西方学者在文章中提到:阿博都·巴哈1911年开始的西方之旅中遇到了许多东西方的知名人士:英国威斯敏斯特大主教威尔伯福斯;牛津大学圣经解释教授托马·凯利·切恩(T.K Cheyne)博士(后来成为巴哈伊);比较宗教领域的先驱牛津大学曼彻斯特学院的校长约瑟夫·埃斯特林·卡彭特(Joseph Estlin Carpenter)博士;英国神智学者、社会改革家Annie Besant(安妮·贝桑特)夫人;英国参政党领袖艾米琳·潘克斯特(Emmeline Pankhurst)夫人;美国的财政部长李·麦克林(Lee McLung),海军上将罗伯特·皮里(Robert Peary);加拿大发明家亚历山大·格雷汉姆·贝尔(电话机的发明人);美国斯坦福大学校长乔丹(David Starr Jordan)博士;法国哲学家亨利·柏格森(Henri Bergson)和美国哲学家约翰·杜威(John Dewey);黎巴嫩旅美作家哈利勒·纪伯伦(Khalil Gibran);印度诺贝尔文学奖得主泰戈尔(Rabindranath Tagore)……还有很多其他一些名人。原来胡适的恩师杜威是见过阿博都·巴哈的美国人。这些人几乎都对阿博都·巴哈有很高的评价,而且结果其中一些人成为巴哈伊信仰的支持者和祝福者。在这些旅程中,阿博都·巴哈受到众多报纸和杂志的采访,这些宣传对于提高巴哈伊信仰的声望具有重要作用。

关于杜威是怎么和阿博都·巴哈见面的,史载阙如。有一个非常可能的情况就是,阿博都·巴哈1912年4月19日在哥伦比亚大学伯爵堂演讲,核心内容是"神性哲学的最重要原则是人类世界的大同和人类的统一，它是将东方与西方联结起来的粘合剂，是融合天下人心灵的爱的纽带"（阿博都·巴哈《弘扬世界和平——阿博都·巴哈1912年北美演讲录》，澳门新纪元国际出版社2014年，第32页）。这段话对于百年前的国际社会，是振聋发聩的，听众受到感染的程度是无法估量的。杜威作为该大学的知名教授应该是参加者。后来发现，在彼得·史密斯（Peter Smith）《巴哈伊信仰简明百科全书》（寰宇一家出版社2013年）和《巴哈伊信仰简史》（寰宇一家出版社2014年）里，以及查尔斯·塔利亚费罗（Elsa J.Marty）《宗教哲学词典》第二版（BLOOMSBURY PUBLISHING，2018年1月25日）里，都记录了阿博都·巴哈和杜威的会见。

而杜威和进步主义教育协会秘书长斯坦伍德·柯布又是同事。后者又是著名巴哈伊学者，是著名巴哈伊杂志《西方之星》的主编。因此胡适的大同思想及巴哈主义就可能有他们的影响。

中国学者们紧锣密鼓地筹建世界语机构，到1922年5月23日，北京世界语学会宣告成立，周作人被选为会长，爱罗先珂被选为学会书记。鲁迅出席了这次北京世界语盛会。会后，周氏兄弟与爱罗先珂、罗志甫、陈声树等世界语者在北京世界语学会合影。

《时报图画周刊》1921年11月21日刊登的照片
爱罗先珂左边是胡适。

有趣的是，胡适虽然不赞成世界语，但是却为爱罗先珂担任了在北大演讲的翻译。这当然是看蔡元培先生的面子。1922年2月27

日，胡适应蔡元培的嘱托，为爱罗先珂在北大的讲演担任翻译，胡适在日记中说：

> （1922年）2月27日，到周启明（周作人）家看盲诗人爱罗先珂，蔡先生请他星期日演讲，要我翻译，故我去和他谈谈。他的英国语还可听；他在英国住了几年，在印度又几年，故英语还可听。他双眼于四岁时都瞎了，现在年约三十。他的诗和短篇小说都不坏。
>
> （3月3日）。下午，到女子高师去听盲诗人爱罗先珂讲演《智识阶级的使命》。他说俄国智识阶级的历史，指出他们的长处在于爱小百姓，在于投身到内地做平民教育，并不提倡革命与暗杀。他痛骂上海的新人，说他们没有俄国智识阶级的好处，而全有他们的坏处；说他们自己有一个主张，却要牺牲他人去实行。他的演说中有很肤浅处，也有很动听处。
>
> （3月4日）。3时，去访盲诗人爱罗先珂，请他把明天的演说先说一遍。他说世界语现在有几个诗人，ZAMENHOF之外，如GRABOVSKI, DEVYATNIN, KABE, EDMOND PRIVAT，皆能用世界语创作新诗。
>
> （3月5日）。上午10时，替爱罗先珂翻译讲演，题为《世界语是什么和有什么》，我是一个不赞成世界语的人，在台上口口声声的说"我们世界语学者……"，岂不是唱戏吗？此事我本不愿意干，但因为蔡先生再三嘱托，一时又寻不着替人，只好老着面皮唱一台戏。但是我自信这一回总算很忠实于演说的人。（杜春和、丘权政、黄沫选编《<胡适的日记>选》，《新文学史料》人民文学出版社1979（5）年，第286页）

另外一个世界语者于道泉，他就是陈云夫人于若木的哥哥，其父亲于丹绂是山东著名教育家，毕业于日本著名的早稻田大学，回国后担任山东第一师范学校校长。于道泉在济南齐鲁大学读一年级的时候，安排儒特在齐鲁大学演讲，给她做世界语的翻译。于道泉在齐鲁大学用一年的时间精通了世界语。泰戈尔在济南演讲，于道泉也担任了翻译。著名历史学家邓广铭作为当时的学生前往礼堂，听取了儒特的演讲，接触到了巴哈伊文明的信息。

在接待泰戈尔以前，于道泉还接待了日本著名世界语专家小坂狷二。1924年4月23日日本铁道省机械工程师、世界语学者小坂狷二应北京大学世界语研究会邀请，在北大第二院演讲《世界语的效用与中国》。他在演讲中说经大连转青岛到济南，在济南时遇到两个朋友，一个是胶济铁路的稽查唐先生，一个就是齐鲁大学的学生于道泉。唐先生其人不可考。他对于道泉则赞不绝口：

> 世界语学者于先生，他是齐鲁大学的少年学生，我先前并不认识他，在我出发的前几天，他写信给我，大约说：他明年毕业后，要想到美国继续研究心理学，那时在日本耽搁一个月，希望得到我的助力。我接到来信，十分快活，立刻复他，并且告诉他，我快要到中国了。所以这次到济南，他亦以友谊到车站欢迎我。据他说学世界语，刚刚一年，使用世界语和外人交谈，乃是第一回，但是他说话很流畅，竟能够使得我明白。当我游览济南时，我们用世界语随便闲谈，好像和我有十年交情的老朋友在街上游行。我们相信，这种兄弟之爱的诞生，不过为了我们能够彼此了解，不过我们能操同一的语言。

（《北京周报》1924年第110号，《北京大学日刊》1924年4月26日）

关于爱罗先珂，艾格妮丝回忆说：1914年9月，俄罗斯盲诗人爱罗先珂的朋友安娜·莎拉波夫小姐说：在日内瓦世界语会议室举行的会议上，一个崭新的欢乐服务世界走进了我的生活。是爱罗先珂先生协助我将巴哈伊的教义翻译成世界语。是他帮助我学习了英语和世界语盲文，使我与日本的盲人保持了紧密联系。正是通过他的努力，我才得以与鸟居德二郎以及日本盲人分享巴哈伊信息。正是他将我介绍给了同情巴哈伊的作家秋田羽雀，并写了一些杂志文章，使第一位日本年轻女性接受了《巴哈伊信息》。

1915年7月21日，她写道："今天是我的生日，它使我想起了一年前我独自一人在瑞士的时候，但今天我和一个巴哈伊姐姐儒特小姐在一起。她是我见到的第一个姐姐。自从我离开纽约以来，除了我的法国室友从马赛航行途中成为巴哈伊信徒外，儒特是第二个。那是周五，从几天的海滨访问回来后，我在房间里发现了儒特小姐。举行夏季的最后一个星期五会议，因为大多数学生和其他参加会议的人都将返回家中度过暑假，儒特小姐那天早上到达横滨，在旅馆发现一封信在等她。我要她去东京，这是我们的第一次见面，但她说她在我的巴哈伊房间里感到宾至如归，我告诉她那是'阿博都·巴哈房间'，这也就不足为奇了。我的许多学生朋友已经走了，其中包括高尾先生和爱罗先珂先生，但是后来六个年轻人来了，儒特小姐有很多话要告诉他们。然后我们安排在周日早上举行一次额外的会议，当时有14个人出席，并照相了。星期天晚上，我再次邀请其他朋友见她。在周日的早晨，我的一位亲爱的日本女友，她是日报的记者，给儒特小姐写了一篇文章。她说，她是日本第一个发布阿博都·巴哈照片的人。说服儒特小姐一直待到7月31日并不难，或者说东京有无尽的巴哈伊工作机会，所以在这里她住在这所房子的一个房间里，我们很高兴在一起，并且互相学习很多东西。"

1916年爱罗先珂先生参加了主题为"RIKOLTI的半决赛"的会议。他发表了演讲，引用了阿博都·巴哈这句话，"现在是播种的时间，而不是收获的时间。"他谈到灵曦堂的时候，提到在芝加哥举行了建造灵曦堂圣殿的活动，圣殿将面向所有国家和宗教，许多国家都为该基金会捐款，希望日本也能参与其中。日本《日报日刊》（NICHI NICHI）发表了一篇他谈圣殿的文章。爱罗先珂以人类的一分子自居，他怀抱着世界人类一体、无疆界的纯洁的爱，对于中国的知识分子也提出善意的批评。爱罗先珂的中国朋友胡愈之在一篇《介绍盲诗人爱罗先珂》的文章里，说到他的这种巴哈伊情结：有人"要他入基督教，他不愿意加入有一定形式的宗教……在印度的时候，他和印度教、回教、基督教的孩子一块儿居住，平常日子他和印度教的孩子去参拜他们的寺庙，有时也和回教的孩子到回教的礼拜堂（清真寺）里去玩，到了礼拜日他却又跟着基督教孩子们去做祷告，于是他对于各种宗教却始终没有成见。"（胡愈之《介绍盲诗人爱罗先珂》，《民国日报》1921年10月14日）。这正是巴哈伊文明反对各种偏见在爱罗先珂身上的具体表现。

巴哈伊在日本的历史也始于1893年美国芝加哥世界宗教议会，好几位日本知名人士参加了这次会议。1902年，山本本一（KANI-CHI YAMAMOTO）居住在夏威夷的檀香山时，他是最早与西方发生宗教接触的日本人；第二个是藤田左式郎（SAICHIRO FUJITA）。1912年阿博都·巴哈在芝加哥遇到了藤田（FUJITA），在旧金山遇到了山本（YAMAMOTO）。1914年，两个巴哈伊教徒乔治·雅各布·奥古尔和艾格妮丝·亚历山大及其家人在日本开创了先河。1915年，第一位转化为日本本地巴哈伊信徒的是福田菊福太郎（KIKUTARO FUKUTA）。1912年春，在东京，三位杰出的日本人组成了一个名为"康科迪亚"运动的核心，这是由一位银行家和名誉金融家涩泽荣一子爵（EISICHI SHIBUSAWA）资助的。涩泽荣一以孔子的道德教义为生活准则，他的父亲是基督徒，是日本第一所女子学院的创始人，东京大学的佛教教授ANESAKI MASAHARU博士。该运动的目的是试图找到所有国家可以统一的共同基础。纳鲁斯（NARUSE）校长随后为该运动环游世界。他随身携带一本签名书，其中收集了他所访问的不同国家的杰出人物的善意表达。他返回日本后，这些书被翻译成日文并出版。一位小ATA千三先生在涩泽子爵的一信中写道："康科迪亚"可能会"在遥远的将来实现其目标"。1912年，阿博都·巴哈的秘书在伦敦记录了以下内容："一位杰出的日本人，曾在美国待了几个月的东京女子大学校长，来到了阿博都·巴哈这里，向他展示了一篇有关日本协和运动的文章，该文章刊登在1912

年11月的《东方评论》上。阿博都·巴哈向他讲述了巴哈伊事业的原则以及我们如何需要神圣的力量使这些原则付诸实践。他说："就像太阳是太阳系中所有光的来源一样，今天巴哈欧拉也是人类团结与世界和平的中心。"阿博都·巴哈在其亲笔签名书中写了一段美丽的祷告，并恳求他回到日本，传播这些崇高的理想，然后祈祷如下："上帝啊！各种宗教，民族和种族之间的斗争，竞争和战争的黑暗笼罩了现实的视野，隐藏了真相的天堂。世界需要指导之光，因此，上帝啊，保佑我们以他的恩典，使现实的太阳照亮东方和西方。"

爱罗先珂1921年从日本到上海后，第一个去看他的中国人就是胡愈之。胡愈之当时在商务印书馆任《东方杂志》编辑，正好前一年（1920年与陈兆瑛、巴金等重建了上海世界语学会。

上海世界语学会推举陆式（一作世）楷（又名陆疾侵、陆式卿、陆式蕙、陆有容，我国世界语史上的先驱）为常务委员长，创办了《绿光》杂志，由盛国成（曾经编著《世界语讲义》，是自修适用的教材）、胡愈之在上海重庆路庆余里民国女子学校、上海南洋中学（1926年4月18日演讲《世界语内部理想》）和其他地方经常作关于世界语的演讲。1928年8月10日胡愈之参加在比利时安特卫普举行的第20届万国世界语大会，1930年8月3日在伦敦国际劳工世界语大会发表演讲，主张以世界语为消除东西工人间隔膜之工具，出版《爱斯语初阶》《爱斯不难读》。胡愈之编有《国际语运动》，而且任编辑，其宗旨在于破除种族障碍，联络人类感情，以促进世界大同（《华光日报》1924.05.15）。世界语是促进人类合作运动的重要工具，世界上的所有人类，只是一个混沌的单位，他们绝不相信人类中有国界存在的可能。合作运动是大范围的互助运动，只要同是人类，无一不可合作的，国际合作者相亲相爱的情形，不是专凭臆说，是有证据可以拿出来的（王世颖《世界语与合作运动》，《华光日报》1924.01.26）。陈兆瑛、胡愈之认为世界语为国际通用文字，可以免去物质之不同，而臻世界于大同，为人间谋和平，为人类图幸福（《绿社之世界语演讲记》，《华光日报》1923.03.27）。

有关胡适不支持世界语一说，值得怀疑。因为1913年于康奈尔大学举行的F．I．D．E的第八届世界语大会，胡适是参加了的。大会所通过的决议案支持把世界语作为"一种正式的国际性辅助语言"，并支持实行世界性邮政以促进国际联系等项措施（[美]格里德著、鲁奇译，《胡适与中国的文艺复兴：中国革命中的自由主义（1917-1937）》，江苏人民出版社2005年，第47页）。当然，胡愈之的世界语经历实际上更为丰富多彩。据侯志平编《胡愈之与世界语》记载：

胡愈之1914年进上海商务印书馆当练习生，继续坚持学习世界语。1915年任《东方杂志》编辑。9月4日，在《时事新报》上发表商务印书馆编译所胡愈之（胡学愚）《世界语在学术上之地位》。9月29日，在《时事新报》上发表《世界语之新势力》。

1917年1月15日，以胡学愚的笔名在《东方杂志》第14卷第1号上发表《世界语发达之现势》。

1920年，与陆式楷、斯托帕尼、汪千仞、王克绥等人发起重建上海世界语学会。巴金写信给胡愈之请教有关世界语的事。

1921年10月，胡愈之受日本世界语学会之托，照顾路经哈尔滨的俄国盲诗人、世界语者爱罗先珂。邀请爱罗先珂到上海世界语学会讲学。爱罗先珂到达上海后，同上海世界语学会组织国际晚会，爱罗先珂在晚会上用世界语演唱，受到与会者的热烈欢迎。上海世界语学会用这次演出的收入，不仅还清了欠债，而且还创办了世界语图书馆，并为会刊筹集了资金。同月14日，在上海《民国日报》发表《介绍盲诗人爱罗先珂》一文，该文又于同月20日载北京《晨报副刊》。11月4日，致函鲁迅商谈翻译爱罗先珂作品一事。11月21日，在北京《晨报副刊》上发表译作《我底学校生活一断片》（爱罗先珂用世界语写的回忆录）。11月30日，《晨报副刊》发表由爱罗先珂口授、胡愈之、严既澄记录的《现代的忧虑》。12月26日，再次致函鲁迅商谈翻译爱罗先珂作品一事，并把爱罗先珂的文集《最后之叹息》寄给鲁迅，鲁迅从这本文集中翻译了《两个小小的死》。同年，胡愈之与许多国家的世界语者建立了联系，被聘为环球世界语协会(即国际世界语协会)上海代理员。

《时事新报》1921.04.12记载：

> 韩人朴永宪及胡愈之以世界语演说、黎世良、溶沧、高尚东、陈凤兰、梁清舫诸人均有演说。

胡愈之是从日本世界语者来信中得知爱罗先珂被驱逐出境的消息的。爱罗先珂到上海这一年31岁，胡愈之25岁（侯志平编《胡愈之与世界语》，中国世界语出版社1999年，第339页）。由胡愈之组织的世界语活动是很多的。

> 上海世界语学者之交谊会，地点在中国公学。到会者三百人。

> 上海自去冬以来，学习世界语者渐多。各学校学生组织研究会，于课外自由学习者，颇为不少。中国公学世界语学者，为增进同志友谊，联络相互感情起见，特发起上海世界语同志交谊会，邀集上海各处同志，于五月十四日下午二时，在吴淞炮台湾中国公学开会，会场布置均由中国公学同学主持，到会团体有交通大学、中国公学、澄衷中学、培德学校、世界语星期传习所及其他同志，约有三百人。下午振铃开会后，即散发各种传单，首由主席胡愈之说明开会宗旨、继由陈兆瑛致世界语开会词，略云：世界语于外国，在今日已极普遍，各国世界语学者，时有交谊会之举行。但世界语于中国则极觉衰落，今日之同志交谊会、不但为上海从来所未有，即全中国亦为创见。而与会同志，竟有如此之多、足见我中国人之对于世界语已渐由冷淡而变为热烈、由灰散而变为团结。

1922年1月10日，胡愈之在《东方杂志》第19卷第1号上发表译作《为跌下而造的塔》（爱罗先珂著）和《译者后记》。2月，将爱罗先珂介绍给鲁迅，鲁迅推荐爱罗先珂到北京大学讲授俄罗斯文学和世界语。3月，在《东方杂志》第19卷第5号、第6号上发表译作《枯叶杂记》（爱罗先珂著）和《译者后记》。4月5日，在上海《教育杂志》上发表《世界语在普通教育上的价值及我国学校加入课程的准备》，此文后载入吕蕴儒编的《世界语论文集》。5月3日，在上海《文学旬刊》上发表悼念世界语者的文章《亡友胡天月传》。5月，在《东方杂志》上发表《世界语的过去、现在及将来》。6月13日，在北京《晨报副刊》发表译作《大炮在远处轰击》（爱罗先珂著）。同月，上海世界语学会创办机关刊《绿光》（VERDA LUMO），胡愈之是编者之一。同月，在他主编的《东方文库》第81种出版了《枯叶杂记及其他》，书中收集了夏丏尊译的《幸福的船》。7月，上海商务印书馆出版《爱罗先珂童话集》，收集了胡愈之译的两篇译作。8月10日，在《东方杂志》第19卷第15期发表《国际语的理想与现实》《ESPERANTO以外的国际语方案》和译作《她爱我吗?》（波兰B.PRUS著）、《失望的心》（爱罗先珂著）。同月，商务印书馆出版的《学生杂志》开辟"学生世界语专栏"，胡愈之为其写了一部分介绍世界语和如何学习世界语的文章，并编写了一些中、世（世界语）对照的世界语读物。

1923年1月，在《台莪尔的东西文化联合运动》（《东方杂志》第20卷第2期，1923年1月25日）中，胡愈之对巴哈伊文明的认同表现在他的这篇介绍泰戈尔的文章里。他说：

> 所谓世界的大结合，是说把人类都团结起来，比现在一切的联盟团体更为深切而且更为坚固。这种结合应该以人的神性的出发点为基础。我们应该建筑一所世界的大殿，以供奉这人类公共的神道。这种理想实现的第一步是在于使全民族都表示他们的精神的主宰，但在猜忌和斗争支配一切的时候，这样的理想是不会达到的。所以我们应当创立人类相互交通的机

关，以消灭各民族间的敌忾心……全世界的艺术家可以共同创作艺术品；科学家共同阐发自然的秘密，哲学家共同解放人类的思想，圣人贤者共同实现人生的理想，他们干这些，不但是为了他们自己的国家，也是为了全人类。

这些显然是巴哈伊文明的思想。

1923年3月，胡愈之在《学生杂志》上发表《世界语通信方法》一文。6月5日，在《学生杂志》上发表《世界语学习法》一文。同月，主编爱罗先珂的世界语文集《一个孤独灵魂的呻吟》(LA GEMO DE UNU SOLECA ANIMO)，以上海世界语学会的名义出版，并用世界语为该书写了序言。8月，在《绿光》第3卷第1号上发表"ORGANIZE, KUNLABORU!"、《关于CINO和LINUJO之我见》《给孙国璋的信》。同年，与上海世界语学会的同仁一起创办中国第一座世界语图书馆。主编的《国际语运动》一书由上海东方杂志社出版。另一译作《寓言的寓言》（陀罗雪维支著）由开明书店出版。

《时事新报》1923年3月27日载：

> 电报局绿社、世界语星期班、敦请上海世界语名人陆式楷、胡愈之、张沅长、徐某诸先生莅会讲演。首由孙义植致欢迎词，次陈兆瑛教授介绍陆式楷演说：略谓世界语为国际通用文字，可免去物质之不同，而臻世界于大同。电报局为国际间之重要交通机关，希望绿社为中国研究世界语之中心云云。次胡愈之演讲，略谓：今日适因争执旅大及廿一条件，举行市民游行大会，余因而得一感想。盖国际间人类之争执，虽曰不平所致，然人类言语不通，感情隔膜，亦其一端也。柴门霍夫始创世界语，亦职是之故。实为国际谋和平、为人类图幸福。乃人类不察，多所猜测。须知学世界语，乃于国语外兼学之。质言之、无非欲免却人类之抵触、故世界语之为用、实属忠厚的、慈悲的、而非侵犯的。此吾人最宜审度而彻底了解者也云云。

1924年在《绿光》第3卷第4号上发表"CIVILA MILITO EN HI-NUJO"。

1925年6月1日，与上海世界语学会同仁一起，并联合其他世界语团体拟定《致全世界之抗议书》，分致国际联盟、各国世界语团体和世界语杂志，揭露"五卅"惨案真相，抗议帝国主义镇压工人运动的暴行。同月，在《东方杂志》上专门组织出版《五卅事件临时增刊》，并发表《五卅事件纪实》一文。10月1日，在《绿光》上发表《五卅事件与世界语界》。同年，胡愈之领导的上海世界语学会积极开展活动，宣传和推广世界语，举办夜校、星期学校和函授学校，胡愈之亲自担任教员。

1926年1月1日，在《绿光》第4卷第2号上刊登《告国语运动者》。1月10日，在《学生杂志》上发表《世界语普及概况》。同年，与徐云阡合编的《世界语函授课本》出版。

1927年4月13日，胡愈之撰写对国民党发动"四·一二"大屠杀的抗议书。4月14日，邀集郑振铎、章锡琛、周予同、冯次行、李石岑在抗议书上签名，寄给国民党文化界名人蔡元培、李石曾、吴稚晖(他们都是世界语的倡导者)。11月24日，为其翻译的《东方寓言集》(陀罗雪维支著)作序，题目为《文网与文学》，该书从世界语转译，于同年由开明书店出版。11月25日，在《东方杂志》第24卷第22号上发表《世界语四十年》。12月，在《小说月报》第18卷第12号上发表《世界语文学》。

1928年1月，在《绿光》第5卷第1号上发表《上海世界语学会的现在与将来》一文。同月，迫于国内的白色恐怖，以《东方杂志》驻欧洲特约记者身份流亡法国，入巴黎大学法学院学习国际法，同时入新闻学校学习新闻学，并系统地钻研马克思主义著作。在法期间受到法国世界语者的许多帮助，使他感到世界语的真正价值。2月21日，他的译作《星火》由现代书局出版。6月至7月，在《绿光》第5卷第6-7号上发表《欧游通信》和《盎凡尔第20次万国世界语大会》两篇文章。7月，受民国大学委派参加在比利时安特卫普举行的第20次国际世界语大会。同月，他的世界语论文集《世界语四十年》由上海世界语学会出版。

1934年创办《世界知识》杂志，任主编。1938年在《南洋商报》创办《绿星》副刊，宣传世界语。1949年创办《光明日报》，任主编。后出任新闻出版总署署长，仍然宣传世界语（侯志平编《胡愈之与世界语》，中国世界语出版社1999年，第255页-263页）。

胡愈之说：爱罗先珂先生是世界的人，是人类的人。现在却只有国、省、畛域……没有"世界"，只有党人、教徒……没有"人类"，所以偌大一个地球，却没有盲诗人容身之地了（胡愈之《介绍盲诗人爱罗先珂》，《民国日报·觉悟副刊》，1921年10月20日）。胡愈之在《东方杂志》《文学旬刊》发表了好几篇爱罗先珂的小说译作，都是通过世界语翻译的，如《为跌下而造的塔》《上海生活的寓言小品》《春日小品》。巴金正是通过胡愈之得知了世界语的信息，开始对世界语感兴趣，成为世界语者，开始自学世界语的，在这之前，他就曾在成都写过推荐世界语的文章，翻译了大量世界语作品，《骷髅的跳舞》《过客之花》，阿·托尔斯泰的《丹东之死》等等。中篇小说《秋天里的春天》，是世界语的原著（匈牙利世界语作家尤列，巴基作品）；短篇集《笑》中有两篇是从世界语翻译的；《叛逆者之歌》中那首俄国民歌《伏尔加，伏尔加》也是从世界语转译的（莉迪亚著《海那边……》，1997年，第75页）。

爱罗先珂《一个孤独灵魂的叹息》是胡愈之于1923年在上海直接用世界语编辑出版的，由此把爱罗先珂推介给了中国读者，介绍给了鲁迅，鲁迅也因此喜欢上爱罗先珂，和胡愈之共同翻译了《爱罗先珂童话集》，封底印有爱罗先珂的一首小诗，《人类中的一员》，也有不同的译名，如《世界公民》《人类之子》，日译本则是《人类人》。周作人翻译为《人类一分子》，用仲密的笔名发表在《晨报副刊》，其中一句名言"我的名字是人类一分子"，就是巴哈伊文明的体现。

中国最早的世界语学者兼出版家的陈原先生特别肯定其中的两句诗：

> 我的名字是人类一分子，
> 这是火的名字，是人间自由的名字。

陈原指出：

> 胡愈之那时在《东方杂志》发表的一篇文章说"人类一分子主义"是"一种爱世界爱人类的普泛的教义"。教义者，即一种信念，并非真有那么一种宗教；"人类一分子主义"一词源出世界语创始人——波兰的柴门霍夫博士1906年为此写的一首小诗和一篇"宣言"（随想录），所述特征，很多都能在爱罗先珂身上以及本世纪初的知识分子身上看到，比如：
>
> ——我是一个人，我把全个人类看成一个家庭；我认为人间最大的不幸，就是人类被割裂成互相敌视的种族和宗教群体；但这不幸迟早会消失的，我应尽我的力量加速这消失。
>
> ——对每个人，我只把他看成一个人；对每个人，我以他的品德和行为来评价。凡是侮辱或压迫属另一种族、操另一语言、信另一宗教的人，我都认为是一种野蛮行为。
>
> ——为全体同胞的利益而奋斗，我名之曰爱国主义……我意识到对祖国对家乡的深爱，是一切人天生具有的，只有非正常的外界环境才能麻痹这种天生的感情。（陈原《书和人和我》，生活·读书·新知三联书店1994年，第154-155页）

1922年2月24日，爱罗先珂从上海，与胡愈之、叶圣陶、王伯祥（应蔡元培、马叙伦、马裕藻之聘，任北大中文系预科讲师）和北上的郑振铎一道，结伴抵达北京。爱罗先珂应邀到北大教授世界语课程，北大校长蔡元培认为，北大虽已有世界语课，但乏人问津，爱罗先珂一来，阵势大为不同了：爱罗先珂作为俄国人、盲诗人，又是周氏兄弟极力推崇的作家，学生非常愿意来听世界语的课。蔡元培看爱罗先珂行动不便，无人看顾，便安排他暂住在周作人兄弟在北京的住宅——八道湾11号。2月24日，爱罗先珂是由郑振铎和耿济之（俄国文学研究专家）两人陪同来周作人家的。周作人安排他在东屋，周作人翌日陪同爱罗先珂往北大访蔡校长以及沈尹默和马幼渔。此后，爱罗先珂就在北大马神庙二院每周日上午讲授世界语。爱罗先珂在北京的演讲在当年是轰动一时的。担任爱罗先珂作品和演讲的翻译有胡适、冯省三、鲁迅、周作人、李小峰、耿勉之、宗甄甫。

1922年1月26日爱罗先珂在北京参观朝阳大学世界语夜校。3月3日下午2时在女子高等师范大礼堂讲演，题目为："知识阶级之使命"。3月5日又在北大第三院大礼堂讲演，题目：世界语与文学。由胡适博士担任翻译（均用英语）（耿申等编，《北京近代教育纪事》，北京教育出版社1991年，第145页）。另一记载：3月5日在周作人陪同下往北京大学三院演讲，钱玄同当天记："午前听爱罗先珂讲演《世界语及其文学》，适之翻译。午蔡先生宴爱氏，同座者为胡适、孙国璋、周豫才、幼渔、土远(主)、我、启明诸人"（刘波：《门外说书：一个藏书人眼里的鲁迅》，海豚出版社，2018年，第44页）。1922年3月10日，爱罗先珂演讲《世界语与其文学》，胡适口译，宗甄甫、李小峰笔记，发表在《民国日报》副刊《觉悟》。

据周作人说，山东平原人冯省三是"爱罗先珂君在中国所教成的三个学生之一，很热心于世界语运动，发言最多，非常率直而且粗鲁，在初听的人或者没有很好的印象"，但是接触多了，就"知道他是个大孩子，他因此常要得罪人，但我以为可爱的地方也就在这里"。他是山东人，据他说家里是务农的，5岁时，父亲就给他订婚了，他是到北京来逃婚的，靠打短工读书，在北大预科上法文班，因为没有钱交学费还没有毕业。就是这么一个苦学生，闹讲义风潮那天，他还在教室上英语课，下课时听见楼下喧吵，去看热闹，不知不觉地就卷进去了,还以山东大汉固有的激烈,说了几句"我们打进去,把他们围起来,把这事解决了"这样的带有煽动性的话,后来真谋事者都溜走了,他还在那里大喊大叫,就被校方与群众选作了替罪羊。周作人回忆说,冯省三曾很热情地问他:"周先生你认为我有什么缺点?"周作人回答说,你的缺点就是"人太好,——这也是一个很大的缺点,——太相信性善之说,对于人们缺少防备"。无论是在蔡元培还是在胡适的眼里,冯省三都是一个"暴徒",但在周氏兄弟眼中,他却是一个有缺点的可爱的"大孩子"。在蔡元培将其开除,胡适将他拒之门外的时候,周氏兄弟写文章为他辩护:他们重视的是个体的人,对于学生,即使他们犯了错误,也是抱有理解与同情的态度的。后来冯省三办世界语学校,周作人为他编的《世界语读本》作序,鲁迅不但应允担任学校董事,还免费教书达一年之久。有意思的是,蔡元培也担任了冯省三的学校的董事。当年他为维护校长的权威,将冯省三开除,现在大概是了解了是非真相,又对他表示同情与支持,这也同样很能表现蔡元培的为人(许纪霖编《20世纪中国知识分子史论》北京:新星出版社2005年,第292-293页)。

  民国十二年,北平世界语专门学校成立。学校教务处的陈空三、冯省三去面请(鲁迅)先生来教课,讲文学史或文艺理论,先生说:"论时间,我现在难于应允了。但你们是传播世界语的,我应该帮忙,星期几教,我今天还不能确定。等一两天,我把时间安排一下,再通知你们。"(孙伏园,许钦文等著《鲁迅先生二三事——前期弟子忆鲁迅》,河北教育出版社2000年,第205页)1923年9月17日由北京大学筹办的北京世界语专门学校开课。该校共招男女生180余名。聘妥徐旭生担任哲学总论,鲁迅担任小说史大纲,吴稚晖担任发音学。蔡元培兼任校长,校董有蔡元培、鲁迅、张秀鸾、爱罗先珂等。

  《晨报》消息一则:

世界语专门学校已开始上课

北京世界语专门学校开学一节，已志本报。兹又闻该校已于昨日（十七日）实行上课。是日各门功课均已上齐，如马叙伦，鲁迅，密斯儒特等诸先生已到校授课。又该校寄宿舍已租定武定候十一号，房屋宽敞，整洁优美，在各校寄宿舍中亦不多得云。（原载《晨报》民国十二年（1923年9月19日第六版）

世界语此时在我国得到快速的发展。据荆有麟《鲁迅回忆断片》："中国世界语运动的开路先锋，是刘师甫（复）。刘师复为我国最早的无政府主义者，只享年三十一岁。他于1914年4月发表《无政府党与世界语》。支持此运动最有力者，是蔡孑民。蔡先生长北大时，曾特地拨出经费，聘孙国璋为讲师，在北大设立世界语讲习班，为青年学者开了不少便利。而盲诗人爱罗先柯来中国讲学，亦是由蔡先生发动聘请的。"此时前后，《国风日报》的主办人景梅九先生，在《国风日报》开辟《学汇》专刊，成为无政府主义一块坚强阵地。在那个时代，无政府主义跟世界语运动常常是密切不可分的，景梅九既是无政府共产主义的积极宣传者，又是世界语运动的热心人。他先后翻译了爱罗先柯《世界语者之宣言》《世界语运动第一步》等文，又发表了陈廷璠所作《创办北京世界语专门学校的提议》。北京世界语专门学校就是由陈廷璠、冯省三和景梅九等人创办的，得到蔡元培、吴稚晖、李石曾、胡景翼等人的支持。景梅九推荐李乐三、李瑞甫、张希涛等山西青年到该校学习。

学校设在西城锦什坊街孟端胡同三十九号，校长蔡元培（蔡出国，由生物学家谭仲逵代理），陈廷璠和冯省三负责教务，还有陈声树。荆有麟说："民国十年，北平世界语专门学校成立，学校教务处的陈空三与冯省三，去面请先生教课讲文学史或文艺理论……"（山西省作家协会编《董大中文集》第2卷《鲁迅与山西》，北岳文艺出版社2017年，第110页）

北京世界语专校的学生有：

张禅林，字昌锭，江西乐安大金竹村人。自幼聪颖，勤奋好学，毕业于上海文生氏英文学校，禅林从盲诗人学世界语，相传是他的三大弟子之一，后来盲诗人由鲁迅介绍到北京大学教世界语，禅林便做了他的助教。

禅林到银行去兑现款，方志敏陪同在外望风，幸而那次平安无事。禅林便分了一部分钱给方志敏，于是方志敏等人便把"南昌文化书社"办起来了，"南昌文化书社"也成为中共江西党团组织的诞生地。后来，方志敏在狱中撰写的《我从事革命斗争的略述》中提到"与几个同情的朋友由上海回到南昌开办一家新文化书店"。文中所谈的"几个同情的朋友"就是指张田民、张禅林兄弟等人。

同年5月，《大江报》刊登了共产党人主编的"五一"劳动节特刊，江西督军陈光远十分震怒，以"煽动劳工，鼓吹共产主义"的罪名，下令查封《大江报》和"一平印刷所"，通缉张田民。张田民只得将印刷所全部设备和人员迁往南京，并入"东南印刷公司"。自己则回到老家大金竹村，号召家乡群众禁烟（鸦片）、剪发、放脚、废债，带头在公祠前焚毁债券。弟禅林便离开南昌，经上海、北京到达哈尔滨，想到苏俄找他的恩师爱罗先珂继续深造。由于未能回国，只得返回上海、苏州，最后回到南昌继续经营其兄的印刷业务。

1924年，张禅林考入广东黄埔军校第一期。在校期间，因信奉无政府主义和反对教官打骂学生而被开除（陈国华主编《江西畲族百年实录》，江西人民出版社2011年，第403页）。

中华书局出版《胡适来往书信选》中，收录冯省三于1922年11月25日写给胡适的一封信：

适之先生：

这次北大的学潮至今日算已完全结束了。但我盼望北大全体勿以此次治标的、暂时的而且是表面的结束便认为心满意足：原来还得要着眼到那治本的、永远的、实质上的改革——[不是改良，而是革命]。……中国的普通一般人的习惯：看惯了温良恭让的人，一见那刚毅木讷者便觉得他皮[脾]气不好，一见那热血满腔的，勇敢的，敢干的，牺牲的人便觉得他是暴动，捣乱，甚而讥他是有神经病，诋他是有其他的作用。……听说蔡先生又回来了，这是很好的事！但我盼望北大当局，是后要研究……那天（十八）请愿是否暴动、捣乱？如真是者，则研究为什么学校给他们以暴动、捣乱的机会？——一如社会上之饥寒交迫而以性命作孤注之强盗，政府幸勿专恃法律之威权而监禁之，枪毙之，要探究其作强盗之真因。而把这真因设法铲除之（治本），不必凶凶然作威作福的惩罚人（治标）……最后我要求一件事，我要入人艺社戏剧专校，或明年考高师，转大学，北大可否将我的预科毕业文凭发下？……但盼望胡先生帮助我，恤怜我，不然我因除名于北大，遂连其他的学校也失掉进去的资格，那未免太可怜了。

关于冯省三与讲义风潮，周作人写道：

"他是北大法文系的学生，对于世界语却比法文还要热心，不久居然能写能说，是老师的得意弟子。他是山东人，个子很大，性情直爽，一点事便嚷起来，可是几句话说服了，又会得哭出来，爱罗先珂常大声说，唉唉，省三这大孩子真是没法子。大概在民国十四（疑为十一）年吧，我在北大做讲师，有一回在上第四小时的课，看见省三也混在那里偷听，十一时五十分下课回家，次晨翻看《北大日刊》来看，说昨日学生闹讲义风潮，为头的是冯省三，开除学籍。原来有些学生因为征收讲义费，准备抗争，与事务主任和校长争论甚烈，省三下课走去看热闹，参加说话，后来大家看看形势不佳，陆续退后，只剩他在最前线，成了为头的了。我觉得这事很冤枉，与教务长谈及，他也同意，但是那时他确是挤在前头，学校只能认他为首。不久广州中山大学要请世界语教员，我荐他前去，他也很愿意，可惜去了不到一年，就生猩红热死在那里了"（张耀杰《历史背后———政学两界的人和事》，广西师范大学出版社2006年，第125页）。22岁的生命夭折了。冯省三不是女孩子，不能用香消玉殒来惋惜他，但是他的死比香消玉殒更损失大，因为他从一个闯祸的大男孩刚刚开始用世界语为人类大团结做了一点贡献，如果继续下去，中国的信仰可能会发展很好，世界语的影响也可能会更大，可惜早早就去了天堂。

鲁迅则在《晨报副刊》上发表短文《即小见大》："北京大学的反对讲义收费风潮，芒硝火焰似的起来，又芒硝火焰似的消灭了，其间就是开除了一个学生冯省三。这事很奇特，一回风潮的起灭，竟只关于一个人。倘使诚然如此，则一个人的魄力何其太大，而许多人的魄力又何其太无呢。"

1925年5月18日，与许广平信中，鲁迅旧事重提："提起牺牲，就使我记起前两三年被北大开除的冯省三。他是闹讲义风潮之一人，后来讲义费撤去了，却没有一个同学提起他。我那时曾在《晨报副刊》上做过一则杂感，意思是牺牲为群众祈福，祀了神道之后，群众就分了他的肉，散胙。"

冯省三被北大开除后，曾受到周氏兄弟的多方关照。

1923年1月20日鲁迅日记，"晚爱罗先珂君与二弟招饮今村、井上、清水、丸山四君及我，省三亦来"。

1923年5月10日，鲁迅日记，"省三将出京，以五元赠行"。

5月25日，周作人为冯省三编撰《初级世界语读本》写序，6月5日在《晨报副刊》公开发表。

6月7日下午，鲁迅参加由陈空三、陈声树、冯省三等人发起世界语学校筹款游艺会。

1924年，周作人荐举冯省三到中山大学讲授世界语，不久冯患上猩红热，6月16日病逝于广州，终年22岁。遗著有《初级世界语读本》（周作人序）《世界语名著选》（钱玄同序）。

北京世界语专门学校成立了世界语主义研究会，朱理治、王克全、吕琦等人为理事,希望会员"大处着眼,小处着手",即"以世界大同为目的,以修养自己的人格为起点"(《世界语主义研究会》,《时事新报》,1923.11.18)

《初级世界语读本》中引柴门霍夫的话:世界语主义就是在中立语言的基础上,消泯了人类间的墙,而养成人们看待同类如同兄弟一般的习惯(第V页)。

周作人序说:提及世界语主义(ESPERANTISTO),现在大家知道有世界语,却很少有人知道世界语里含有一种主义;世界语不单是一种人为的言语,供各国人办外交做买卖之用,乃是世界主义(能实现与否是别一问题)的出产物。离开了这主义,世界语便是一种无生命的木偶了。

1923年5月25日,周作人在北京为冯省三编《初级世界语读本》写的序中(商务印书馆,1923年,第4页)说:

> 千年的墙壁坚固地立着
> 在被分隔的民族底中间;
> 但这强顽的障碍即将消散,
> 为神圣的爱所打破了
>
> 在中立语言的基础之上
> 彼此相互理解了,
> 各民族都同意地
> 建设起一个大的家族似的
> 团体。
>
> 国际间的仇视
> 降落,降落罢,
> 现在是时候了!
> 全世界的人群

应该合成一个团体了!

1878年年十三月五日柴博士和他底同学们庆祝新语底诞生的赞美诗

周作人译

冯省三编《初级世界语读本》,商务印书馆1923年,第7-8页

1924年7月14日—8月18日,《文学周报》第130、132—135期发表冯省三译自世界语的普希金短篇名作《毒皇后》(即《黑桃皇后》)(《时事新报》1924年7月14日)。

最后周作人无限悲情地说:亡友冯省三君在他去广州以前寄给我的稿子,被我搁下来已有两三个月了,现在重行检出,墨迹犹新,而省三则已物化,真不知道有多少怅惘啊!

1923年9月10日北京世界语专门学校开学典礼合影。中间偏左女士为儒特,左为吴稚辉,右为李石曾、谭熙鸿、景梅九、鲁迅,右四冯省三,右七徐旭生,还可能有周作人、陈声树、张静江、褚民谊、钱玄同
LA FOTOGRAFAJO DE LA MALFERMO DE LA PEKINA ESPERANTO-KOLEGIO 枣庄学院世界语博物馆供稿

据1923年9月20日出版的《教育杂志》(商务印书馆)第十五卷第九期报道，该校设于西城锦什坊街孟端胡同三十九号，校长因蔡元培"出洋"暂由谭仲逵(即谭熙鸿，北大生物系教授，曾任北大教务长)代理。后来又改为吴稚辉任校长。此照片原先是在网上发现的，后来山东师范大学教授梁宗华女士让她的侄女梁爽女士把枣庄学院世界语博物馆的照片拷贝过来，但是可惜还是像素太低，放大后仍然不清楚。梁爽女士告诉，该照片是于道泉先生保存的，由于道泉先生的后人捐献的。

《北京世界语专门学校计划书》说明创办该校的旨趣是：

《筹办北京世界语专门学校旨趣》

世界语的效用及其主义，当为人所共悉不必详加说明了。今略述应设这个专门学校的旨趣：

人人均知普及世界语为现世界最重要的一件事情，但是怎么普及呢？那末，就非先将各国的重要书籍译成世界语不可了，使他的效用与各种天然的语言文字并驾齐驱，而研究学术的人，与其学数种语言之烦难，不如直接学世界语更为便利，自然而然的学者就会多起来了。可是要把各国的重要书籍译成世界语，就非有世界语专门人才不可：要造就世界语的专门人才，便不得不设世界语专门学校。

德国有中央世界语学院，法国也有组织巴黎世界语学会，从事编译的拟议。中国为世界文明古国，演进的文化这样长久；其古代学术思想实有贡献于世界的必要，与其译成各国语言，不如与德，法……等国一致进行，于首都设立世界语专门学校，以造就专门人才：以沟通东西文化，而促进世界语普及。

中国对于各国语言文字，都设有专校。如：俄文专修，英文专修，法文专修等。独于世界和平最有关系之世界语，反未设立专校，岂非怪事！按设立各国语言专校者或重视各国语言者，无非以其有目前的效用，不知倘大家努力，则世界语自易普及；若世界语一经普及，则人类对于语言一种，可无须像现在这样的费力，而其他的事业也更容易进步了。且现在设立俄，英，法……等许多外国语学校，将来只设一世界语学校就可以了。其节省金钱及精力为何如？故照各外国语专校之例，世界语也可设一专校，毫无疑义。

中国前年教育联合会已决议全国各小学，师范都加入世界语；去年日内瓦世界语会议又议决"致书各国国会将世界语加入小学"。徒然有此等决议案而不能实行者，由于师资缺乏。故造就师资，非有专校不可，绝非随便学习就可以了事的。

以上是发起这个世界语专门学校的旨趣。（《北京世界语专门学校计划书》，1923年，第1-2页）蔡元培、吴稚晖、爱罗先珂、周作人、胡锷公夫人、王桂森、陈声树、陈廷璠、景定成、周树人、张季鸾（《北京世界语专门学校计划书》，1923年，第6页）

《时事新报》1923年9月14日载：

世界语专校开学志

北京世界语专门学校（于十日）开学，兹记其大概如下：校门悬挂国旗，礼堂外悬挂世界语旗及校旗。校院内十字交叉悬挂各色小旗，上标以"和平""自由""博爱""互助"等字样，礼堂内高悬绿色校旗。时至九钟，所有学生、教职员及来宾已完全到齐，当即振铃开会，由

《时事新报》1923年9月14日发表《世界语专校开学志》

谭熙鸿校长主席，报告开会及该校成立经过情形，后以进化证明世界语与人类的关系及其必要。次为前教育次长马叙伦先生演说，次为本校哲学教授徐旭生先生演说，关于国际言语之创造的历史。其次由景梅九先生详述日本世界语运动的历史，并引种种证据以说明世界语实为含有天然性及普通性的语言，次为吴稚晖先生演说关于世界语之效用的广大，及发音的正确等等。次为王桂森先生以研究世界语不要忘了世界语主义为词，勉励该校学生。次为儒特女士述欧美世界语近状，末为邝国华、陈廷璠及某君均有极动听之演词。时至十二钟，全体摄影散会。又闻马叙伦先生在该校担任国文，郑介石先生担任中国文法，又该校因近来要求补考者络绎不绝、特别通融办理，定于本月十二日再考一次云。

该校的关键人物有：

景定成（1882—1961），字梅九，号无碍居士，山西运城县安邑（今盐湖区）人。七岁入私塾，十岁通"五经"，13岁与其父同年入泮。清光绪二十三年(1897)到太原，就读于晋阳书院、是李提摩太山西大学堂西斋（一说中斋）的学生。在日本加入中国同盟会并担任山西分会评议部部长。回国后，于宣统三年（1911）初在北京编辑出版《国风日报》。他是著名民主革命先驱，辛亥革命主将，山西同盟会早期主要成员之一。1915年，袁世凯称帝时，景定成1916年1月24日在《国风日报》起草《讨袁檄文》："谋破五族共和之均势，希图万世一统之帝业。讽令二三奴儒，上表劝进，赂遣各省代表，奉请愿书。藉共和以推翻共和；假民意以摧残民意。称帝称皇，有腆面目；误国误民，全无心肝！欲令天下仰望之遗老，列传贰臣；更辱国民保障之军人，同功走狗"。他因此而下狱，而孙中山称他一支笔可抵十万大军。

景梅九早年与阎锡山共事，辛亥革命后，阎锡山当上了山西都督，劣迹昭彰，景梅九愤慨地写了这样一副对联：不共百川东到海，始知弱水是强流。此联既表达了与阎锡山坚决决裂的态度，又揭示了人民的力量之强大。"百川"，是阎锡山的字，"弱水"，是山西的一条河流，在这里喻人民。景梅九1902——1906年在日本期间，从幸德秋水、宫崎寅藏等处接受了社会主义，从大杉荣等处接受了无政府主义。最后他将这两者与中国古代的大同思想揉和在一起，慢慢形成一套他自己的"无政府共产主义"学说。辛亥革命后，复辟逆流不断。他"不喜政治"，"视官场为畏途，以衙所为牢狱"（景梅九《腐化记》，无出版社，1928年，第12页）他"学问渊博，文章瑰丽，下笔千言，倚马可待"，时学界有南章（太炎）北景之誉。景梅九便把精力大多用在了宣传"无政府共产主义"学说之上，景梅九是章太炎的学生。大杉荣曾向在日本留学的刘师培夫妇、张继、钱玄同、景梅九等传授过世界语（原文网址：HTTPS://KKNEWS.CC/HISTORY/YM3QGVA.HTML）

　　陈昆山，名陈廷璠，号昆山，曾用空三。1895年，降生于陕西户县美陂湖西晋候村。8岁，在陈永和办的书房师从化南。9岁，上玉蝉台小学。15岁，上县立高等小学。18岁，考入省立中学。五四运动前夕，与人创办《社会运动新思潮》《农友会》等刊物。5月3日，以北大哲学系代表的身份，参加各系代表会议，会上决定游行示威。担任学生联合会庶务副主任。1922年，同鲁迅、周作人、爱罗先珂创办世界语专门学校，任总务长，后主持学校工作。陳廷璠在《学汇（北京）》发表《创办北京世界语专门学校的提议》（1922年第32期第5页）。

　　1924年，陈在济南为李虎丞招兵。曾任冯玉祥部第二集团军南路军政治部副主任，被岳维峻总司令委任为别动队队长。1928年，在上海国立暨南大学任教。与人创办上海建设大学。1931年在国立中山大学任教时翻译美国L·桑戴克的《世界文化史》。1989年4月，上海文化出版社据中华书局1941年4月版影印再版。译《俄国史》上册，1940年出版，作为一部分大学的教材。双十二事变后，拟定双方驻军方案，避免一场大战。1951年被诬陷误判处决。

　　北京世界语专门学校授课一直坚持到1925年3月20日学校停

办。陈昆山主持北京世界语专科学校工作，因学校发生针对他本人的风潮，他本人也卷入校方与学生冲突之中。学校停办。荆有麟是世界语的学生。

据《京畿卫戍总司令王怀庆等给大总统的报告》（1922年11月）：

> 景梅九在《国风报》（笔者按：指《国风日报》副刊《学汇》），冯省三及陈空三、陈德荣、王伯时、吕传周、刘果航、陈树声等在《时言报副刊》（笔者按：指星衫主编的《绿波》）所发之《社会运动半月刊》上鼓吹无政府主义及世界语学会等消极行为。

在爱罗先珂世界语的学生中，冯省三是一个非常有成就的人物，他很快进入角色，精通了世界语，很多次担任爱罗先珂世界语讲演的口译。《晨报副刊》1923年4月1日第1-2页发表《现代戏剧艺术在中国的目的》，《晨报副刊》1924年6月23日第2页上发表《三个水注》。据袁寿田《绿帜下的同志们努力！》（《民国日报》，1924年7月1日）：

> 在北京《晨报副镌》上登载冯省三先生逝世的小广告，我以为或者不确，隔了几天，上海各报，也有这项消息，北京朋友们来信也都述及这回事；我于是相信无疑了，冯先生是于世界语很有研究而又热心传播的一个人——著有初级世界语读本和世界语名著选(此书已归商务出版，现在印刷中)从前在北京世界语专门学校担任教授，很受同志们所钦仰，正是中国世界语运动中难得的人才，此番应广州高等师范世界语班之聘，冯先生毅然前往，不料到了那里，授课仅一次课而竟弃我们而长逝了！我和冯先生虽没有谋过面，而慕冯先生之名则已久，而且我知道冯先生体格很强壮，竟天不假年，这正是梦想不到的，唉，中国世界语运动，从此又少一个健将了！唉！

另外一个报道见1924年6月24日《时事新报》：

粤省世界语之厄运
俄教授抱病离粤，沈（冯）省三身死羊城

　　世界语在粤省之传播、1922年有俄人朱雪可夫，在国立广东高师开世界语班教授。未几朱君不服水土，然犹抱病上课，嗣值政变，高师员生四散避乱，全校只有世界语班，于枪炮声中上课不辍。及后朱君病重乃赴港就医，医生以粤地难居，促之他去。此世界语在粤省第一次之厄运也。今春广东大学筹备主任邹鲁，为餍学生向学之志起见，特由北京聘冯省三来校教授。冯君于月之3日始抵粤垣，上课只一次，日前忽小肠热病逝世。查冯君为吾国世界语学者新起之俊，乃爱罗先珂之高足弟子，去年曾任北京世界语专门学校教授，著有《初级世界语读本》（商务书馆刊行已出至第三版）《世界语名著选》及正在编译中之世界语华文词典一部，书成四分之三，此外尚有多种著作，散见于各报章杂志。冯君此次病亡，诚珠江流域世界语运动之大不幸，闻广高世界语共学社，将联合广州世界语同志，开会追悼以志惋惜云。

他的去世引起世界语界的震动，清华世界语者文曜、增恺、赤云、冷灰、铁肩、世钟、春培等七人发表《追悼冯省三君》（《晨报副刊》1924年7月2日，4页），钱玄同发表《悼冯省三君》（《晨报副刊》1924年6月23日，第1-2页）：

　　我昨天早上看《晨报》，忽见周启明君所登广告，惊悉冯省三君竟于十六日在广东病故了，同日晚上得到十日省三从广东寄给我的信。我在一天之中听到他的死耗又看到他最后的来信，很起了悼惜之感。

　　启明说省三是一个"大孩子"（《世界语读本》序），这是极确当的话。省三非常地天真烂漫而又好学；他的谈话的态度

很直率，他的信札的款式很美丽，这都是很可爱的；他学ES-PERANTO[世界语]的成绩是很可惊的。

我知道他的姓名，在1922年的夏天。……秉雄告诉我，教他ESPERANTO的先生叫作冯省三……那年的双十节，北京的工学各界对"废兵运动"的游行，我也跟着大家跑，忽然看见内中有一个人手里拿着一面小红旗，旗上写着"ANARHHISMO"一个白色的字，秉雄对我说，这拿旗的就是冯省三先生。不久北大闹了什么"讲义风潮"，校中拿他来开除了；我事后打听，才知道真正的主谋者早已经销声匿迹了，省三是临时去看热闹的人（自然他也不免夹七夹八地说了几句话），大家快要散完了，他还不走，于是他就得了开除的处分！今年二月间，省三忽然写信给我……四月九日的晚上十点半钟，他来访我，为了"世界语专门学校"的事件。……五月十九日，他寄了一封铅笔写的不美丽的信给我……知道他要到广东大学教ESPERANTO。

冯省三1922年10月25日致胡适的信说："中国的普通一般人的习惯：看惯了温良恭让的人，一见那刚毅木讷者便觉得他皮气不好；看惯了安分守己的，各扫自己门前雪，不管他人瓦上霜的人，一见那热血满腔的，勇敢的，敢干的，牺牲的人便觉得他是暴动，捣乱，甚而讥他是有神经病，诋他是有其他的作用。因为中国的社会心理是如此的。所以在这种心理的裁制与批评之下产出来的社会便是：几个握大权把持切者越闹越大，而大多数的群众越闹越奴隶根性发达且巩固，甚至逐渐缩小成了一个一个沙粒，无同情心，无生命，无性灵"（《胡适来往书信选》，中华书局1979年，第124页）。

爱罗先珂与鲁迅、周作人（出自倪墨炎著《苦雨斋主人周作人》）
1923年4月15日，前排左起：王玄、吴空超、周作人、张禅林、爱罗先珂、鲁迅、索福克罗夫、李世璋；后排左起：谢凤举、吕傅周、罗东杰、潘明诚、胡企明、陈昆三、陈声树、冯省三。

吕向晨（1893- 1975）陕西临潼人。1917年赴北京考入北大政治系三院译文学馆学习。1921年在校期间学习世界语，教师为俄国盲诗人爱罗先珂。后来参加了北京世界语专科学校的工作，是当时的世界语积极分子。在1922鲁迅、爱罗先珂与北京世界语专科学校骨干的著名合影照上，左边第三位举绿星旗的大个子就是他。1924年学员景清萍、张剑影也毕业于北京世界语专科学校。

李世璋(1900-1983)，字明斋，江西临川县温圳院上(今划归进贤)人。1918年考入北京大学经济系。为读完大学，应《京报》创办人邵飘萍之邀作记者，到北京第四中学任兼职教员。他是胡适的学生。世界新闻巨子、新闻界先锋卫廉士到北大讲演，胡适口译，李世璋为胡适的口译《卫廉士博士新闻学讲演》（《北京大学日刊》1921年第910期）作速记。李世璋还受教于鲁迅先生，由于喜欢鲁迅先生的作品，是鲁迅家的常客。鲁迅支持爱罗先柯提倡世界语，李世璋协助鲁迅组织学习世界语的活动。1924年底，孙中山先生抱病北上，到北京后卧床不起。李世璋第一次谒见孙中山先生，

117

为先生鞠躬尽瘁的革命精神所感动。在孙先生病重期间，李世璋担任新闻发言人，以《京报》记者的身份，每天将医生发布的病情公报油印出来，分发给各报记者。对记者所提出的简单问题，李直接作答，重要的问题则请李烈钧先生、林祖涵(伯渠)同志出面答复。孙先生逝世后，李世璋又参加了治丧处的工作。李世璋后来去上海，在《申报》、《民国日报》担任记者。

陈声树，即陈兆枢(1895～1970)，江苏汉阴城关人。1917年以优异成绩考入北京大学历史系。1919年，"五四"运动在北大发起，他不顾军警镇压，高呼"外御列强，内惩国贼"的口号，当天，他和另外31名同学在现场被捕。由于全国人民的声援，被捕学生于5月6日由校长保释出狱。他从北大毕业，应蔡元培之聘，在北京世界语专门学校任总务长（汉阴县志编纂委员会编《汉阴县志》，陕西人民出版社1991年，第790页）。他在北京《晨报副刊》发表《世界语之产生发展及其国际组织》（1924年6月24日），强调世界语的核心，就是世界语主义："彼此互相了解，人们同意的造成一个大的家族"，"泯灭种族间的隔阂，养成人们看待同类如兄弟一般的习惯"。据说日本人山鹿泰治也参与了北京世界语专门学校的筹建。

景梅九（和别人合译过泰戈尔的《人格》一书）和冯省三、陈声树、陈空三等人为学校创办人。支援和资助者有蔡元培、李石曾、吴稚晖、张继、胡景翼等知名人士。景梅九所办《国风日报》的《学汇》专刊于上年十月十一日发表陈廷璠《创办北京世界语专门学校的提议》，是筹备之始。据本年九月二十日出版的《教育杂志》报道，该校设在西城锦什坊街孟端胡同三十九号。九月，鲁迅受聘担任该校讲师，讲授文学史和文艺理论。

荆有麟(1903—1951)，山西猗氏人，早年在北京世界语专门学校读书，结识了鲁迅，后由鲁迅介绍至《京报》充任校对，又与胡也频等编辑《民众文艺周刊》。他曾是鲁迅至好，和鲁迅关系密切。从1924年至1926年期间，他几乎天天出入鲁迅在北京的住宅。他写过《鲁迅与爱罗先珂》（《文艺生活（桂林）》1942年第2卷第1期）鲁迅在世界语专门学校任教，实际上是讲《中国小说史略》。

1923年，17岁的台湾人张鸣（祖籍福建漳浦，也称张铭）来到北京，入北京世界语专门学校。副校长是景梅九，与张继、李石曾和吴稚辉并称，他对张鸣的影响很大。张鸣在学校接受了新思潮。（中国人民政治协商会议全国委员会文史资料研究委员会编《文史资料选辑》第61辑，中华书局1979年，第78页）他在1925年12月17日《京报副刊》发表了《柴门霍甫与中国》的短文，纪念柴门霍夫去世九周年。荆有麟的朋友鲁彦也是世界语者。

1923年在北京世界语专门学校成立了世界语主义研究会，据《世界语主义研究会成立会纪详》（《学汇(北京)》1923年第353期，第6页）：这个研究会的成员主要有朱理治、王克全、吕琦、张慕韩、雅伦、张宣今、高仰之、革耀蟾、张晓柳、田维、赵济、王嘉塈、刘金声、李渭滨、刘大柱、春台、唐维新、邹文涛、抱朴。

另外还有抱朴报告俄国世界语运动、张宣今演说词（续）。

世界语主义研究会成立会纪详（续）：朱理治演说词《学汇(北京)》1923年第354期，第6-7页，他强调要"借世界语之精神而阐明其主义，以期人类之醒觉而共登大同之域。"

董寿平，原名揆，字谐柏，后改名寿平。男，汉族，山西省临汾市洪洞县人，当代著名画家、书法家。1904年2月生。1922年由山西省立第一中学转学入北京世界语专门学校，后又两度转学。民国十五年（1926），毕业于北京东方大学经济系。十七年(1928)，开始学习与研究书画。

徐祖正（1894—1978），字耀辰，江苏昆山人，现代著名作家、翻译家、教育家。1902年（光绪二十八年）在巴城私塾读书。1909年（宣统元年）进上海商务印书馆当学徒。1911年徐祖正支持西北乡农民风潮。被清政府密令缉捕。离开巴城赴武汉从军，参加1911年10月10日的武昌起义。同年冬天赴日，考入京都帝国大学外文系，崇拜厨川白村等著名教授。1912年回国后，在北京高等师范学校和女子师范学校任教。教授《修辞学》并支持青年学生创办《新青年》，在日本留学期间，同郁达夫、郭沫若等共同组织"创造社"。回国后又随鲁迅一起加入"语丝社"，在周刊上发表小说《兰生弟记》并翻译岛崎藤春小说《新生》《春》。

世界语者为何重视世界语主义？爱罗先珂认为，无政府主义和世界语主义的根本区别在于，无政府主义者的目的是全人类的解放与幸福，世界语主义并无无政府主义者的必要，可以说，无政府主义是战争的战士，而世界语主义者则是求全人类的解放的平和的战士（《公用语之必要——爱罗先珂君在北京世界语学会讲演，周作人翻译》，《民国日报·觉悟》1922年6月18日），这正是巴哈伊文明的主张（《民国日报》1923年2月26日）。北京世界语学会于六月二十二日在国立法政专门学校开讲演大会，周作人任主席，爱罗先珂演讲《公用语之必要》，沙福克罗夫演讲《寰球世界语》，最后爱罗先珂唱世界语歌（《学生》1922年第9卷第8期，第89页）。

北京世界语专校一直被掩藏在历史的夹缝之中，不为世人所知。故此笔者撰写本节，以补儒特在中国的经历和其他巴哈伊信仰传播者的贡献。

7、儒特的出场

儒特的译名在民国时期的载籍中被翻译为儒特女士、鲁特女士、罗德女士、罗克女士。被译作罗克的情况仅一例：毛遂之《忆江苏第一女子师范暨省立南京女子中学》（南京市白下区政协文史资料工作委员会编《白下文史》第9集，第136页，1994年）记录了儒特1923年12月2日在江苏第一女子师范的演讲《巴海主义》，只是当时把其名字印成了罗克女士。台湾地区则翻译为马夏·路。澳门新纪元国际出版社2012年推出了成群翻译的，美国学者M．R．加里斯撰写的《玛莎·鲁特——神圣门槛前的雄狮》，尽管书名不太符合中国读者的习惯，一个女性怎么就变成了雄狮？但是该书还是让中国读者更多地了解了她传奇的一生。然而可惜的是，该书虽然着墨她的一生，但是对她在中国的活动却非常简略，甚至一些重大的活动都未曾涉及，比如1924年和孙中山的会见居然也没有提到。这样就有必要把她在中国的活动加以补充，以使中国的巴哈伊读者进一步了解其在中国的丰功伟绩。

加里斯的著作中文版是在澳门出版的，考虑到内地读者还不能买到这本书，所以把儒特的简单生平勾勒一下，以便内地读者了解。

儒特出生于1872年8月10日，其出生地位于俄亥俄州RICH-WOOD的TIMOTHY和NANCY　ROOT。她有两个哥哥。她出生后不久，全家搬到宾夕法尼亚州剑桥城，在那里她父亲经营了一个奶牛场。当她14岁时，因写了佳作获奖，颁奖机构支付了一次到尼亚加拉瀑布旅行的钱。她在高中表现出色，考取了奥伯林学院，在那里她设计了自己的课程，然后她继续到芝加哥大学就读，并于1895年获得学位。在1900年的夏天，她在《匹兹堡编年电讯》（另译为《匹兹堡纪事报》）作社会编辑，然后在秋天开始写汽车方面的新闻。

加里斯称，儒特是通过罗伊·威廉成为巴哈伊的。1909年，她遇到了罗伊·威廉，后者给她介绍了一些巴哈伊信仰。其时，中国的胡适在第二年去美国留学。在研究了几个月宗教之后，儒特遇见了巴哈伊社区的几个成员，包括在芝加哥的桑顿·蔡斯和亚瑟·阿格纽，她在那年宣布了对巴哈伊教义的信念。在这段时间，她继续写作，1909年她为《匹兹堡邮报》写了一篇关于巴哈伊信仰的历史和教义的详细文章。她还参加了1911年在芝加哥举办的第一次年度巴哈伊会议。

紧接着，阿博都·巴哈造访美国，在美国掀起一股巴哈伊旋风。这股旋风持续不绝，以至于美国的政要比如前总统西奥多·罗斯福也惊叹自己对阿博都·巴哈的教义印象深刻。他甚至宣称，阿博都·巴哈的教义将使穆罕默德主义（笔者按：美国部分人对伊斯兰教的误称）在精神上与基督教一致，并将为世界和平做出贡献（《纽约论坛报》，1912年1月20日）。

她在1915年短期去外国旅行，8月29日抵达旧金山，回到美国大陆。在美国逗留了五年后，她于1920年前往加拿大，访问圣约翰、蒙特利尔，然后是英国伦敦和圣托马斯，安排了传导计划。1921年，她患的乳腺癌已经扩散，身体各部位频繁疼痛。她父亲的健康也遇到了问题，因此她的旅行受到局限。1922年身体稍有好转，她开始考虑到东方的传导活动了。

儒特的传导最重要的目的地是中国。

中国对于西方世界来说，是一个神秘的国度。19世纪末20世纪初，世界范围内，特别是西方世界，对中国几乎是一边倒不看好中国，把中国和土耳其分别视为东亚病夫和西亚病夫。法国拿破仑的睡狮论是典型代表。

唯独阿博都·巴哈对中国向来充满激情。

阿博都·巴哈说，中国是未来的国家：

>中国！中国！到中国去！巴哈欧拉的圣道一定要传到中国。去中国传导的圣洁巴哈伊在哪里？中国具有最大的潜能。中国人的心灵最纯朴，最爱追求真理。向中国人传导，自己先要具备他们的精神，学习他们的经书，了解他们的习俗，从他们的角度、用他们的语言跟他们交谈。传导者必须时刻惦记中国人的精神福祉，不得有任何私念。在中国，一个人可以传导很多人，可以培养出具有神圣品格的杰出人士，而他们可以成为照亮人类世界的明灯。我真切地说，中国人不爱任何形式的欺诈和伪善，易为崇高理想所激励。

>如果身体许可的话，我将亲自到中国去。中国是未来的国家，我希望适当的教师能够受鼓舞而到那广大的国家，建立上帝王国的基础，促进神圣文明的本质，并高举巴哈欧拉圣道的旗帜去邀请人们参加上帝的圣宴。"（阿博都·巴哈《中国是未来的国家》，转引自M.R.加里斯著，成群译《玛莎·鲁特：神圣殿堂前的雄狮》，新纪元国际出版社2013年，第157页）

儒特在去中国之前，对中国几乎一无所知。她只是在匹兹堡参观过一个中国庙宇，再就是见过几个中国水手。

在阿博都·巴哈的号召之下，在中国先于儒特而开始传播巴哈伊的，有美国基督教长老会的李佳白，和其同时的还有畅支。张仕章则作为基督教徒，对巴哈伊的基本理念表示认同，但也提出了一些个人的独立见解。张仕章在《巴海教的真相》里说：

>自从去年美国儒特女士（MISS MARTHA ROOT）到中国来宣传"巴哈主义"以后，一般知识阶级中的人对她"夸奇炫新"的或"盲从瞎信"的固然很多，但是"置若罔闻"的或乱加批评的倒

也不少。代她在报纸上大吹特吹的也有，替她到各处去分送小书的也有。甚至有班神经过敏的学生和思想偏激的青年，一方面既为巴海教热心介绍，他方面却对基督教竭力攻击，说什么巴海教是最新发明的宗教，讲什么基督教是将被淘汰的宗教。他们自以为人生目的已经有了归宿，而对于基督信仰尽可从此唾弃，于是他们不免要"改弦更张""去旧从新"了！但是我那时（在二月里）听了他们介绍的说话，又看了他们分送的小书，不由得开口便说："巴海教不过是基督教的变相罢了，没有什么稀罕！"

儒特女士先写信给我说："巴哈就是光明或是荣耀的意思。"后来赖勃夫人也回答我道："巴哈是个名词，作荣耀解。"这样讲来，我们若使要照音译，与其说是"巴海教"，不如叫作"巴哈教"来得恰当了。倘然要照意译，那么"光明教""荣耀教""天福教"等等名称，岂不是更加通顺、格外明显吗？况且"巴哈"的原文是波斯语；英文中的BAHA也不过翻译它的声音，并没有译出它的意思呢！

复次，我看见许多巴海教的书报上都不大提起"巴海教"这种名称的。他们讲惯了的名辞无非是：(1)"巴哈主义"或"光明主义"(BAHAISM)，这是最简单的说法；(2)巴哈的主张或"光明主张"(BAHA'I CAUSE)；(3)"巴哈的音信"或"光明福音"(BAHA'I MESSAGE)；(4)"巴哈的天启"或"光明默示"(BAHA'I REVELATION)；(5)"巴哈的运动"或"光明运动"(BAHA'I MOVEMENT)。所以儒特女士的信中，只说到末后的两种名辞，并不谈及"巴海教"这个名称，而且赖勃夫人的复书里也只采用(2)同(5)的两个名辞。可见，现在的巴海教还不过是一种主张和运动哩！（原载《青年进步》1924年第77期。）

1915年是儒特中国之行的破冰之年。但是这次中国之行却没有详细的记载。只知道她到过旅顺,有的信息说去过满洲。其他的信息都无法确知。

1922年11月3日,父亲去世后,儒特在50岁开始了全球旅行。她前往美国各地、加拿大、日本和中国的许多地方传导巴哈伊信仰。随后她前往澳大利亚、新西兰、罗马尼亚和香港,并帮助巴哈伊的先驱教授巴哈伊信仰。然后她前往南非,并参加了几次无线电广播。她还学习世界语,并会见了柴门霍夫的女儿莉迪亚·柴门霍夫,莉迪亚后来成为一个巴哈伊。

1923年,她抵达布加勒斯特,并送罗马尼亚玛利亚女王一本书《巴哈欧拉和新时代》。女王拥抱了巴哈伊信仰,成为第一个巴哈伊君主。然后儒特去中国,1924年的很多时间待在中国。

1926年《上海时报》发表玛利亚女王的文章

1923年4月25日,儒特从日本乘轮船启程前往中国。

到北京以后,儒特听说,一位英国妇女开了一家客栈,需要一名女店主。儒特应聘成为店主的代理人,得到一间舒适的房间,以及膳食和洗衣服务。儒特负责向客人收取房租,将房租交给英国妇女。这栋房子名叫"平安房",过去不知道具体位置,现在知道是在王府井大街45号。她在北京住了六个月。1923年6月23日《北平的世界语学者在寻找家园》第3页，7月3日、9月25日《华北正报》第3页发表《儒特女士专访》，10月4日的《华北正报》第2页发表《儒特女士做巴哈伊启示的演讲》，同天《北京日报》以《另一个宗教来到中国》为题，发表了她在清华的演讲，是介绍巴哈伊的演讲。其他报纸对这次演讲也有报道。后来我找到了两份报纸印证了她的回忆。一份是李佳白创办的《北京日报》，在1923年10月4日发表了一篇《另一个宗教来到中国——儒特和其他人一样，但是有一个新名称：巴哈伊信徒》，另外的一份报纸是《华北正报》1923年10月4日的一篇《儒特就巴哈伊启示发表演讲——向清华学生讲解新的精神运动》。两篇报道的内容基本一致，都是报道儒特在10月3日上午在清华演讲的事情，也提及了同天下午清华英国文学教授Pollard-Urquhart（亚瑟·刘易斯·波拉德·厄克特，Arthur Lewis Pollard-Urquhart, 1894-1940，毕业于牛津大学，随即赴华，在清华大学担任英国文学教授）的《牛津大学的学生生活》的演讲。两篇报道均详细介绍了巴哈伊的新精神。格雷厄姆·哈索尔（Graham Hassall）1997年发表的《巴哈伊国家的说明：中国》里也谈到了这两篇重要的报道。这个报道说，儒特在清华学生大会召开以前，给学生们讲解了巴哈伊启示的普遍原则，她强调了阿博都·巴哈申明的原则：巴哈伊启示不是一个组织，巴哈伊事业永远无法组织。巴哈伊启示是这个时代的精神。这是本世纪最高理想的本质。巴哈伊运动是一个包容性运动：所有宗教和社会的教义都可以在这里找到。基督教、犹太教、佛教、伊斯兰教、琐罗亚斯德教，神学家、共济会、精神主义者等，都在这一事业中找到了最高目标。社会主义和哲学家发现他们的理论也能在这个启示中得到了支撑。

　　不知道是不是有意配合，李佳白1923年10月14日，在上海尚贤堂举行联合各教祈祷和平大会，由何东爵士主席，婆罗门教沙士利、回教马树周、红卍字会余之芹、波斯教白巨石演讲。白巨石讲波斯教之原理，必先有义心，而后有义言及义行，如是则思想与行为合一，内外贯通，自无纷争交战之事（《上海尚贤堂联合各教祈祷和平大会纪事》，《国际公报》1923年第48期，第3页）。只是这位白巨西先生不知道是谁。

儒特在北京王府井住的"平安房"是一栋漂亮的房子，中间有个庭院，伙食由中国厨师负责，房子由中国仆人打理。在北京不到三个星期，儒特开始辅导一个小男孩，每星期三次课。她会见了伊斯兰教最大清真寺（应该是东单牌楼清真寺）的大阿訇，向他讲述了巴哈欧拉。她在燕京大学女子学院教过两次课，并受邀在那里发表了一次演讲，内容是关于世界和平以及中华女子应该如何促进世界和平。她给美国的朋友写信说："回家后，我把这次演讲整理成一篇文章，寄给了九家报社和记者站……《中华正报》（此处应该是《华北正报》）给我打电话，索要我的照片，还派了一个男孩来取。所以我觉得报社还是会用上一些东西的"（M.R.加里斯《玛莎·鲁特：神圣殿堂前的雄狮》，成群译，澳门新纪元国际出版社2013年，第158页）。

儒特拿出大量时间学习语言，汉语教学法让她感到十分新奇。她也会去一些中国人家中做客，在这些人的家中碰到其他一些非常有意思的客人。其中有一位是艺术家，其作品还在北京博物馆展出过。有一位中国女画家，不太懂英语，但是年内要去纽约，所以想学英语。因此，她准备给儒特提供一间厢房，并负责膳食，儒特则给她上英语课。这位女画家还为儒特寻找其他一些学生。在平安房，客人都是欧洲人，而儒特则特别想跟中国人住在一起，因此她对这位女画家提出的条件非常动心。她请艾达·芬奇（仍与艾格妮丝·亚历山大在日本）来北京，接手女店主的工作，自己搬出城外，开始新的安排。儒特在乡下找了一位汉语教师，每星期给她上一次汉语课。而学习汉语并不容易。

儒特认为北京是中国文明的中心，而拥有三千学生的国立北京大学则是北京的伟大中心。儒特申请在该校教授英文课，因为该校从哈佛聘请的教师似乎不能来了。可惜，那位教师最终还是来了，儒特非常失望，错过了这么好的机会。

中国是一片神奇的国土。儒特收到了一封厚厚的信，是一封邀请函，邀请她为一家中英报业联盟写文章，同时还负责世界语文章。儒特接受了邀请。当时中国政治局势多变，儒特牢牢地坚持不干预政治的巴哈伊原则，回避了相关的政治新闻报道，以免有损巴哈伊信仰的名声。数家报纸在头版刊登了她的新闻报道，只用报业联盟的名字。儒特想尽一切办法在报纸上发表一些有关巴哈伊信仰的新闻报道。后来，她在新闻稿件里巧妙地另附了一份关于介绍世界正义院设想的专栏，署名巴哈欧拉。这份稿子发在中国和菲律宾的所有中英文报纸，英文版的《华北正报》也刊登了这篇文章。为写这篇文章，她用了整个夏天的心血。她也向中文版报纸投稿，还向一些英语团体发表演讲，并且拜访许多社会名流，向他们讲述巴哈伊信仰，黎元洪总统的顾问（不知其确切姓名）就是其中的一位。她还抽时间学习中国历史和文化。她和汉语教师见面也是为了向他传播天启，他就是从她手上拿到了那本蓝色巴哈伊小册子《玖》。

原来，1917年4月29-5月2日在美国波士顿第九届巴哈伊大会上，罗伊·威廉编辑了《玖》的小册子。《玖》在巴哈伊信仰里有多重寓意，一为多样性，一为第九届，一为极多。玖（9）在巴哈伊信仰有特殊意义，可以列出一些有趣的数据：巴哈伊信仰的象征是一个九角星；信仰中所有民主选举的机构（世界正义院、全国灵理会和地方灵理会）有九名成员；9是最后一个十进制个位数，在巴哈伊信仰和印度教中被认为是完成或完美的象征。在伊斯兰教中，禁食的斋戒（斋月）落在伊斯兰历法的第九个月。佛教的重要仪式涉及总共9个僧侣。巴哈欧拉在"设拉子"宣言九年后，后来在德黑兰接受了他的使命。巴哈伊灵曦堂有9个边，9个门的入口和9条路径，表示所有的方向都可以通向上帝。这些灵曦堂向任何宗教或信仰开放。灵曦堂主要用于崇拜，但也有其他会议和庆典的用途。

巴哈伊信仰有9个圣日：诺鲁孜节 NAW RUZ（元旦，3月21日）；里兹万节RIDVAN的第1，第9和第12天（纪念巴哈欧拉宣布他的使命的时期）；巴布宣言日（5月23日）；巴哈欧拉升天日（5

书名为《玖》的小册子（鲍景超先生珍藏并提供）

of truth must free his mind from the tales of the past, must adorn his head with the crown of severance and his temple with the robe of virtue. Then shall he arrive at the ocean of oneness and enter the presence of singleness. Oneness, in its true significance, means that God alone should be realized as the one power which animates and dominates all things, which are but manifestations of its energy.

The essence of faith is fewness of words and abundance of deeds; he whose words exceed his deeds, know verily his death is better than his life. O friends! Consort with all the people of the world with love and fragrance. Fellowship is the cause of unity, and unity is the source of order in the world. Blessed are they who are kind and serve with love.

《玖》中有周作人引用的内容（鲍景超先生提供）

月29日）；殉道者日（7月9日）；巴布诞辰（10月20日）；巴哈欧拉诞辰（11月12日）。巴哈伊历法的一个重要部分是十九日节，每个社区每19天举行一次会议，巴哈伊聚集在一起祷告和阅读圣经，就社区事务进行协商时，并分享研究心得。

儒特在北京继续做家庭教师的工作。一位朋友在自己的电影屏幕上免费为儒特做了一则广告，帮她寻找学生。儒特最喜欢的学生是一个九岁的富家小男孩。在中国期间，她为孩子们写了一篇关于中国的故事，另外一篇文章是告诉孩子们如何演讲、把握气息以及背记巴哈伊著作。这两篇文章均刊登在巴哈伊儿童期刊《天国儿童杂志》上。不仅如此，大人们也深受儒特的吸引。儒特经常拜访那些对巴哈伊信仰持友好态度的社会名流，跟他们结为朋友。这些人经常邀请儒特到家中吃饭，而儒特也借机向其他客人传导巴哈伊信仰。清华校长曹云祥安排了一场讲座，并通过社会关系邀请了许多人进行了一次灵性探寻之旅。初秋，她在北京世界语学校任助教，和鲁迅成为同事。10月中旬，艾格妮丝·亚历山大小姐到达北京，两位巴哈伊先驱共同工作。艾格妮丝跟那些曾在日本留学过的人士保持着紧密的联系，其中有在学校当教师或行政官员的，还有人是世界语学者。第一个为巴哈伊信仰提供讲坛的人是包世杰先生，在日本的时候，他跟《广东时报》的编辑曾拜访过艾格妮丝。他当时在北京工作，担任冯玉祥将军的秘书。冯将军开办了一所学校，专供军官的子女上学。包世杰先生很高兴在北京遇到了这位从东京过来的美国朋友，他安排儒特和艾格妮丝·亚历山大在这所军官子女学校做演讲。能够将这些和平的灵性天启传递给这些军官子女，儒特和艾格妮丝格外欣慰。许多年后她们写道："这样，他们就成为了巴哈欧拉天启的火炬手，将天启传递给冯将军的一万名士兵。"（（M.R.加里斯《玛莎·鲁特：神圣殿堂前的雄狮》，成群译，澳门新纪元国际出版社2013年，第165页。）

一个朋友接着一个朋友，像连锁反应一样地传播着巴哈伊信仰。儒特联系到在北京的李佳白，她们知道，李佳白是在中国唯一收到阿博都·巴哈信函的人，她们和李佳白通电话，李佳白在汉密尔顿学院的档案里记录了他们之间的通话。除了电话联系，他们在北京也见面交谈。

儒特还跟P．W．陈先生见了面，陈先生深受儒特演讲的鼓舞。艾格妮丝这样描述他：从儒特见到了P．W．陈先生的那天起，他就成为我们的忠诚朋友，经常帮助我们。1920年在上海的时候，他看到了包世杰先生从日本带来的那些巴哈伊书籍，在包世杰先生的邀请下，他翻译了其中的部分内容，然后发给了上海的一家报社。他是北京一所中学的教师。在他的帮助下，1923年和儒特受邀向许多人发表了一场巴哈伊演讲。他还把她们介绍给了邓洁民先生，后者成为圣道的一位热情朋友。邓洁民开始深入研究巴哈伊信仰，他觉得有必要把这些原则灌输给世界，他还在想办法怎样传导巴哈伊信仰。他会在儒特离开中国之前找到传导巴哈伊信仰方法的。儒特离开中国时，在十九个主要城市以及近一百所大学、学院和学校宣传巴哈伊文明。

1925年，儒特到巴哈伊圣地，并会见了BAHÍYYIH KHÁNUM和守基·阿芬第。然后她前往英国、德国、希腊、南斯拉夫和捷克斯洛伐克，再次传导巴哈伊信仰。之后她前往伊朗，尽管守基·阿芬第不建议她这样做。

1930年，她想和日本天皇见面，但美国官员阻止她访问。她给天皇送了一些巴哈伊书和一些其他的礼物。

她在1937年遇到身体健康问题，但她还是去了夏威夷、中国和印度（儒特《巴哈伊信仰和东方的学者》，《巴哈伊世界》1936-1938年，第682-683页）。

1937年5月25日，儒特在夏威夷停留了数个小时，拜访了夏威夷大学的一名中国教授。这位中国教授其实非常有名。他是夏威夷大学的名教授李绍昌（1891～1977）。他是广东中山人，1911年毕业于岭南书院，1913年毕业于清华学校。他回忆清华学校的美好时光说："余在此官费游美学生之唯一制造厂，每日饱食三餐，每夜酣睡八时，谈笑则有来自各省之同学，释疑则有来自联邦之贤师，凡膳食费，一概不用缴交，校内书报可以随意览读。余每想及，感激之心，油然而生，细想余所享之福，是天之恩泽，余所食之禄，是民之脂膏，余做人若不以敬天爱民为纪纲，则与禽兽何异，因时自警云：'尔所受者不是皇恩是天恩，尔所领者不是官费是民费'"（《清华的两块"寿与国同"匾》，团结报—团结网，2016年8月4日），其宗教情怀由此而定。后赴美留学，先是在耶鲁大学就读，1916年10月在《清华周刊》上连续发表了四篇介绍耶鲁大学的文章，1917年获耶鲁大学教育学学士学位。1918年毕业于哥伦比亚大学，获硕士学位。1922年至1943年间，在夏威夷大学担任中国语言和文学教授。1924年成为太平洋国民会议筹备总会中央执行委员会（CENTRAL EXECUTIVE COMMITTEE）执行委员。1925年檀香山太平洋国交讨论会召开前夕，他被邀加入中国代表团。他主张国际关系应该"以诚相交，以礼相接，黄皙中西，无分畛域"（李绍昌《半生杂记》，文海出版社1974年，第194页）。从1943年起他历任密歇根大学中国文化教授、外国研究系主任、外国研究名誉教授，兼任国际研究中心主任，著有《古代和现代中国史大纲》。在夏威夷大学他是主讲中国历史和哲学的教授，离职后的空缺由陈荣捷出任。

据儒特《巴哈伊信仰和东方的学者》（《巴哈伊世界》）1936-1938年，第682-683页）记载：

> 她1937年在夏威夷和李绍昌会面，得知李绍昌于1919年在旧金山第一次接触到巴哈伊教义，且应邀在旧金山巴哈伊中心讲授中国哲学。他提到了他的朋友和老师曹云祥是中国推行巴哈伊的主要人物，先后在1928、1933和1935年三次和曹云祥探讨巴哈伊教的问题。他在夏威夷见到鲍德温夫人（艾格妮丝·亚历山大）和茉莉亚小姐等巴哈伊人士。抗战时期，他以出售个人著作所得，捐献给中国政府抗日之用。李绍昌认为儒家的"四海之内皆兄弟"很容易让中国人接受巴哈伊思想。他告诉儒特，要看巴哈欧拉的圣典，征求如何在夏威夷和中国推广巴

哈伊信仰的建议。他认为如果让中国人明白，巴哈伊不会替代他们所拥有的传统，而是振兴传统，实现他们的旧信仰，他们就会很容易接受。巴哈伊信仰是一个统一的精神力量。巴哈欧拉宣称人类的统一，来自于敬畏同一位至尊神，夏威夷是一个伟大的地方。在这个东西方的交接点上，巴哈伊信仰一定会有好的发展。儒特从他那里了解到，夏威夷大学是与东方的大学最密切相关的西方机构。在东西方代表之间，在西方和东方的中间，它致力于人类服务领域的教育方案。

李绍昌特别欣赏中国的和平思维，毛维准、庞中英在《民国学人的大国追求：知识建构和外交实践———基于民国国际关系研究文献的分析(1912- 1949年)》中指出：李绍昌在探讨中国道德文化时直截了当地指出中国责任之一是"为世界带来和平"（《世界经济与政治》2011年第11期，第30页）。1942年2月21日，时任夏威夷大学东方学院中国语言文学系主任的李绍昌，以其共十万余言之《半生杂记》一书，送到上海印刷，再运到檀香山，每册售价一元，所得金额交由中国全国青年协会作抗战救国之用。他有很多著作，影响最大的除了《半生杂记》之外，还有译作《中国民间佛教》。

1937年，儒特说："在人民心中，礼貌、服务、尊重他人的权利和荣誉占有重地位。而生活在世界上的这个生命的力量来自于宗教。曾经写过巴哈伊信仰的伟大的中国学者曹云祥博士翻译了四本重要的巴哈伊书，在我到达上海前几个月已经去世了。广州的一位忠诚的巴哈伊先生和一位非常有希望的年轻学者廖崇真先生翻译并出版了巴哈欧拉的《隐言经》，并翻译了一本巴哈欧拉的《福音经》。翻译刚刚准备好，广播开始时，他打算在上海拜访我，并打电话给我，接受采访，我打算在广州度过两个月，会见几位中国学者，谁对教义感兴趣，但战争阻止了一切。"

儒特于1938年返回夏威夷，她于1939年9月28日去世。

8、儒特的灵性之旅

上节梳理了儒特世界之旅的线索，现在可以进一步展开她的灵性之旅了。

在阿博都·巴哈的号召之下，儒特开启了东方之旅。在去中国以前，她先去了日本。第一次是1915年，第二次是1922到1923年。

1923年儒特在早稻田大学给200多名师生作讲演，谈世界语和巴哈伊运动。在东京的中国基督教青年会，儒特又为一大群在东京大学学习的中国留学生发表了一次演讲，这也是儒特此次日本之旅最精彩的部分之一。中国留学生的才智和热情令儒特格外震惊。他们支持团结运动，抵制战争，他们代表着"中华崛起"的力量。一名来自中国武昌和杭州的留学生对儒特尤为感兴趣，他担任儒特的翻译，并且给儒特开了一些介绍信，把她推荐给武昌和杭州的朋友。他跟自己的朋友一起，几乎参加了儒特在东京的所有演讲。"儒特是一位无私奉献的人，"艾格妮丝说，"无论她走到哪里，她都会给那里的人们带去坚信"（加里斯《玛莎·鲁特——神圣门槛前的雄狮》，成群译，澳门新纪元出版社2016年，第153-156页）。后来在中国她又多次演讲巴哈伊。

根据加里斯在其著作《玛莎·鲁特：神圣殿堂前的雄狮》第三部分《组织宏图》第18章（第157-170页）的记述，我们会复述一些事实，但是需要更正和增加很多内容，因为发现了当时中国报章的更多记载。

儒特

1923年在日本东京儒特和艾格尼丝·亚历山大、艾达·芬奇在一起

1920年夏天的一个上午，亚历山大小姐在报纸上看到一群中国新闻界的男子正在访问东京。在她去中国之前，心中燃起一个灼热的欲望：告诉他们巴哈伊信息。艾达·芬奇（IDA FINCH）太太供应巴哈伊书籍，其中一个编辑可以将采购的书籍带到广州，他是《广州时报》——中国领先的报纸的编辑。第二天早上，这位编辑带回来一位朋友包世杰先生。他很高兴听到圣道，一再赞叹，"精彩的教导！精彩的教导！"包世杰在北京帮助儒特推动巴哈伊的传播，贡献很大。

据艾格尼丝·亚历山大《日本巴哈伊信仰的历史1914-1938》（东京：日本巴哈伊教出版信托，1977年）记录，儒特在日本演讲20余次。

艾格尼丝·鲍德温·亚历山大1921年在日本通过自己的堂兄、美国旧金山商会会长的介绍，认识了近代工业之父涩泽荣一爵士。其时83岁的涩泽荣一在自己的住宅招待了她，她向他介绍了巴哈伊教的情况和基本教义。尤其阿博都·巴哈的巴哈伊教与政治无关，对于宗教、人种和政治及国家的偏见是对人类世界的破坏的观点，对涩泽荣一震动很大，他非常高兴地听了她的介绍，表示对这一宗教的教义有兴趣。涩泽荣一对亚历山大小姐评价也很高，认为她的信仰很虔诚，生活简素，是一个值得尊敬的有个性的淑女。在这之前，1912年，涩泽荣一子爵与日本最早创立女子大学的成濑仁藏校长和东京大学的姊崎政春博士一起掀起了文教运动，其目的是探寻全体国民能够和睦的共通基础。为了这一运动，成濑校长周游世界，随身带笔记本，记下了所访问过的不同国家著名人士的善意言论。回国后，他将这些言论翻译成日语并出版发行。1912年，成濑校长拜会了在伦敦访问的阿博都·巴哈，《东方评论》登载了关于在日本开展的文教运动的消息。阿博都·巴哈谈了巴哈伊大业的原则，指出为了实行这些原则，无论如何必须借助于神的力量。他说："正如太阳是太阳系的光源一样，在今天，巴哈欧拉就是人类和睦和世界和平的中心"。成濑校长把阿博都·巴哈的衷心祈祷的话记录在笔记本中，回到日本后，他曾热心地恳请弘扬这些崇高的理想。日本女子大学成濑氏的资料保管所，现在还保存着如下的祈祷词："噢，神啊！宗教间、国家间、人与人之间的争论、不和、战争的黑暗，模糊了真实的地平线，遮蔽了真理的天空。为此，神啊，请赐恩惠于我们吧，让真实的太阳照亮东方与西方！"（此处原文来自日文，是笔者1999年在瑞士兰德格学院访问时复印的一份材料，译文由山东大学《文史哲》编辑部王大建女士帮助完成。）

1922年5-6月间，她在东京向见到的中国人传播巴哈伊信仰，其中包括北京女子师范学校19名，武汉34名，成都50名，广东22名。

这张照片是1922年5月在东京的19名中国女生的晚宴上由一家日本报纸拍摄的

《时事新报》1922年4月7日报道：

京师女高师学生过沪赴日参观：昨日由北京出发

北京女子高等师范第一回(本年)毕业生。欲往日本参观，该（校）女学生刘孙、孙桂丹、张争奇、钱用和、钱承、关焦祥、黄英、高小兰、吴婉、程俊英、陶玄、朱学静、陈定秀、陈璧如、田隆仪、王世英、吴湘如、关应麟、张雪聪、罗静轩、刘婉姿等二十一名，预定四月六日由北京出发，经上海，十三日到长绮。率领者为该校教务主任李贻燕(字翼廷)，李君系东京高师出身云。

以下是《时事新报》1922年5月27日发表的的《国外要闻·日本通信通讯》，作者季毅生：

北京女高师学校之行踪

近数年来，吾国学生之来日本参观者，有南京、武昌、奉天等处，各高等师范学校如江苏省立第一师范及第二师范，亦曾先后东来，而日本方面，以为此乃中国之教育家，将来两国之能亲善与否，全维此辈是赖，故尝尽其招待之力，多方设法无微不至，务令来者满心欢乐而去。或谓凡此种种，俱为日人善邻之象征，亦即人类共同生活，相互扶助之好现象，其言颇见意味，故亦承认之。

北京女子高等师范学生未来日本之前，日本某某等报，即大书特书，中国女学生结队来日参观，此为破天荒之举！其意若谓此事亦甚重要，尤日人所不可不注意者。北京女子高师学生此次来日参观，其数共得十九名（前文21名，有名单），由该校教员李贻燕率领同行、本月三日抵门司，上陆之后，沿途如广岛京都大阪及奈良等各地之学校及名胜，均备前往参观及游览，十二日午后九时四十分，自奈良乘车而东，十三日午前九时三十五分安抵东京驿。当时有在日本女子大学、女子高等师范、女子美术及女子医学专门学校之中国留学生二十余人，到站欢迎。一种喁喁细语，欢忻鼓舞之状，有非笔墨所能形容者。而日本新闻社如《读卖新闻》及THE JAPAN AD-VERTISER两报记者，各摄一影而去，次日即载入报端，传遍全国。北京女高师生所最引为奇异之事，为汽车抵站之后，数千百只鹅（GETA），其声锵锵然，充塞耳鼓，盖初闻其音，未有不瞿然而惊也。日人之到站欢迎者，除《读卖新闻》记者与李贻燕周旋，并申招待之意外，其他如"日华学会"之山井氏，及常出入于中国青年会之丸山氏，亦都表其欢迎之忱。而女高师学生，即赴神田三崎町日华学会止宿焉。十四日午前十时，参观东京朝日新闻社之新闻展览会，除将新闻方面各种重要材料，详细浏览外，其社中之各部机关，如印刷所、制版所等，亦曾寓目，旋由该社开欢迎会于应接室。致欢迎辞者有该社社长村山氏，及编辑局长安藤氏两人。当由李贻燕氏致谢辞，在屋顶花园中休息之际，钱用和女士起立致辞，略谓"日本新闻事业之发达，与其组织之完备，决不劣于欧美，在政治社会方面，已各尽多大之努力，其情形可于展览会中得之，余等非常钦佩。而日本之新闻纸，于女子教育之发达上，再能竭力贡献，使女子之幸福，得以增进，实为余辈所深期望之事"。继钱女士而发言者、为黄英女士，略谓"吾侪在京都大阪方面，于日本女子教育之大概，已略知一二，盖日本女子教育之主旨，仍以注力于家政为目的，同时且唱其贤母良妻之高调，然而吾侪深愿日本人士，鉴夫世界思潮之所向，及社会之大势，更进而取进步的教育主义、以为国民谋莫大之幸福"。未几，即兴辞回寓。

今将其在东京方面之参观日程，附录于左，读之亦可藉知彼等之行止，北京女子高等师范学校学生亲察国日程表，自5月14日开始：

东京朝日新闻社、学习院、音乐学校、女子大学、细川侯爵邸、日华学会长三弁男爵邸、女子高等师范及附属全部、东京博物馆、东京帝国大学、东京盲学校、平和博览会、酒井伯爵邸、东洋妇人协会、东京基督教女子青年会、读卖新闻社、帝国图书馆、东京帝室博物馆、东京聋哑学校、迹见女学校、赴日光、游览日光、回东京、女子学习院、东京府立青山师范、新宿御苑、东京高等师范、东京美术学校、东京基督教女子青年会、东京府立女子师范、东京府立第二高等女学校、东京市立玉姬寻常小学校，随意游览，五月廿八日启程归国。

后来这些人在北京和中国其他地方如武汉、广州也和艾格尼丝·亚历山大和儒特见过面，并且探讨传导巴哈伊信仰的问题。陈开泰说：自从一次大战结束以来，每个人都似乎意识到战争的恶魔性质。呼吁和平的声音现在在各方都听得到。男人正在竭力防止未来的战争。但是，为了有效地做到这一点，最好的办法是在国外传播阿博都·巴哈的精神和教义（BAHÁ'Í MAGAZINE VOL. 13, PAGE 215）。

在武昌，儒特在商学院给250名学生演讲。一个世界语的朋友安排她在武汉大学演讲，听众有1600名。她在中国的19个主要城市和近一百所大学、学院和学校演讲。她回信鼓励其他人过来，与中国人交流或在美国教中文。

1924年4月3日，廖崇真偕同儒特女士拜访孙中山先生，"偕同趋谒孙总理，颇蒙总理嘉许"。孙中山在那次会见的时候，对儒特女士说："我对于一切提倡世界和平的主义，均异常在意。我若能够促进或实现世界和平，我就是牺牲自己的性命也是非常甘愿的"（《罗德女士演讲专号》，《广州市政日报》1930年9月23日）。据廖崇祯（真）事后回忆："……孙中山博士了解巴哈伊信仰以后，指出巴哈伊信仰非常适合当时中国的需要。"

她称孙中山为"中国的华盛顿"，是"共和国的不朽之父"，是"伟大的理想主义者"，其"雄才大略不是基于战争，而是以合作为基础，其最终目的便是世界和平"。她谈到巴哈伊的世界大同主义，孙中山非常感兴趣。《民国日报》1924年4月4日的《美国女记者之游粤》报道说："美国新闻记者儒特女士来粤游历，演讲巴海的主义。兹闻儒女士昨午12时曾携带美国必智市长及该国工商部长介绍函，晋谒孙大元帅，陈述其关于世界和平之意见，并希望大元帅以中国和平民族的领袖地位,指挥世界和平之运动。大元帅极为称许,畅谈至1时之久,始握手约再会而别云。"孙中山表示,巴哈伊信仰"与中国之所需密切相关"。曹云祥先生在他的著作《巴哈伊教在中国》中也提到"孙中山先生曾经听说并读到过巴哈伊教,他认为巴哈伊教会对中国的发展有所帮助"。雷雨田先生肯定"孙中山的世界主义大同理想使其对一切优秀文明采取了开放态度。以他为首的中国政界人物和知识分子对大同教的豁达与宽容精神,使路特女士对中国及其传统文化的博大精深极为崇敬,也对大同教在华人中的传播充满了信心"(雷雨田、赵春晨:《孙中山与大同教在中国的传播》,《孙中山与中国近代化》下册,第660页)。学者肯定,孙中山先生同儒特的会见,在大同教的传播以及中西文化交流史上,都留下了深刻的影响(张金超:《孙中山与宗教关系管窥》,香港中国评论出版社,HTTP://WWW.CHINAREVIEW-NEWS.COM/CRN-WEBAPP/CBSPUB/SECDETAIL.JSP?BOOK-ID=10523&SECID=10668)。

上述可见,孙中山的世界大同思想与巴哈伊教的关系是非常密切的。

1924年2月24日,上海女子法政爱多亚路女子法政学校举行开学典礼,"并请美国著作家、世界和平运动者儒特女士演讲世界和平问题。校长及主任教员报告,校董沈宝昌训词,即由儒特女士演讲,并有来宾舒蕙桢,陈家藩先后演说,直至十二时始茶点散会。闻本续期报名入学者甚为踊跃云"(《民国日报》1924年2月25日)。

1924年3月27日,美记者儒特女士赴港。

"美国新闻记者儒特女士,已于二十七日午后,乘法国公司PORTOO号赴香港。女士对人云,此次先赴香港,后到广州,作宣传世界语之演讲"(《民国日报》1924年3月29日)。在那里,她将挑战新的目标。4月初儒特抵达香港,拜访了许多报纸编辑、大学校长和图书馆管理员,向他们讲述巴哈伊信仰,并留下了许多巴哈伊资料。演讲邀请源源不断地涌来,儒特不停地撰写文章、发表演说，使得巴哈伊信仰在香港广为人知。她跟见过面的人结为朋友，温暖他们的心灵。《香港电讯报》为她送上了一份特别的礼物——一篇社论，高度赞扬她和巴哈伊信仰。其中说："相比之下，赞美这种播撒美好种子的努力是一件更容易的事情。不管有多少种子落在了贫瘠的石板上，但总有一些会掉在肥沃的土壤里，然后生根发芽"（第171页）。儒特在香港大学做了一次非常重要的演讲，一家著名的晨报用罕见的篇幅报道了此次演讲。此外，这篇报道还提到了印度著名的诗人、教育家兼人文学家泰戈尔（Rabindranath Tagore）和儒特会面的信息。泰戈尔来香港的第一天就问了她一些问题，其中一个问题就是，"巴哈伊事业发展得怎样？"在多元文化、世界性的东方城市香港，这篇报道的作用不容小觑。儒特对与泰戈尔和阿博都·巴哈的会见有清晰的记录，她说："1912年，我在芝加哥遇到了阿博都·巴哈。他住在一家旅馆里；他正在与他的追随者交谈，这些追随者聚集在他周围，我也和他讲话。我一直以为我会尝试去的，但事实并非如此。岁月流逝，一天，我在报纸上读到阿博都·巴哈已经逝世了"（《巴哈伊世界》第7卷，第687-688页）。她在另一份报告（《巴哈伊世界》第8卷，第63页）中写到与泰戈尔的会晤。她说："很荣幸见到塔戈尔博士，并听到他对1912年在芝加哥遇见的阿博都·巴哈的深切热爱和赞赏"（Bahá'í Library Online）。

有一个人被儒特的演讲深深打动，给儒特写了一封长长的信，告诉儒特自己所发生的变化："以前我读到过巴哈伊运动，但是，直到我看到了你的无私、慈爱和纯洁，我才开始理解巴哈伊原则的真正含义。"从此，他开始认真学习巴哈伊信仰。在儒特的环球传导之旅中，罗伊·威廉的蓝色小册子成为了她的贴身伴侣和最好的伙伴。这些小册子被翻译成各国的文字，进入了全世界的家家户户，不论贫富，不论家庭大小。"大本"和"小本"犹如天空中闪耀的双子星，散发着品质之光芒，帮助他人实现目标。它们是玛莎不可或缺的宝贝（M．R．加里斯：《玛莎·鲁特—神圣门槛前的雄狮》，成群译，澳门新纪元出版社2012年，第59-60页）。

周作人《访日本新村记》写道（载1919年7月30日在东京巢鸭村记）1919年10月30日《新潮》第二卷第一号，署名周作人。收入周谷城主编《民国丛书》第2编65《生活的艺术、艺术与生活》，上海书店出版社，1990年）：

BAHAULLAH（巴哈欧拉）说："一切和合的根本，在于相知。"[1]这话真实不虚。新村的理想，本极充满优美，令人自

1. 作者注：据鲍景超先生2011年在香港告诉我，他找到了这句话的出处。他给我出示了一本袖珍书《玖》。鲍景超先生在给我的邮件里说：

周作人引用的那一句有另外一个翻译。在1923年在美国出版了一本叫BAHA'I SCRIPTURES的书，里面搜集了当时已翻译的巴哈欧拉和阿博都·巴哈的圣言。这句圣言里面也有，但翻译有点不同。

今天给你看的小册子是翻成：

O FRIENDS! CONSORT WITH ALL THE PEOPLE OF THE WORLD WITH LOVE AND FRAGRANCE. FELLOWSHIP IS THE CAUSE OF UNITY, AND UNITY IS THE SOURCE OF ORDER IN THE WORLD.

在 BAHA'I SCRIPTURES 里是翻成：

THE FOLLOWERS OF SINCERITY AND FAITHFULNESS MUST CONSORT WITH ALL THE PEOPLE OF THE WORLD WITH JOY AND FRAGRANCE; FOR ASSOCIATION IS ALWAYS CONDUCIVE TO UNION AND HARMONY, AND UNION AND HARMONY ARE THE CAUSE OF THE ORDER OF THE WORLD AND THE LIFE OF NATIONS.

这一个翻译可能是周作人所读到的，因为UNION就是"合"，HARMONY是"和"，而ASSOCIATION是"相知"。

《巴哈伊教经文》（BAHA'I SCRIPTURES）的编辑，参与者有儒特和朱丽叶·汤普森小姐小姐。艾格妮丝·亚历山大在1914年11月份的时候，就来到了日本，在那里传播巴哈欧拉信仰，而儒特1915年7月在日本的时候，也带去了一些宣传巴哈伊教的小册子。周作人也许正是从她们带去的小册子里读到了巴哈欧拉的这句话。至于如何得到这些著作，我查阅了《周作人日记》，没有发现任何线索。

1917年4月30日，第九届巴哈伊年度会议在波士顿召开。这是一次具有里程碑意义的大会，它将改变巴哈伊信仰的历史，对全世界产生深远的影响。儒特担任此次大会的记者。

大会在波士顿的布伦斯维克酒店举行。会上宣读了五部神圣计划书简以及阿博都·巴哈对美国巴哈伊就传播教义的指示。参加此次大会的代表分别来自美国的四个地区（东北、南部、中部及西部各州）和加拿大。代表们在大会上进行了热烈的讨论，并且表现出了强烈的忠诚和热情。这种忠诚和热情必将促

然向往。但如更到这地方，见这住民，即不十分考察，也能自觉的互相了解，这不但本怀好意的人群如此，即使在种种意义的敌对间，倘能互相知识，知道同是住在各地的人类的一部分，各有人间的好处与短处，也未尝不可谅解，省去许多无谓的罪恶与灾祸。

在儒特的努力下，1924年1月21日，《时报图画周刊》发表了阿博都·巴哈的图像和芝加哥灵曦堂图片及短文《巴海教主及教堂》（图见下页）：

> 美国儒特女士来沪宣传巴海教。据云，该教宗旨不外达到"世界和平"四字，进行方法不仅以弭兵为事，且注重教化世人。教主巴海生于波斯某地。某地适在东方，因东方系真理之发祥地。孔教、佛教、耶教均发生东方。今西人注重科学之外，故常向东方求真理也。又云：巴海教无国界，对各国如一家。教主于一八七五年已著书，预料世界将有大同会，即今日内瓦之国际联盟，比海牙又进一步云。今巴海教之进行方针，不外言语之统一、教育之大同、真理之各自发挥，及宗教种族与国际私见之弃除，而对经济问题，亦必求一新解决之方法云。（《时报图画周刊》1924年1月21日，第184期。）

进巴哈伊信仰的传播，正如儒特报道："用坚实而持久的行动将理想转化为现实。"

第九届年度会议还有一件事值得一提，那就是罗伊·威廉（ROY WILHELM）发布了一本蓝色的传导小册子。这本册子共有两种版本，一种是小字体（不到两平方英寸），另一种字体稍大。此册一经发行，立即取得了巨大的成功，人们分别给这两种册子起了绰号"大本"和"小本"。最初，这本册子是作为里兹万节的小礼物而印刷的。该册子的初版印刷了一万五千本，很快就销售一空。紧接着增印了七万五千本，同样快速售完。此后，小册子又不断重印。

"小本"是一种不到两平方英寸的宣传册，"大本"稍大，内容为巴哈伊信仰基本教义。罗伊·威廉在1917年第九届巴哈伊年度会议上发行了这两本宣传册。儒特安排朋友将它们翻译成了多种语言，并且在环球旅行中经常用到它们。

1924年1月21日,《时报图画周刊》发表了阿博都·巴哈的图像和芝加哥灵曦堂图片及短文《巴海教主及教堂》

9、儒特在北京、天津、济南、徐州和上海的活动

儒特马不停蹄，到各地去传播圣道的信息，在各地举办多次演讲。

儒特1923年到清华学校演讲。"儒特有一天去拜访了清华大学的校长曹云祥和他的夫人，他们十分慷慨地接待了儒特。儒特专程拜访是为了向夫妇传达巴哈伊信仰，而两人也毫无偏见地聆听了她的话。儒特这一小小的举动引起了巨大的影响。曹云祥夫人原籍瑞典人，但是后来成了美国公民。她是一名诚挚的真理探求者，以及神智学会的一名成员。曹云祥教授则是在1911年从美国耶鲁大学毕业。当曹云祥在伦敦为祖国服务（任外交官）时，他们两人结了婚并在伦敦定居了5年。当他抵达北平时，曹云祥教授通过儒特邀请了我（原文作者亚历山大）到学校的全体学生面前做一次关于巴哈伊信仰的演讲。曹云祥夫妇之后盛情接待了我们（儒特与亚历山大）。之后，他又安排了座谈会，邀请有兴趣的学生单独和我们谈话。四位热心的学生参加了这次座谈会，既有回教徒、基督教徒，也有非宗教信徒。这次会谈十分鼓舞人心，因为每位学生的讲话都发自内心。从那以后，曹云祥教授不管是在学术文字上还是在演讲中都将自己与巴哈伊信仰紧密连接在一起。"（AGNES BALDWIN ALEXANDER HISTORY OF THE BAHÁ'Í FAITH IN JAPAN 1914—

1938，第59页，由陈丽新女士翻译。）

曹云祥校长安排儒特在学校大礼堂为众多学生演讲，通过她的讲演，清华学生中也有人接受了巴哈伊文明。比如后来成为现代诗人的朱湘（1904——1933），在1923年底发表的一篇文章，就表示他当时已经接受了巴哈伊教的思想。朱湘认为精神教育以美术、音乐、宗教、文学四项为要领。对于宗教的作用，他说：宗教现在反对的人很多，但我看他们反对的只是宗教的形式，与利用宗教的人。至于宗教的精神，大家是不但不会反对，并且每人都在提倡。何以说每人都在提倡宗教呢？宗教之核，乃信仰。我们自己反省一反省，我们对于我们所认为对的，认为有益于社会而我最应做的事，不是觉着一股热烈的亲密吗？这就是我们的信仰，这就是我们的宗教。不过从前的宗教不旷达，自己看见一面真理时，就以为这是真理的全体，而斥他教为异端，殊不知真理是时上地上均无穷的，合起古今中外各教所见的各面真理来，都不过真理的一相。何况那仅仅的渺小的一面呢？更何况这渺小的一面中之一份子，个人呢？这浑圆的整体，我们叫做天也好，叫做上帝也好，叫做阿拉也好，叫做人类的幸福，叫做美，叫做真理，均无不可。他是全人类努力之目标，换句话说，他是全人类努力所得之总汇。我们各人只要看出自己的长处，尽所能将伊发展，那时我们就是真理之一部分，那时真理就生于我们之体内了（朱湘《精神教育》，《清华周刊》1923年12月14日，第298期，第8—9页）。他说："道教、回教、本部的佛教、喇嘛的佛教、福音教、天主教、以及已经绝传的景教、原始的苗民所必有的教，中国不单不是一个没有宗教的国家，并且是一个宗教最复杂，最繁盛的国家——然而，我们本国的人，对于这些宗教，究竟有多少认识？不向文学去索求，我们还能向那一方面去索求，这种关于国内各种宗教的认识？"（《文学闲谈》（岳麓书社2011年，第51页）可惜的是朱湘英年早逝于自杀。

另外值得注意的是1925年10月16日，自称是基督徒、后来是研究茶叶和昆虫尤其是蝉专家的刘淦芝（1903——1995），早年是关注宗教和巴哈伊的。他1925年发表《现在中国教会学校应有的觉悟》（《生命》，1925年10月，第6卷第1期），提倡废止强迫宗教教育制度，主张传教士宣讲时，不应讲耶稣比孔子好的话，也不要讲"你要人怎样待你，你就应当怎样待人"是金律，"己所不欲，勿施于人"是银律等话。"我想耶稣同孔子所主张道理的优绌，真知道耶稣同孔子的人，自然自知道判别，无须牧师们故意说出来。"他在《清华周刊》1925年10月16日又发表了一篇文章《宗教问题》，里面有这样一段话："管子说：'智者用神，愚者敬神'，这句话我绝对相信，我想凡是无存见的人士，亦必如我一样。我也相信巴海所说的，每个宗教，只看见宇宙间的真理一部分。我自己是个耶稣徒，但是你说我是佛教徒，回教徒，我也不同你争辩，我相信的是真理。"当时有些引文没有注明出处，让我们无从查考，今天还难以查到原文。但是"巴海所说的，每个宗教，只看见宇宙间的真理一部分"这句话肯定是巴哈伊教的思想。阿博都·巴哈和巴哈欧拉都说过大概的意思。这位刘淦芝所说的"巴海"就是巴哈伊文明，完全是采取巴哈伊教的态度对待其他宗教，包括自己原来所"信仰"的基督教。从这篇文章，可以推测，在当时的清华学校，除了曹云祥，还有别人了解巴哈伊教。刘淦芝是坚持宗教应该中国化的最早的主张者，他说"外国人自视太高，对于中国人的习惯，心性，不能明了，时常存一个轻视中国故有文化的观念"，"外国人在中国借学校传教必须注意中国人的习惯同心性，必须尊重中国故有的文化，西方文化只能以潜移默化的方法，灌输给学生，使学生自己比较中西文化的优劣，不可以本国文化自高自大"（刘淦芝：《现在中国教会学校应有的觉悟》，《生命》六卷一期，1925，10）。儒特说当时参加座谈的有四个人，朱湘和刘淦芝是否就是其中的两个？

在北京期间，儒特还与艾格尼四小姐和美国李佳白博士见面。李佳白和巴哈伊的关系前已述及。艾格妮丝和儒特提到了李佳白创办的尚贤堂，而且申明在北京度过的这个月，充满了巴哈伊的活动。在那里她们遇到了《国际公报》主编李佳白。她们知道，他是中国唯一一个接收到阿博都·巴哈信函的人。李佳白主持的《国际公报》发表了《巴哈教之宣传者》（1924年第2卷第7期，第41-42

页）一文，延续李佳白使用的波海会一词，介绍儒特宣传的巴哈伊信仰。该文强调巴哈教是一种总包括的运动，所有宗教及社会的信条，都可以在这里寻得出来。基督教徒、犹太教徒、佛教徒、回教徒、拜火教徒、接神教徒、相爱主义者、精神主义者，都可以在巴海教里寻出他们的最高目的，就是社会主义者、哲学者，也可以寻出他们的学说，充分发达在这个天启里"（《巴哈教之宣传者》，《国际公报》1924年第2卷第7期第1页。该文章里面有四个称呼：巴哈教、巴海教、波海教、波海会）。该文简述了巴哈伊信仰"巴哈欧拉给现在的人应付新时代根本教义"中的12条教义，文后说"现在世界各国皆有巴哈欧拉之信徒，其团体曰波海会"，告知"美国儒特女士及亚历山大女士特来北京，传播波海教旨，儒特女士将为专文详论波海会。"文中第一次出现巴哈欧拉的译名，该译名延续至今。

《国际公报》1924年第2卷第7期

《巴哈教之宣传者》全文如下：

巴哈的起原（源）是总包括的运动，所有宗教及社会的信条，都可以由这里寻得出来，基督教徒、犹太教徒、佛教徒、回教徒、拜火教徒、接神教徒、相爱主义者、精神主义者都可以在巴海教里寻出他们最高的目的，就是社会主义者、哲学者也可以寻出他们的学说充分发达在这个天启里。

巴哈欧拉给现在的人应付新时代的各种教义，其中最重要的几条如下：

一、世界人类的平等，二、真理的独立研究，三、各宗教的根本基础是同一的，四、宗教不可不为人类联合的原因，五、宗教和科学与理论不可不一致，六、男女两性的平等，七、一切偏见须忘却，八、世界的平和，九、世界的教育，十、经济问题的解决，十一、世界的共同语，十二、国际的裁判所。

巴哈欧拉本为波斯贵族，以宣传教义，屡受迫害，始终不渝，1892年死于巴喇斯坦之阿卡城，现在世界各国均有巴哈欧拉之信徒，其团体曰波海会。

美国儒特女士及亚历山大女士将来北京传播波海教旨，儒特女士将为专文详论波海会。

中华圣教总会主办的上海《爱国报》也对儒特的活动予以报导：

提倡宗教大同宣传大同胞主义之巴海教，系发源于波斯，宣传未及70余年，大有遍及全世界之势。在欧美各国，信徒早已遍地。美国芝加哥城且有大规模之巴海教堂建筑。日本亦设立宣传所。在我国，知巴海教者尚鲜。现在巴海信徒美国新闻记者儒特女士，负宣传该教主义于东亚各国之使命，特自美国远涉重洋，来中国作巴海主义运动。女士在北京勾留六月，曾作多次之演讲，各报均揭载颇详。及至天津、济南、叙府（曲阜之误）、南京、苏州（徐州之误）各地演讲，亦颇受欢迎。到沪后，应郭秉文博士之请，在上海商科大学演讲。

在北京，儒特还通过冯玉祥的秘书包世杰先生得以和冯玉祥见面。冯玉祥当时已经受洗皈依了基督教，因此被称为中国的基督将军之一。他安排儒特和亚历山大在冯将军的学校演讲，每一个军校生在学校都被分发了中国巴哈伊小册子《玖》，因此，有一万人听了演讲。从此包世杰成了一个忠实的朋友，并协助她们。在北京世界语学校，儒特协助英语教学，鲁迅教中国小说史略课程。有几次她们在哪里聚会，在包世杰先生的协助下，她们安排在十一月举行一次巴哈伊盛宴，七个朋友出席，包括包世杰先生。

1923年11月中旬，儒特结束了北京的活动，准备好去北京以外的城市旅行，传播巴哈伊信仰。她跟亚历山大小姐制订好了旅行计划，邓洁民迫不及待地想深入学习巴哈伊信仰，希望尽全力帮助这两位美国女士，因此他随同她们参加了此次传导旅行。可演讲跟旅行计划不能完全吻合。他们在天津住了一晚上，第二天，儒特在那里有两个演讲安排。其中一次演讲是在南开中学。

儒特在天津南开中学演讲，张伯苓的学生喻廛涧担任翻译。

世界和平

美国儒特女士讲
喻廛涧先生口译（天津南开中学教务主任，
张伯苓的重要助手，与顾颉刚、老舍、范文澜为挚友）
K，C，Y笔录

一时期有一时期的重要问题，自世界大战消弭之后，这最需要讨论的，即世界永久"和平问题"。在军阀方面讲，他们的观念和信仰，是用武功残酷的魄力，来使世界真纯和平实现；凭借着枪炮火药，来觅世界光明。然而他们果然能成功吗？准确地能达到目的吗？我信他们一定失败，丝毫不能奏效的。今天我所要说（的），并不与军阀门见解一样。是从精神上，道德上，根本入手去解决这疑难的大问题。以下略举几项，贡献诸位。

一、世界共同教育

现在世界各国的学校，程度各有不同。美国有美国学校的程度，英国有英国学校的标准。因此这个学校的学生，欲迁往异地学校读书，立刻发生许多困难。"世界共同教育"，即是使全世界的学校，所教授的课程，一致取齐。免去高低参差的弊病，学生可随意往各处，受同等教育。一方借此亦可明了他处的政治、风俗、人民、实业、物产等等的情形；国际界限，日渐消磨；感情更有增加；偶有龃龉的事发现，亦能互相谅解，这岂不是世界和平的导源，世界和平的基础？

二、世界语

国家各有自己的语言文字，东方国家有东方国家的语言文字，而西方也有西方自己的语言文字。因为各有不同的缘故，所以其间遂生出很大的隔膜。如东方中国具有高深玄妙的学理经典，而西方不能得而知之。如西方诸国有种种宝贵的科学发明，而东方亦不能洞悉。此例不过其一。像这样的事，不胜枚举。虽近来有英文通行于各国，然而并未收充分的效果。所以有一般教育家，费了三十年之久，创立一种世界的公共语言，这"世界语"不但能在文学学术上有功用，而且能使南、北、东、西世界诸国生有相爱的情感，借此可以弭息祸端。近来世界语，甚为发展。余在南美时，即见其地学校，备此一科。英国著名之剑桥、牛津二大学校，亦有研究者。德国共有120余校设世界语科；法国关于此科的书籍，共刊印6万余种。统计全世界，凡涉及世界语的报章、杂志，约有100余种之多。中国北京亦有专门研究学校，其中组织附属有汉文、英文、科学等等，无异他校、诸君亦可稍微留意，获益匪浅。

三、男女受同等教育

欲在世界成就大事业，必应男女合作，男女互相帮助，而后始有美满的结晶。而欲使男女合作，必应首倡男女受同等教育，智识平等。况且男女生理上，并无何等区别，俱是脑筋灵活，精神充足。加以贤良母亲，影响她的子女甚大。现在美国受同等教育这桩事，很是发达。如"参政运动"、"选举运动"都是全家庭的男女去赴会，去投票，可知其现状的一斑了。至于经费问题，概出自地方出产税，装饰品税，以及无承受人的遗产等，故甚丰裕。他国社会很可相效成风，于女子教育帮助甚大。

以上三事，均是"世界和平问题"中最重要和急应当作的。此外如科学上、宗教上的种种原理，因时间短促，未能说给诸位。现在时期乃一新纪元，中国的前程希望很大。更有三千余年的文化，很多数的人民，俱是耳聪目明，思想周密，不久很能起而为倡世界和平的领袖，令这甜蜜温柔可爱的和平，实现在大陆上，如一明耀之光放照在黑暗里！（《南中半月刊》1923年第1卷第3期，第42-43页）

这位喻廛润（1888年——1966年）是南开大学张伯苓校长的学生。因在南开工作了一生，人称"老南开"。他原名喻鉴，别号传鉴、廛润。出生在浙江嵊县城关镇小商人之家。他七岁丧父，家境贫困。亲友见他学习努力，成绩优异，且又聪颖过人，因之资助他先后在嵊县师曾学堂、绍兴府中学堂、嵊县中学、上海南洋中学读书。其文才颇得姚梅夫先生赏识，后者因而将他介绍给潘文藻先生。潘爱其才，以女许之，后并携之赴天津。当时潘公在天津北洋大学任总务长，就送他到北洋大学预科学习。之后，他考入天津南开中学，是该校第一班学生。读书时笃实好学，课外好发动团体组织，是南开最早成立的学生组织"自治励学会"的会长。他热心任事，颇着才能，深为师长同学所器重。1908年毕业，即升入保定高等学校。在那里读了两年，因岳父逝世，经济发生问题，不得已辍学在一个银行短期工作，后发现银行的工作不适合自己，便去奉天海龙中学及天津新学书院教书。

新学书院之后，喻鏖涧旋升入保定直隶高等学堂，毕业后任南开英文教员。其时英语水平已经相当出色，英国戴乐仁着有《进化论——达尔文后之进化新说》，由喻鏖涧翻译成中文，在天津《新学书院季报》1913年第1-2期连载。后在同乡挚友马寅初的支持下，于1916年考入北京大学经济系学习。1919年毕业，应南开大学校长张伯苓之邀，回母校任中学部教员。先后在天津南开中学任教师、教务主任、主任（相当于校长）（重庆市教育委员会编《重庆教育志》，重庆出版社2002年，第813页）。

喻传鉴回忆说：

> 前乎今日欣然而来翕然而游，且读于斯校者不知其几也．后乎今日欣然而来翕然而游，且读于斯校者又不知其几也．言乎今则学同堂，业同师，觥觥也，盖四百余人。虽前者不可稽，后者难为知，而十四年来，莘莘学子相继而游此者，当已逾千人。今留校者无论矣，试观彼离校诸子，或厕身政界，或服务社会，凡舟车之所通，轮轨之所至，殆莫不有新学学子之踪迹，皆能各致其用，各尽其职，为母校光荣，噫可谓盛矣！同学诸子惧情感之易疏也，姓氏之或忘也，乃有同学录之辑，是诚新学精神团结，爱力胼挚之表示欤。夫人之遇合至无定矣，或以艺同、或以事合、或以共乡里，或以共学问，而情好最笃，相助最多者，莫共学之友。

若吾辈幼离庭训，出就外傅，由小学而中学而大学，同学友好何啻千百人，此千百人诚能相交以信、相辅以仁，以道德相磨砺，以学问相切磋，则今日同砚之益友，皆他日共事之良助。而相契之深，相爱之切，自能始终如一，久而不渝，时与地又乌足以间之哉！今斯编所辑新旧学子几达千人，虽同校而异时，或同时而异级，而肫挚之爱情，坚固之爱力，吾知其必能使之互相亲爱，互相提携，为进德修业之益友．济世励俗之良助也．夫诸君子之从学于斯校也，穷年兀兀，竭耳目心思之力，岂非欲储学以致用乎？尽职以救国乎？若然，则所志皆同而怀道尽合也。志同而道合，爱情之所由生，爱力之所由固也．古来，爱情之极挚者，可以惊风雨炙霜雪焉，爱力之极坚者，可以破金汤敌剑戟焉。是故，人亦患志同道合之友之不易得耳，苟其得之，则气机密应于其间莫或知其所以然，虽远在万里，音容久隔，近在同校形迹常疏，而心心印合精神团结。自有其不可解者，存貌之离合又非所论。已是则斯编之作，岂仅志姓氏里齿而已哉，其亦将表示新学精神之团结云尔。（中华民国五年三月浙江嵊县喻传鉴谨叙(原载《新学大书院同学录1902—192L》，转引自喻传鉴先生纪念文集编辑组《喻公犹在——南开中学柱石、爱国教育家喻传鉴纪念文集》，天津教育出版社1989年，第10-11页）

接着，儒特从天津来到济南，应邀在济南做过几场演讲，其中一次是应王祝晨先生之邀，在济南一师演讲。在今泉城路芙蓉街南口附近的济南东方书社，坐落在院西大街上，路南斜对面就是济南第一师范学校，著名教育家王大牛先生是这所学校的校长，也是季羡林在一师附小读书时候的老师。这个学校是当时山东培养教育人才的最高学府之一（邓广铭《王世栋(祝晨)先生服务教育三十五周年事略》收入《邓广铭全集》第10卷，河北教育出版社2005年，第406页）。

1922年冬天，济南一师校长王大牛主政时，特聘国内名教授若干人，作一星期以上一月以内的专题讲演，或截留路遇济南的中外名人，作临时讲演。讲演时，均由高材生分别笔记。然后汇合整理，请主讲人修改后，再印为《一师讲学会讲演录》丛书，或在一师周刊连载。此项刊物，推销还及于山东全省各县。当时来校讲演者，论理、科学、哲学方面，有刘伯明、胡适之、王星拱、朱谦之等；文学方面，有沈尹默、周作人、张凤举等；临时讲演者，有中华教育改进社来济讲授心理及教育调查，美国植物学家柯脱博士来济讲演科举，柏克赫司特女士来济讲演道尔顿制，印度诗人泰戈尔来济讲演，巴海教徒儒特及亚力山大两女士来济讲授世界语，中华职业教育社来济讲授职业指导，中华平民教育促进会来济指导分会。这些讲演，地点皆在一师（张默生《王大牛传》东方书社1947年，第42页）。

艾格妮丝回忆说：

令人鼓舞的是，有幸能够告诉巴哈欧拉的信息，并重复阿博都·巴哈对这些遥远的学生的评价。从济南府我独自去了孔府，和儒特采取了不同的路线，以顺路访问神圣的泰山。旅行的火车上充满了中国士兵，但上帝的目的可能在于它，因为我不能对男人说话，我给了一个中国巴哈伊小册子。然后他让我明白了，他会与其他人分享这个小册子。第二天，当我的妹妹和儒特到达曲阜，她们去了学校，对英语老师介绍巴哈伊。儒特和亚历山大对学生说话，老师把他们的话翻译成中文。老师随后安排他们会见孔子后裔孔德成，是一个五岁的男孩，他和他的乳母和小仆人一起来。孔德成是一个遗腹子，出生17天之后母亲也去世了。靠乳母照顾。儒特有一把小刀，是威廉·罗伊给她的，她给了孔德成。孔德成当时已经是衍圣公。

在去南京途中，儒特在徐州府下了火车，她以前在东京遇到的北京师范学校钱用和小姐成为徐州一所学校的校长。

艾格妮丝叙述了那段经历：

　　（1923年11月）去南京的路上，我和儒特中途在苏州（徐州）府下了车。钱用和[（1897-1990）曾任宋美龄的私人秘书，译注]小姐住在苏州（徐州）府，她是我在日本认识的一位朋友……她现在是一所学校的校长。她邀请我们在徐州稍作停留，然后向她的学生们讲述巴哈伊圣道……那天清早特别冷，我们的火车抵达了徐州。正当我和玛莎走下火车的时候，有两名美国男士正好准备登上火车，他们问我们去哪里。从他们那里我们得知，徐州离火车站非常远，他们是坐人力车过来的，建议我们也坐人力车。他们还给我们推荐了一户人家，那户人家房子里的火生得特别热。我们当时一定是受到了上帝之手的保护和照顾。房子的主人是一个美国人，在标准石油公司工作，他非常好客。我们告诉他我们要去一所学校，他立刻答应带我们去。徐州离我们有几英里路，到达之后，他还向美国教会医院询问学校的具体地址。学校离医院不远，不到一个小时的路程……在这所遥远的学校，我们给那里的孩子们讲述了《佳音书简》。接着，钱小姐和其他几位教师为我们举行了一场聚会，我们大家一直待到晚上。然后，我们回到了亲切的房东家中，第二天一大早起程赶往南京……（加里斯著，成群译《玛莎·鲁特——神圣门槛前的雄狮》，澳门新纪元出版社2016年，第167页）

艾格妮丝回忆说：

　　在中国学生团体返回中国后，我与其中一些学生联系。在给儒特的一封信中，钱用和小姐写道："旅行到日本给了我们好运，见到你，以我们温暖的心接受了我们……我们的同学最近有一个会议叫做'女性自由延长会议'。它的目的是讨论和解决关于教育，宪法，经济，劳动等方面的事情，关于女性。

会议将每周举行，著名人士被邀请讲课和杂志将出版。除了这次会议，北平女孩们还建立了一个妇女大会，如果你让我有阿博都·巴哈的著作，我非常感激。我们所有人都记得你，并希望听到从你在任何时候你的爱的朋友。

钱用和（1897—1990），英文名CHIEN YUN-WU，女，又名禄园，字韵荷，一作韵和，号幸吾，江苏常熟（今张家港市鹿苑镇）人。前政协副主席钱昌照的堂姐。其父钱耕玉，清光绪丁酉科举人，举孝廉。科举废，就职吏部文选司，留京五年，辛亥革命后回归故里，不再入仕途，致力于地方事业。戊戌变法后，钱用和与兄弟读家塾，诵四书五经，勤于学，有文才。后弃家塾而就读国民学校，1909年随兄弟赴上海，入私立务本女校。当时，钱用和是本地第一个不穿耳、不缠足而进洋学堂之女子。1915年，钱用和毕业于上海县立务本女子中学师范科，随即任教于上海万竹小学及嘉定女子高等小学。1916年秋，由上海乘"顺天轮"北上，投考国立女子师范学校国文教育专修科，被录取。后经同学呼吁，教育部核准，将该科改为国立北京女子高等师范学校国文部，成为当时我国女子教育之最高学府。其师辈均为贤达之士，其中黄季刚（黄侃）教文选，顾竹侯（顾震福）教诗词，胡适教中国哲学史，把上下古今，融汇贯通；老庄、孔孟、墨子的思想分析比较，深刻明了，学生上一堂课，胜读十年书。1919年钱用和积极投入五四运动，并在"北京女学界联合会"中担任会长的领导职务。其时成为胡适在该校的学生，与苏梅（后改名为苏雪林）、卢隐、程俊英等为同学。其间，参加到日本的访问，研究女权运动问题。在日本结识《读卖新闻》记者长谷川，并且与日本的社会主义女权运动者山川菊荣女士和其丈夫，著名的社会主义者山川均等人交流，同时也认识了巴哈伊信徒。1923年，国立北京女子高等师范学校国文部第一届毕业生，分国内外两组考察教育，各地纷纷争取这届毕业生，钱用和被江苏省教育厅聘任为徐州第三女子师范学校（后改名为江苏省徐州师范学校）校长。1925年她赴美留学，先入芝加哥大学，后转哥伦比亚大学主修教育，副修西洋史。1929年回国。所以加里斯书中提到的"苏州府"应该是徐州府，可能因为苏与徐发音相近导致。那时候钱用和在江苏省立第三女子师范学校担任校长，就邀请了儒特和同伴去演讲。1931年她任宋美龄私人秘书及国民革命军遗族学校与女校校董，后升任主任秘书及校董近50年。其著作有：《钱用和回忆录——半世纪的追随》《韵荷存稿》《韵荷诗文集》《浮生八十》《难童教育丛谈》《欧风美雨》。蔡元培对钱用和评价极高，为其著作题词说："清儒小学最明通，骈俪诗词精进同。旧学推君能邃密，不徒美雨与欧风。"

儒特应邀的讲演，应该是在徐州的江苏省立第三女子师范学校。

民国时期，徐州师范教育比较发达。1913年元月在徐州师范学堂原址建立江苏省立第七师范学校，校长刘仁航。值得注意的是，刘仁航的思想非常接近巴哈伊的天下一家。初稿成于1919年并于1920年出版的刘仁航的《东方大同学案》，详细谈到大同思想。该书创设了"大同"这个学术概念，并在这个概念之下囊括古今中外各种社会空想学说，而且中西互证。出版以后，上海大报《申报》连载，读者反响强烈，争相传阅。作者认为"大同学乃人性自然本具"，"本不应生东西新文化之冲突"。该书主旨在"发现人类本性，及显出古哲与新文化公同之精神，化除争执起见，足为五千年已死圣哲昭雪冤魂，为今世新文化运动多得铁证"。并谓以"实现小康，试办大同"为目的，"乃在解决社会、及人生，人群，人类全体问题，尤与马克思派'唯物史观'一面相关颇近"。他说："孔子真圣人也。"唯自汉武"罢黜百家，尽弃孔子大同富教均平之实教，而代以空名为教，于是二千年来中国与罗马中世同一教权黑暗，直至宣统亡而后伪孔毒熄，今后真孔将昌矣"。"因为伪孔者借空洞之机关名词以压愚其民而已。彼挟孔尸以号天下，乃孔子之罪人。……及令人实察其非，群撵不承认而攻诘其虚伪，牵有此一攻，而虚伪代表乃不能鱼目混珠，此后社会科学日昌，即孔、佛学大明也"。并认为"孔子大同之十字者，即《礼运》'男女老终壮用幼长疾养'十字也。孔子之大同十字经，尽收政治、伦理、宗教、经济等。马克思发挥此十字，列宁行此十字而已。此十字乃孔子真哲，故曰'大哉孔子'"（韩达编：《评孔纪年（1911～1949）》，山东教育出版社1985年，第142页）。他另有《天下太平书》，设计了"坤化"的女性世界。

在徐州，除了刘仁航的学校，还有1921年创办的江苏省立第三女子师范学校，创校校长为杨继武，1923年钱用和长校。该校座落在今徐州彭城路一号北院，这里楼房耸立，绿树成荫，相传为项羽建霸王殿处，有很多古迹尚存。楚汉相争之时，项羽自封为西楚霸王，建都于彭城，筑宫殿于此。明朝又建了一座鼓楼，门匾刻"西楚故宫"四字。后又在院的北端建霸王楼，清道光年间曾予重修。这里是自唐以来历代部、府、州所在地。宋代熙宁十年(公元1077年)苏东坡任徐州知州时，居于此地。他在此处建逍遥堂，作居室。其弟苏辙来徐，同宿逍遥堂。苏辙曾赋诗一首："逍遥堂后千寻木，长送中宵风雨声。误喜对床寻旧约，不知飘泊在彭城。"1984年逍遥堂迁于快哉亭公园。1923年夏，江苏省立第三女子师范学校由石牌坊迁于览院，利用旧府署的房屋作校舍（李瑞林主编《徐州访古》，中国新闻出版社1990年，第665-666页）。

江苏省立第三女子师范学校初办时，校址在石牌坊街(现为中枢街)。后因校舍过于狭小，无法扩班，就迁往徐州旧府署(现为彭城路北端机关大院)办学。徐州旧府署在城内偏北，其东北为黄楼，东面为孔庙，校内面积较大。内有怀苏堂、逍遥堂(相传为北宋文学家苏东坡酒宴之地)、苏姑墓、霸王楼等名胜古迹。以后，省立三女师改名为省立徐女师，一直到1948年解放前夕，校址一直在这里。这些名胜古迹，今已荡然无存。

在南京的时候，儒特住在长江饭店。波斯巴哈伊苏莱曼尼陪同她访问南京。一位东京的朋友再次为她们在各种教育层次的学校安排了演讲，学校的英语教师则负责翻译巴哈欧拉天启。儒特在南京会见了教育部长蒋梦麟先生，并且在中央大学为2000名师生演讲巴哈伊。在这里她还见到了孙中山的顾问林百克先生。

在南京还有吴先生，在东京时与来自四川的学生小组会过面。他在一所中学教学，通过他，她们被邀请与学生交流，由其他几所学校的英语老师担任口译员。

南京第一中学的吴先生1923年12月24日写道："你的生活确实是艰难的，我感谢你的工作，更多的是你的精神，它给我的工作带来灵感，我经常问自己，为什么我的工作没有同样的精神，像他人在他们的？你会是我的榜样，我会学习你做我的工作，虽然我们工作在不同的岗位。"

从南京她们去了上海，儒特又在许多学校讲演。当到达上海最后一站的时候，儒特一度身体不适，被迫休息。后来她单独访问了中国其他城市，如武昌、杭州、广州和香港，孜孜不倦地传播巴哈欧拉的信息。

去杭州是坐船，在寒冷中先等人力车一小时，然后在码头等了7小时，船上只有一个外国人，是俄国小伙子。在杭州，儒特病得很重，手臂非常麻木，吃东西甚至无法握住叉子，没办法写字，体温高得吓人，不得不在床上休息了两天。

然后是儒特第三次到上海的活动。

1930年9月下旬，儒特从香港来到达广州，见到了广东省省长陈铭枢，陈铭枢安排她在广州广播电台发表演讲。

当儒特到达上海时，曹云祥博士和曹夫人立即来见她，他提供了热情的服务，以各种可能的方式帮助她。然后，她积极展开工作，成功地在许多报纸发表巴哈伊文章。曹云祥自愿将埃斯尔蒙特的书翻译成中文，那一刻，儒特是如此感动，她的眼睛充满了喜悦的泪水。从那时起，曹云祥为这项工作，将繁忙工作之余的晚间闲暇时间全部投入其中。他写道："在研究巴哈伊信仰和它对人的心灵和心灵产生的复兴效果后，我得出的结论是，再生中国的唯一途径是将巴哈伊教义引入中国，因此我开始把巴哈伊的书翻译成中文，以便中华民族也能受益于这一天启，这就是为什么每天离开办公室后，虽然很累，我回到家就开始对巴哈伊教义的翻译，将劳累置之度外。"他从北平搬来上海，曾担任清华学院校长八年。可爱的波斯巴哈伊家庭的乌斯库利先生，包括他的岳母、他最大的女儿及其丈夫苏莱曼尼先生，他的两个年幼的女儿和儿子以及波斯兄弟马克·托比也住在上海。他们和曹先生也都彼此认识，他们每两个星期在乌斯库利家举行一次巴哈伊会议。

艾格妮丝回忆：我在上海度过了一个月，然后回到了东京，因为我觉得看到埃斯尔蒙特的书被翻译成日语的紧迫性，这是需要在东京做的。儒特在中国的精彩的故事被记录下来，永远不会丢失。早在1931年，在一封给曹博士的信中，她写道：他的工作"将来必然会占据巨大比例的大圣教徒，时代的迹象明显地指向它，我的中国朋友一起认识到它的美丽和重要性。我们的先锋可能会觉得很困难，但是当我们有更多的材料准备，就会事半功倍。从我开始翻译埃斯尔蒙特博士的书以来，我已经增加了许多外部活动，如举行科学管理系列讲座，工厂经理和工作人员、YMCA运动成员和基金、雇主和雇员之间的合作讲座，主持将于9月举行的展览，今天上午上海妇女组织联合委员会要求在5月15日之前提交一份关于"上海为文化接触所提供的可能性"的文件。在这最后，我将根据巴哈伊教义，即'人类的两翼'强调妇女的教育。这些活动为我们在中国试图展开的圣道提供了与当地接触的机会，我强烈地感到，我们的努力将得到回报。"

在上海，儒特在大学和其他高等院校演讲，会见了几位报纸编辑。她周二在政府电报学院演讲；周三在亚洲皇家学会演讲（关于"五大洲的巴哈伊运动"）；周六上午在上海大学演讲（关于"巴哈伊死后生命的科学证明"），周六晚上在亚洲皇家学会的演讲室以及世界语协会的主持下演讲（关于"世界语作为通用辅助语言"），并在周一下午晚些时候在亚洲皇家学会演讲室举行了另一场演讲。预计这些会议将于9月19日至23日在《上海时报》和《中国新闻报》的报道中发表，随后还会有其他报道发表。1930年9月21日《上海星期日泰晤士报》、9月23日 《北华捷报》、《上海时报》都有报道，儒特小姐于今天下午在英国亚洲皇家协会的上海圣裔会礼堂作以"巴哈伊运动"为题的演讲。儒特小姐正为传播巴哈伊事业进行巡回演讲。巴哈伊运动是始于上世纪的一场灵性运动，她已在其发源地波斯产生了重大影响，其影响范围正逐步扩展到全世界。儒特小姐的演讲对公众开放。

1930年9月24日周三晚六点，儒特就《"巴哈伊运动"在五大洲的传播》一题于英国皇家亚洲协会礼堂进行演讲。演讲者曾在欧洲、北美、南美、澳大利亚、新西兰及非洲等地做过演讲，本次上海之旅是她之前的包括阿拉伯、波斯及印度地区之旅的一部分。本会议受神智学院上海圣裔社的赞助，会议主席由圣裔社社长、英国圣裔社前成员詹·德·穆尼先生担任。

1930年9月25日的《北华捷报》报道说：所有对巴哈伊运动有兴趣的朋友将很高兴地得知：纽约记者儒特小姐将于本月中旬到达上海。她刚刚完成一个四个月的旅行，曾到达波斯并在南亚进行了一系列关于"巴哈伊运动"的演讲。

见于报纸的报道还有1930年9月28日（星期天）、29日（星期一），儒特在上海基督教青年会和亚洲皇家学会发表的两次演讲，主题是世界语与巴哈伊运动。《北华捷报》《大陆报》发表了她演讲的主要内容，尤其重点引述了1913年1月7日在英国爱丁堡世界语协会的主持下，阿博都·巴哈发表的演讲。

"一个了不起的国际性礼物"
——儒特就世界语创建人之毕生贡献方面进行演讲

儒特，世界语的倡导者及作家，于周日在上海的国语专修学校进行了第三次演讲。该演讲由上海世界语倡导者赞助。她主要与大家分享了柴门霍夫博士的故事：刘易斯·柴门霍夫出生于一个波兰小镇比亚韦斯托克，他在七岁时就认为迫切需要创造一种语言，好让镇上所有人能像一家人一样交流。

儒特小姐说，她和玩伴一起创造了一些代码，这些代码其实就是世界语的起源。年长一点之后，他又开始学习多种语言，并且找出了他认为大多数语言通用的一些基本词根。任何学过世界语的人都会在这面语言之镜中发现柴门霍夫博士本族语言的特点。这种语言能够在人类创造和谐，因为它是一种公正平等而且令世界各族人民愉悦的语言。

语言学与世界和平

然后，柴门霍夫博士把世界语作为一个国际性礼物送给了人们。他没有将它卖给资本家们，而是赠送给了人类。和他之前的所有先知和科学家一样，他也受到了迫害，而他的全球性语言则受到了嘲弄。而今天，在四分之一个世纪之后，在遥远的巴西美丽的首都里约热内卢，一条主要的大道被命名为"柴门霍夫博士大道"。各国争相向柴门霍夫博士表示敬意。

儒特小姐解释说，她尽了自己最大努力去倡导世界语，因为世界伟大的灵性导师————巴哈欧拉———指示他的信徒们致力于发展一种世界性辅助语言。他说，各国领导人应该在全球范围内挑选最好的语言学家组成一个委员会，然后由委员会共同选择或者创造一种语言作为全球性语言，并且各国的学校都应该教授两种必修语言：本国语以及全球辅助性语言。

国际教育（罗德女士讲）

国际教育专家美国罗德女士，尽瘁于国际教育已有五年，国际声望，颇为隆重。日昨应中央大学之请，在该校演讲《国际教育》，称国际教育之目标，即孙中山先生之理想云云。兹摘录其辞如下：

国际教育之学说，并非余所提倡。其原则约有三端：一，对于纯粹科学，促其发展，以增进人类之幸福。二，对于学生，养成互助博爱之习性。三，对于人道主义，使其普遍灌输于教员学生之脑际。各国实行国际教育时，所依据之基础，均须一致，其最要紧之方法，即交换遣派留学生。使甲国之学生，受乙国之教育，乙国之学生，受甲国之教育，由此逐渐消灭国界观念，开世界新纪元。而欲应此新纪元之需要，则当有新国际教育产生。以后地理、历史等科，悉当属于国际，不当属于各国。而历史之记载，亦当只有和平，不有战争。是即国际教育之目标，而亦孙中山先生之理想也。国际教育会议，每两年开会一次。欧美已有此组织，东方各国，现尚未设。贵国人口，占全世界四分之一，果能倡导和平，势力必大。所予世界之影响，亦非吾人所可料也。世界和平，植根于国际教育，此等教育，在加州、华盛顿等处，均有实验学校，对于儿童，免除处罚。全教程，均以娱乐为原则。教师之义务，只在鼓动儿童做其自己创造的工作，使其自动学习，自动训练，化学校为社会。俾学生互相竞争，同时又互相合作。此等教育，若能成功，则国际和平，必可刮目以待，而天上乐园，亦不难期于人世矣。此外尚有条件，即男女教育均等是也。盖男女天赋，原本相等，不过女子才能，向未表现耳。现存新时代中，必须男女共同努力，故女子亦须与男子同受相当教育，由此普及教育之范围，必更扩大其办法。可于每村以至每市中，设公库一所，抽税存储，以备教育及救贫之用。教育费须给占三分之一，所有学龄儿童，不分男女，均由公资送学。私人财产如死后无遗嘱者，即全数拨归公款，以资挹注。如是教育费必不感匮缺，而男女悉能发展天赋，各得谋生之本领矣。此外尚有一事，为国际教育之所必须者，即国际语言是也。欧洲各大政治家，均认国际语言如不普及，则世界和平必不成功。现在世界语已为国际通行之言语，其功用实大，欧洲儿童学世界语六个月即可看书说话，而成年之学英法数国语言者，三四年犹不能精，且工人农人实际上决不能学数国语言，如能学世界语一种，即可与外国交通。中国文化根底极深。但古籍多不为外人所通，将来译成世界语，则与世界文化必大有贡献也。美国学校中已将世界语定为必修课，或以半年授世界语，半年授英文，或世界语与英文同时教授。盖世界语言如能普及，必可化全世界为一家，而科学艺术等等之增进，亦必赖于此矣。故世界语之普及，在国际教育上实占重要地位，诸位信仰孙先生为模范努力国际大同之倡导，现在国际和平，正如旭日初升，鄙人则愿竭毕生之力以赴之。所以为世界服务者，即所以为贵国服务也。（《中央日报》1930年10月10日[0008版]）

儒特反复演讲的国际教育是巴哈伊文明的一个主要内容。不只是儒特讲，其他巴哈伊也讲。美国巴哈伊、进步主义教育协会的秘书长斯坦伍德·柯布主张的新教育，也主张类似的内容。其新教育的代表作《教育的新酵》一书，结合美国进步教育运动的实施和实用主义教育理论的儿童中心、中学原则，把新教育的原则汇为10条，确定健康第一重要、活动的儿童、儿童的自由、个别的儿童教育、培养社会的德行、解放创造力、我们能将儿童造成能动的百科全书吗、课程之克服、分数之横暴、教师是引导者而不是工头，进一步阐述了新教育运动的内容与性质。这本书作为他的代表作，被中山大学教育学院院长崔载阳教授翻译成中文，1933年在中华书局出版，书名是《新教育的原则及实际》。著名教育家，原清华大学教授，时任中山大学教育研究所的庄泽宣教授还为此书写了序言，希望这些教育理念可供中国创造适合国情的教育之参考。

1932年，除了一些大的媒体，其他的不太知名的刊物也关注这个新文明。毕立译自日本泽英三的《波斯的风俗和文化》，发表在《新亚细亚》1932年第4卷第6期，第113页的《亚洲散见：波斯的风俗和文化》：在波斯，"发见了想实现新时代的思潮，国民的自觉民族运动已在勃发，这种运动当以废除妇女的面幕为先导。简言之，乃一种弃旧换新的运动。他们理论的出发点，是前世纪中叶穆罕默德·阿里·白薄所首创，可说是一种新宗教或是一种新哲学。现在这种自由主义的思想，已经盛行于有教养的青年者间，且如有和向来的守旧势力对峙的趋势，其将酿成的事实确是不可轻视的。崇信这种主义的人，遍普于波斯国内外，虽然波斯政府用严格的禁令来压迫人民，不准信仰此主义，但至今日为止，因犯此禁令而被政府和狂信的回教徒所杀害的人，当以万数计。关于此主义的出版物，自然是绝对取缔，信仰者的正确人数也无由考知。只首都德黑兰市内，据说就有2万之多。"

1932年，派珀（RF PIPER）教授在上海会见巴哈伊。雪城大学的雷蒙德·弗兰克·派珀（Raymond Frank Piper）教授在檀香山时通过日本的巴哈伊朋友听说过巴哈伊教。他在1932年12月5日从中国写信给艾格妮丝："在上海遇见三个热心的巴哈伊，这一个晚上就像是从上帝纯洁的土地呼吸新鲜的精神空气，我们有四个人，两个波斯人，一个中国人和我美国人。在物理起源，我们是三个种族，我相信其他人，在我们的愉快的晚上在一起，与我不同的种族起源的差异我们意识到深刻的感觉团结和礼让我们是在把上帝和兄弟情谊带给人类的伟大事业中的同志精神之一，我在我的日记里写道，'这是一个欢乐和光明的夜晚'。乌斯库利先生在我的签名上写道：'今晚是我生活中最好的夜之一'。曹云祥博士写道：'五大洲都是兄弟'。苏莱曼尼先生写道：'荣耀不是他爱国的人，而是爱他的人'。艾格妮丝·鲍德温·亚历山大小姐，被授予圣辅，阿博都·巴哈称赞她的努力。"

由于儒特的联系，北京发表了阿博都·巴哈的语录《偏见要戒》（《法政学报(北京1918)》1924年第3卷第5期，第2页）。

现在看到的一个小册子有两个版本，一个是1924年山东济南道院出版的《哲报》刊登的《巴海的天启》一文，此文和前边《巴海（BAHAI）的天启》不完全一样，增加了以下的内容：

巴海的天启

《哲报》1924年第3卷第5期

约五十年前,巴哈欧拉曾命各国的人民建设世界的和平,并曾欲依正义的法庭召集各国到国际裁判的圣餐会(THE DIVINE BANQUET OF INTERNATIONAL ARBITRATION)里,解决各国间的国境问题并国家的名誉、财产、利益等问题。

另外则是1934年上海大同教出版社出版的巴哈伊协会编著,H. C. WAUNG译的《巴海(BAHA'I)的天启》,两个版本有所不同。

10、有关儒特的其他文献集锦

在儒特来中国到各地演讲之前的1921年，出现了一个详细介绍巴哈伊文明的《巴哈之建议》，和李佳白的波海会演讲内容一致：

巴哈之建议
（上海1921年）

本会一致建议，对于人道世界以增进经济、社会、宗教之统一为宗旨。

巴哈对于战争之趋势

本节所谓趋势，非赞助战争之谓，不过为巴哈公民之义务，作一提纲挈领。盖自爱好和平之合众国，竭图良策，而为弃好寻仇、恃强怙恶之敌国所迫，不得不出于战，实冀夙怀正道，不至摧残民胞物与之心，有所发展也。

首创巴哈建议之人，巴哈有拉（编者按：即巴哈欧拉），贡其规律大端之一如下：在各邦或各政府之中，有本会之存在者，本会当以忠诚、信义、敦厚报政府。

以上三端绝无模棱之词，理固甚著，究其义，不过忠于政府，酬其保卫之功而已。巴哈建议注重和平。和平云者，其基在于巴哈有拉之巨划，即所谓人道之一贯也。

40余年前，本会现首领益打巴哈（编者按：即阿博都-巴哈），尝著《回文化之潜力》，其要旨可译示如下：

战争为和平之基，破坏为建设之母。譬如元首宣战于强敌，或为人民家邦之结合起见，则昂昂骐骥，具毅力决心者，不难腾跃咆哮于赛勇之场。质言之，即战争所以调和平之佳音也。故震怒不啻慈惠，裁制不啻持衡，而称兵即和好之源也。

历史上不乏明证，以证前言之不谬。益打巴哈复实其言，以答本会对待敌人之问，其义可知矣。

巴哈有拉普通之规律，在赦宥仇敌，洵足为人类正确之标准。然有时公道可持，必赖施为。譬如吾仇贸然至吾室而伤我，我固可宽宥之，苟行不利于汝，我必当有以阻之矣。进而言之，使我不克，竭力以护汝，则我不特于汝伤负责，犹有恣愿仇敌之罪焉。

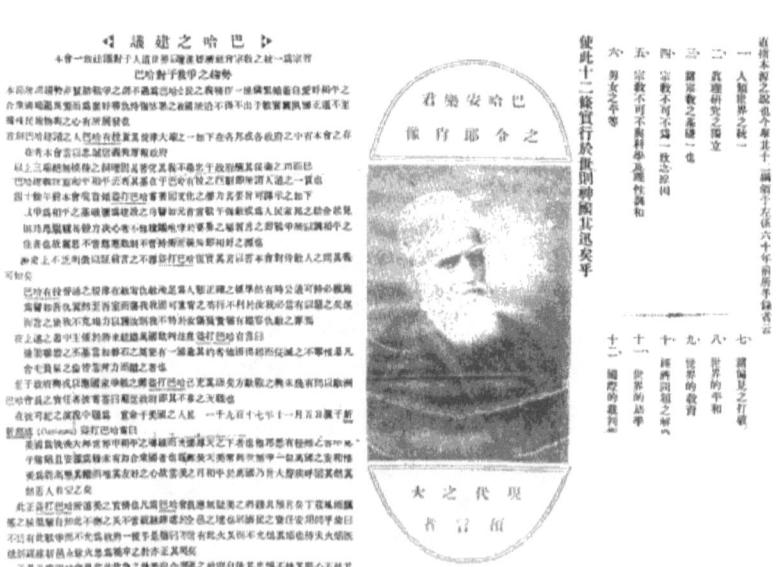

在上述之书中，主张于将来组织万国裁判法庭，益打巴哈有言曰：

强固联盟之丕基，当如盘石之奠，使有一国逾其约者，他国当起而征灭之。不宁惟是，凡含生负气之伦，皆当并力而蹴之者也。

至于政府兴戎以应国家争战之需，益打巴哈已充其语矣。方歇战之兴未几，有问以欧洲巴哈会员之责任者，彼答曰，服从政府即其不移之天职也。

在彼可纪之演说中，题为《宣命于美国之人民》，1917年11月5日演于辛勒那底(CINCIUNATI)，益打巴哈尝曰：

美国为泱泱大邦，世界中和平之导线，而光烛溥天之下者也。他邦悉有桎梏之苦。不见于险陷且安谧为雅，未有如合众国者也。谨谢昊天，美常与世无争，一似万国之安和，惟美为能，高悬其帜，而推其友好之心，故当美之召和平于万国，乃世大声疾呼，回其然其然，吾人日望之矣。

此正益打巴哈所道美之实情也。凡为巴哈会员，应无疑美之将践其预言矣。丁兹风雨飘摇之候，渠辈自知此不测之灾，不讨祝融肆虐于全邑之境也，则全民之责任，安用问乎？倘曰不信有此战争，而不允为政府一援手，是犹曰不信有此火灾，而不允熄其焰也。待夫火焰既熄，则谋建新邑。永除火患为补牢之计，亦正其时矣。

于是，凡为巴哈会员，当此危急之秋，悉向合众国之政府，自陈其忠，悃不挫其坚心，不移其厚望，灭此空前绝后之大灾之日，即力征经营之故局消散之时，而所谓自由、公正、群策互持之新猷，若旭日之方升，以为宗教之精神，人类之巩基，放一异彩也。

巴哈安乐（即巴哈欧拉）者，波斯人之现代大预言者也。自受默示，有过化存神之妙。七十年间，得信徒十数万人。欧美人士亦闻风而应之，以其为教，平实至公，无一毫居见。据一神而合百教，融万国而为一家，即理想之理想，宗教之宗教也。包犹太、天方、拜火、基督、天主、佛、印度、儒等诸宗教理，兼伦理、哲学、社会主义、神秘学等各种学理，其言曰：东星、西星，光光不二；此园、彼园，花花同春。可见其直指本源之说也，今举其十二纲领如左，系六十年前所手录者云：

一、人类世界之统一

二、真理研究之独立

三、诸宗教之基础一也

四、宗教不可不为一致之原因

五、宗教不可不与科学理性调和

六、男女之平等

七、诸偏见之打破

八、世界的平和

九、世界的教育

十、经济问题之解决

十一、世界的语学

十二、国际的裁判所

《申报》1923年12月23日第4版报道《巴海教宣传者儒特女士到沪今日在商科大学演讲》，并且配有儒特照片：

提倡宗教大同、宣传大同胞主义的巴海教，系发源于波斯。宣传未及70余年，大有遍及全世界之势。在欧美各国，信徒早已遍地。美国芝加哥城且有大规模之巴海教堂建筑。……女士负宣传该教主义于东亚各国之使命，特自美国远涉重洋，来中国作巴海主义运动。女士在北京勾留六月，曾作多次之演讲，各报均揭载颇详。继至天津、济南、曲阜（原文叙府，疑为"曲阜"之误）、南京、苏州（应为徐州）各地演讲，亦备受欢迎。到沪后曾应郭秉文博士之请，在上海商科大学演讲。女士现寓本埠昆山花园A十二号，电话北六十三号，凡有意研究巴海教者，可随时相约晤谈云。

而后《申报》1924年1月11日发表《儒特女士演讲记——演讲世界语之重要》：

昨日下午3时，上海世界语诸同志，借法租界国语专修学校开欢迎美国儒特女士大会。兹将女士演词略记如下：

余得与诸君相见，甚喜。在席诸君，均有力之人。将来对于世界语之提倡，定有成就。贵国旅居敝国之人，为数不少，余辄与之交往。今日即将对于旅美华人之常谈布之于诸君之前可也。美国诸名人，除外交家外，多与贵国人民亲爱，推而广之，则全世界之人民，无不互爱，所少者一使其引起互爱免除误会之工具耳。工具缘何?世界语是也。今请先述世界语发明人柴门霍甫，诸君已习世界语，当亦素悉。柴氏居住小村，幼而聪慧，能操数国语言。彼知无统一之语言，则辗转翻译，愈去愈远。终不免发生隔阂与误会。于是决计创造一人造文字，彼与其同学惨淡经营，制成今日通用之语根。（按：世界语有语根一种，永不变化。）其时，柴氏遭世人嘲骂，不知若干年，而柴氏终力行无倦，以底于成。余足迹遍数国，犹忆5年前，在巴西见其大小各校，无不有世界语之教授。即其地之报纸，亦多用之。后到埃及，亦见有多校编入课程。往岁至日本，晤世界语学者4000余人，东京大学并用此专门学校为尤著。后余至济南，即以北京学者之热度，告之济人。或者济南人闻风兴起，将来亦如北京提倡之盛，亦未可知。贵国明年有许多学生，留学吾美。如熟谙此语而至其地，充当教师，亦可得钱以充学费云云。后又述纽约、伦敦、荷兰、匈牙利、法、意、芬莱（芬兰），各国提倡世界语之盛，及巴海(BAHAI)教之内容，闻者咸大欢忭，掌声不绝，至5时许，始摄影而散。

《申报》1924年1月11日：《世界语同志欢迎儒特女士13日举行》

美国新闻记者、北京世界语专门学校教授儒特女士MISS.MARTHA L.ROOT，近因宣传巴海教来沪，本埠世界语同志订于十三日（星期日）午后一小时，假南洋桥国语专修学校开欢迎会，届时女士将有演说，题为《世界语为世界补助语》，据女士对人言："波斯大教育家巴哈欧挨（拉），从六十年前曾致书各国政府，要求选择现存语文，或另造一种语文作世界公用语，此后全世界学校里只须学二种语言即可，一即祖国语，一即世界通用语，ESPERANTO无论从何方面看来，却有当做世界通用语的可能性，故不可不加以研究。人类到现在决不能再孤立，因欲与各国接近，各国之语文当然要学，然若知一种可和各国交通的世界语，则愈可方便，ESPERANTO自从产生以来，不过三十几年，而各国学者已以千万计，寰球大会已开了十多次。东西洋各国均派有代表与会，进步非常迅速，至于各国怎样加入学校科程，以及他的内部精神等，于是日当详细再说。"另有译员译成华语，并当场分赠小册子，往听者无须入场券，再儒特女士现住昆山花园A字12号云。

《华光日报》1924年1月14日：

儒特女士讲演世界语之重要

昨日下午三时，上海世界语诸同志借法租界国语专修学校开欢迎美国儒特女士大会。

兹将女士演词略记如下。

余得与诸君相见甚喜。在席诸君均有力之人，将来对于世界语之提倡定有成效。贵国旅居敝国之人为数不少。余辄与之交往。今日即将对旅美华人之常谈，布之于诸君之前可也。美国诸名人除外交家外，多与贵国人民亲爱。推而广之，则全世界之人民，无不互友爱。所少者一使其引起互爱免除误会之工具耳。工具维何？世界语是也。今请先述世界语发明人柴门霍甫，诸君已习世界语，当亦素悉。柴氏居住小村，幼而聪慧，能操数国语言。彼知无统一之言语，则辗转翻译，愈去愈远。终不免发生隔阂与误会。于是决计创造一人造之文字。彼与其同学惨淡经营，制成今日通用之语根（按世界语有语根一种，永不变化）。其时柴氏遭世人之嘲骂，柴终力行无倦，以底于成。余足迹遍数国。犹忆五年前在巴西见大小各校，无不有世界语之教授。即其地之报纸，亦多用之。后至埃及，亦见有多校编入课程。往岁至日本时，世界语学者四千余人，东京大学并用此专门学校为尤着。后余至济南，即以北京学者之热度告之济人。或者济南人闻风兴起，将来亦如北京提倡之盛，亦未可知。贵国明年有许多学生，留学吾美。如熟谙此语而至其地充当教师，亦可得钱以充学费云云。后又述纽约伦敦荷兰匈牙利法意芬来各国提猖世界语之盛。及巴海BAHAI教之内容，闻者咸大欢忭。掌声不绝，至五时，始撮影而散。

《华光日报》1924年2月25日：

女子法政

（上海）爱多亚路女子法政学校，昨日春季始业，午前十时行开学典礼，并请美国著作家世界和平运动者儒特女士演讲世界和平问题，校长及主任教员报告，校董沈宝昌训词，即由

儒特女士講演記

昨日下午三時，上海世界語學校開歡迎儒特女士大會，到會者除學校同志暨法前界名人之演說，布之於儒君之脑矣也，「余與儒君相見，至有喜，在那請君，均有力之人，都头對於世界語之提倡，並有成效，我國際語國之人民，除外交家外，老與貴君人民現愛，懂諸君之語，則全世界之人民，無不互要，所少者一候其語之擔制，布之於諸君之脑矣也」云云。儒君於是詳細論進一人造之文字，彼奧其同志德倫寫，創為先進世界語發起人樂門查甫君已習語有話揭（種永不變化），其時柴氏竭力行無倦，以底於成，足通國歌國，病歷五年前，在巴西見其大小年校，無不有世界語之教授，創其地之報紙，亦多用之，後至坡，亦見北京編入課程，後至日本世界語專門學校為教授，後余至德，以北京學齊之熱度，告之諸人，或者謂南人閉風與咖，後來亦如北京慣僑美可知，賣國幼年有許多學生，留學於此者，後英國年有許多學生，留學於此者，其後翻譯約倫敦劇之雾亦可得緣以無費雲云，後叉通譯約倫敦勾芽利法言芥木各國揭倡世界語之盛，及「海Bobs」教之內容，闻者成大歡仰，閒儒佛成大歡仰，散而散。

《时报》1924年1月11日9版

《时报》1924年1月14日10版

儒特女士世界語講演記

昨日下午三時，上海世界語學會同志在寧波旅滬同鄉會舉行歡迎儒特女士大會於寧女士演講略記如下，余得請君相見，在席諸君，均有力之人擁護於世界語之提倡，定有效，「余與諸君之相見，美與貴君人民现爱，除外交家外，余與貴君人民現爱，懂諸君之語」儒居住小村，勸創世界語之工具儒何，茲譯如左，一便其引起互要恐懼獨人之感情，布之於諸君之脑，余與世界之人民，除外互交家外，一種英語力计，亦未不暇也其時儒居住人之語根，請先述世界語發起人樂門查甫氏居住小村，勸創世界語之工具儒何，在席諸君，均有力之人擁獻不少，金藏世界之人民，除外交家外，勸創世界語之工具儒何，請先述世界語發起人樂門查甫氏居住小村，勸創世界語之工具儒何，茲譯如左，一便其引起互要恐懼獨人之感情，此實為也；於是決計創造一人造之文字，彼奧其同志德倫寫，即柴門查甫，官界秦泰，所謂柴氏也，今此其人民，除外交家外，「某氏竭力遺世人之諸根」，（彼世界語一種永不變化），其時柴氏竭力行無倦，以底於成，足通國歌國，病歷五年前，在巴西見其大小各校，無不有世界語之教授，即其地之報紙，亦多用之，後亦見北京編入課程，後至日本世界語專門學校為教授，後余至德國，以北京學齊之熱度，告之諸人，咸謂諸人人閒風與咖，亦可得緣以無費雲云，後叉通譯約倫敦勾芽利法言芥木各國揭倡世界語之盛，及「海Bobs」教之內容，闻者成大歡仰，散而散。

《民国日报》1924年2月25日

儒特女士演讲(词长从略)，并有来宾舒蕙桢、陈家鼎先后演说，直至十二时始茶点散会。闻本学期报名入学者甚为踊跃云。

《时事新报》1924年2月26日：

儒特女士定期演讲——27日在青年会

四川路青年会定于本月二十七（星期三）晚八时，请儒特女士讲演，闻该女士立愿遍游世界，宣传世界语。各国通都大邑，足迹所经有精切之演讲。凡关心世界语及欲瞻女士风采者，均可携眷听云。又该会与青年协会合组俱乐部一所，联络感情，敦睦友谊，昨日假航海青年会开第一次聚餐会，邀请名人演讲、席次并讨论进行方针、及寄来之事业云。

《民国日报》、《时事新报》1924年2月29日：

儒特女士宣传世界语

本埠青年会前晚八时，聘儒特女士演讲世界语之紧要，略谓世界语为革除世界障碍之利器，增进人类亲善之起因，盖人生光阴有限，世间事业无穷，苟欲遍学各国语言，则虚靡光阴牺牲事业，亦为事势所不能，况各国固有之学问，且多未能精研，即从事职业者，何能遍学各国语言，革除人类障碍，再欲指定一国语言为世界语，则中国人必欲以中国语言为世界语、英法国人亦欲以英法国语言为世界语，果使某国语言实行世界，则世界人类咸将争趋某国，商贾货其市，行旅出其途、是又非公允办法，于是有所谓世界语者，不偏不倚，任何国人均可学习、且祗须六个月即能毕业，即能与各国人会话。其便利为何如乎？虽然世界语非欲革除各本国有语言而代之，乃各国一致以此为辅助语耳。鄙人虽到处宣扬，然足迹所至，往往已有人习学矣。如欧亚各国，或在大学设有附课，或专校宣传、可见爱司伯穰陀已为世界各界公认其为世界语矣。深愿诸君、已学者精加练习，未学者从事研求云云。该会干事钮立卿（上海青年会代总干事，交际部干事，上海文化界名流）等聆讲之余，遂发起组织世界语班，附设于青年会内，当时赞成者十余人，非会员之加入者六七人，昨已着手筹备，并请该会干事张疾侵为教授。

《时事新报》1924年3月12日：

汉口11日：美国新闻记者儒特生九日到汉，定十二日在青年会演讲世界和平及学生责任。

《时事新报》1924年3月29日：

儒特女士赴香港

美国新闻记者儒特女士，已于二十七日午后乘法国公司PORTOO号赴香港，女士对人云，此次先赴香港，后到广州，作宣传世界语演讲云。

儒特拜会孙中山的时间报导略有出入，一说是1924年4月3日，如《广州民国日报》1924年4月4日：

美国女记者之游粤

美国新闻记者儒特女士，来粤游历，演讲巴海的主义。兹闻儒女士，昨午12时曾携带美国必智市长及该国工商部长介绍函，晋谒孙大元帅（编者按：孙中山），陈述其关于世界和平之意见，并希望大元帅以中国和平民族的领袖地位，指挥世界和平之运动。大元帅极为嘉许，畅谈至一小时之久，始握手约再会而别云。

而《华光日报》1924年4月6日，则是说4月4日：

美儒特女士抵粤（四日广州电）

美国女记者儒特抵粤，昨与本报记者谭一小时，本日谒大元帅，专运动世界和平，持《巴海的天启》册，分赠各界。

《广州市政日报》1930年9月23日第11版发表"罗德女士演讲专号"：

一、介绍罗德女士　廖崇真
二、国际新教育　罗德女士讲　赵邦荣译述
三、世界语运动　罗德女士讲　廖崇真译述
四、什么是巴海PALAI运动　罗德女士讲　廖崇圣译述

介绍罗德女士

廖崇真

九月四日，廖崇真先生，偕美国女记者罗德女士到台参观，并拟借本台作播音演讲。相见之下，甚相得也。廖先生现任建设厅农林局副局长兼农业课长，对于本省农林建设，擘制独多。此次女士来台演讲，均由先生任劳招待。九月七日，女士演讲"世界语运动"，蒙先生担任传译，尤为鄙人与听众所深

同感谢！先生与罗女士相识，已有八年之历史，常能稔知女士言行。故本台于发刊"罗德女士演讲专号"之际，特荐廖先生作介绍辞焉。

伍楫舟（民国）十九，九，二十二。

罗德女士，美国女记者也。学问深博，其言行尤足感人。生平游历世界，不下十数次，遍访欧洲各国元首，与罗马尼亚皇后尤相友善。女士尝语余云"吾最爱者，实有三国：即中国，美国，德国是也，此三国人民气度伟大，酷爱和平，国民性相同之点极多云。"罗女士周游世界之唯一宗旨，即为宣传巴海尔教义。其教旨即化除一切宗教，国家，及种族之界限，破除一切迷信，而以仁爱之精神，科学之功用，以解除人类之痛苦，促进世界之大同。一九二二年，余在北美念书时，始闻此教义，私心窃谓："与吾国儒，释，道，一家"之旨相近欤！我国素无宗教界限，此实为中国人之优点。然人类不可以无道德及精神之训练。此广博浩荡之精神，或能适应于我国之需要乎！一九二三年冬，余束装归国，道经纽约，访故人韦理浩君，君谓罗德女士将赴中国，嘱予为之招待。余以道经大西洋，横渡巴拿马运河，需时颇久，至一九二四年春，始抵家门。行装甫卸，罗女士即至。当时余曾为之传译，并偕同趋谒孙总理，颇蒙总理嘉许。旋女士又启程赴欧；余亦赴奉。至今六载，又复相遇于广州。女士尝谓吾粤进步之神速，政府及人民之努力，深信中国前途之伟大云，本市无线电播音台编辑伍楫舟君，嘱余述女士行状，愧无以报，谨缀数言，以为介绍云尔。

国际新教育

美国罗德女士讲　赵邦荣译述

十九年九月六日下午六时四十分，在广州市政府无线电

播音台演讲

亲爱的中国朋友！

我带给你们我们美国人民和欧洲各国友人精神上的敬意。我到各国去是旅行，著作，演讲的，此次到中国来，并没有什么政治上或军事上的作用，我是对于你们的教育工作和世界和平的理想，感到兴味。我希望用我一些小小的力量，在国际的谅解上做些合作的工夫。

我或者可以告诉你们，我在别国讲到你们的情形。我向他们说，我们国里有一位政治家JOHN HAY[2]新近说："在社会方面，政治方面，宗教方面，能了解中国的人，是执到了未来5世纪的关键了。假使西方人以为中国还是睡着的，那倒不是中国人，倒是我们自己正睡着呢。"在这里占全世界四分之一的人口，有四万万三千万以上的人民。你们都受到那光荣的世界大哲孔子和平的教训。同时当六年前我在这里的时候，那时新文化运动正是蔓延全国，许多青年男女对我说："在你回去的时候，告诉西方的青年，说我们愿意和他们携手做那世界和平工作。"你们都希望和平，孔夫子善诱了你们，我从没有见过一个中国人不是孔子的信徒，你们名震天下的先哲说得好，"四海之内皆兄弟也。"

我想告诉你们，我的导师ABDUL BAHA ABBAS(即阿博都·巴哈)所说的话，他是世界和平的工作者。他说"假若中国变了一个军国主义的民族，她将改变世界的版图。"因此，他

---

2. 约翰·米尔顿·海伊(JOHN MILTON HAY，1838年10月8日—1905年7月1日)，又译海约翰，美国作者、新闻记者、外交家、政治家，曾任亚伯拉罕林肯总统私人秘书和助手，后于威廉·麦金莱和老罗斯福时期任美国国务卿。在对华事务方面，反对列强划分势力范围，主张"门户开放、利益均沾"的政策。在担任国务卿时，海约翰 (JOHN HAY)氏有"美国所收庚子赔款原属过多"之语，一方面分向美当局劝请核减，一方面上书清廷请以此款设学育才。对于清华大学建设有贡献。

非常敬爱中国的人民，在有一封信中，他这样写，"中国呵！中国会接受我主巴哈欧拉的意志，一定要去呀！谁是神圣高洁的光明的使者，得做中国的导师哟！中国人民是最忠实的真理祈求者，无论哪个导师到中国去，第一应该浸淫了他们的精神，明白他们神圣的文学，研究他们民族的文化，同时用了他们的语言，站在他们的立场上，对他们说话。他不应有自我的邪念，总要想到他们精神上的利益才是。在中国能教导许多灵心，训练这类神圣的人格，他们每个人会成为人道世界的明烛的。真的，中国人是一些没有奸诈伪善的病根，而宣示出那种理想的信条。假使我还是健在，我得将会自己到中国去旅行一次。中国是一个有希望的国家，我们希望那种适当的导师会奋发到这广大的国家去，散布这神圣文化的原则呀。"

这个可祝颂的中国，当我们西方人在地上还是野蛮人的时候，已经有许多文化在交流了。她是具有了深刻和敏捷的智慧。那些在事业上能胜过你们中国人的，是了不得精明的人了。

我世界各处都到过，但是我从没有见到世界上再有比中国人这样有智慧有教化的人类的。你们中国不是摹仿的人，而都是"真正的人"呀！在我们那里当赞赏，某个人的天才的时候，总说："他就是正的一个！"你们是不尚空论的人民，你们爱护你们古有的文明，你研究她系存最好的下来，你们研究西方文明适应了你们的国情来应用。你崇敬学术。在西方我们也是这样的。

这样，亲爱的东方朋友们，我请求你们，我们不能就携手起来做那国际谅解、国际教育的工作吗？这样，这种可憎的东西歧视是可以消除了，这样，在思想上世界是一国！我们都是一个园里的花朵，一棵树上的枝叶！

ABDUL BAHA ABBAS提出一条路使世界教育产生的，就是在世界各大学中要读相同的学科，各个伦理的基础是同一的。然后国际间相互交换大批学生，有一年或两年的研究，而后再回到本国去读毕业。他说这样扩大互相交换学生，可以多多促进世界的谅解和人类的一致了。

　　你大概喜欢知道经济问题新的解决方法，这方法可以为了真正贫穷者的教育上和安宁生活上得到钱财，这些教训并不是他自己的，是他父亲BAHU LLAH所指引的，他要每一个城市，每个乡村有一处中心库藏，是为钱财的来路，那最贫穷的不用纳税，所有捐税应以进款作比例，富的应纳较高的捐税，至少要比他们在美国所纳的要高得多些，我不知道你们捐税是怎样的，再有一切牲口都要纳一种税务，同时地下三分之一的财富，如，金，银，铜，铁，和其他，应该归给那中心库藏，再有倘然一个人死了，既无遗嘱，又无亲属，那么他全部财产应交到这中心库藏去，一切无人要的所发觉财宝是送到这中心库藏。库藏还有种得钱的方法，他说当这种计划试行以后，人们与现在比较起来，将见到教育是如何的进步。使人们都成了高超的男女，于是他们自己也会捐赠给那库藏了，从这些捐款上，手头的钱是预备为教育的。倘然为父母能够教育他们子女，他们一定要交费，倘然不能，钱就从这中心库藏去领，因为每国中每个小孩子都应该为了他的生活的预备而认真地教养的。当教育那正轨上成了普遍了，人类将改变了，世界会成天堂了。

　　教育应该是一个快乐的历程，BNHAULH说："教那对人类有益那些教材，不独是那些自始至终的东西。"人种应生存。要舒适地生存。各人应得舒适的享受。每个小孩应教他一种技能或职业，这样社会上每个人使他能自己谋生，同时服务人类。

不管以前有多少战争，ABDUL BAHA ABBAS这个二十世（纪）纪念着到那世界永久和平的运动，完成（为）那世界解除戒备。在西方有一个国家我很知道的，在几年以前将所得的百份之九十三的钱，用在军事准备上了。其余百份之七的钱，百份之三是用在教育上的。试想假若世界和平实现了，将这样大的一笔现在用在军事准备的钱，用到了教育上和帮助贫穷者上面，这世界将怎样好呀！

现在真正有教化的男女少得实在不可设想的。许多是具了错误的成见，荒谬的见解，不正当的观念和不良的习惯，从小就受到这样的训练了。能有多数（少）人从小得受到以全心敬爱上帝，将他们的生命献给上帝呢？又有多少人是以服务人类为他们生命的至高目标呢！或者为了大众的幸福而发展他们的能力的呢！实在这些都是良好教育的要点呀！

我觉得在你们中国到了一个新的时期了，在你们的教育制度中，你们是努力在发展真理和智慧。仅仅死记着那些数学，文法，地理，语文等等东西，在产生伟大的有用的生命上，是较少会有效力的。教育不单是知识的传授，应该要鼓舞那新的较高的文化的创造呀。

亚布都尔巴哈曾有一个，我们大学专门学校教育应有的很好的目标。倘然他的理想可以使其实现，那时预备战争的军队，是很少用得到了，更用不着现在什么监狱和反省院一类东西了。他说：世界上的大学以及各种专门学院，对于教育的实施，所谓标准的，应该有三个主要原则：

一，全心为教育而服务的。此义甚广，简言之，如自然界神秘的探讨，科学范围的扩大，协作单位，普及教育的方面，提高人们的良知与消弭社会各种的罪恶就是这个意义。

二，为学生而服务的，这个意义，就是奖掖那有为的青年，使他们得到教育方面的充分发展，博爱观念的养成，人生美德的培植。

三，为社会而服务的。务使各个学生本能地觉得他是人类的兄弟，而绝对无所分别于种色之界的，家里的母亲，学校的教员，大学的校长及教授，应该将这些原则的精神，尽量的灌输到青年们的脑海中。我到了中国，见中国的妇女，得有良好教育的，殊属不少，并且能参与国内各种进步事业，实在可喜，宇宙循环会证明此后两性方面文明的要素，要比以前会平衡起来了。男人决不会明白他们将来会变成怎样，除非全世界的妇女能和他们受到同等教育，因为为人母的对于天才的影响比为人父的要大，她是人类的保姆呀。ABDUL BAHA ABBAS以男女为人类的两翼。人类是决不能高飞，除非这两翼是生得适当而平衡，世界上全部教育应该给妇女受到才是。

我再重说一句。现在新的自由的学校，他们是在将个人的集团活动加以愉快的适应，代替那旧有的呆板的班级了。学校成了一个小的社会单元，张扬个性，伸展自治互助的精神。以合作精神和真正伴侣精神取代了竞争的精神。孩子们不再受到教员单独意志的专制支配了。这里是（种）下了一个社会改良的种子了。因为能自治的人，才是走上和平之路的人，那是在那种人类专门想征服他人的世界所得不到的，这种征服思想是太陈旧了。新时代需要新理想。这理想就是服务！另一个方法能使国际互相谅解的就是提倡一种世界通用的语言，你我的责任是要请愿国际间的领袖、要他们召集一个国际语言学专家的会议，这个会议中或者选择一种现存的语言，或者创造一种公认的语言出来，然后供给各校学习。这样世界各学校都教两种的语言，一种是本土的，一种是世界的通用的语言，我学会了世界语，因为照我所旅行过的各地，对于这种自然通用的语言，多数国家是赞美的。

国际世界语大会，刚在英伦牛津举行过，你们中国也有代表出席，在瑞士日内瓦世界语国际大会中，我听到你们广东的代表，WONG KEMM博士（原编者按：即黄尊生博士，现充国际世界语中央委员会驻远东代表）的演说，他不但有高明的演说，同时他使四十二国的人民都爱慕中国了。单是柏林一处有三十个世界语学会，当时我向他们演说，他们用二十五块钱租了一所会堂，注销了大的广告，请我去讲中国问题。他们决定我的一半演说词用世界语，一半用英语，然后将他全部译成德语，我告诉他们世界语在中国进步的状况，以及你们教育上的运动。

你们知道在德国法兰克福，有一个中国团体，专门是介绍中国文化给德人的，以及联络两国人民好感情的。他们有许多关于中国艺术哲学的讲演，他们欢迎中国人到他们国里去。

我们正在一个新世纪降临的时期，要使人们的文化达到最高的进步。我们需要世界的教育，世界的语言，和世界的和平，人类大同，倘然我们不负起这种理想，将她扩布开来，那谁将选这种工作呢？

结束之前，我要到这里（感谢）无线电台的主持先生，和各位中国明友。我最后用世界语来向大家道一声再会。我慢慢地说，试着各位能明白她否。GIS JA REVIDOKARAJ GE-FRATOJ!

这意思是："亲爱兄弟姐妹，等我们再见罢？"现在让我再用世界语来说一遍：GIS JA REVIDOKARAJ GEFRATOJ!

世界语运动

罗德女士演讲　廖崇真君译述

十九年九月七日下午六时四十分
在广州市场政府无线电播音室演讲

朋友们！今夕鄙人觉得很欣幸，可以与诸君谈及世界语运动。

世界语实为一种人造语，由欧洲数种语根杂合而成，文法极简单。只需数日之时间，即可明白；六个月之内，即可讲及写，当余六年前在上海时，曾向五百世界语学生演讲，演毕有一青年起立云：余学世界语只需六月，即能操语纯熟，而余用六年时间练习英语，尤不及六月之世界语纯熟也。此人操世界语极缔熟。

六年前，余在中国，见中国青年，对于世界语运动，有极大之兴趣。北京（北平）首设世界语专门学校，（民国十二年）实贵国无上之光荣。在日本多数大学校均有世界语一科。

美国在一九一八年，纽约商会已开始教授世界语。我有一部纽约导报，曾登载，很长的论文，希望国人共同研究，并将世界语列入中等以上学校课程内。纽约德克旬中学，曾有一年之实验，将学生分二部：甲部授全年英语；乙部授以半年英语及半年世界语。及学年考试乙部成绩胜于甲部。世界语课程在我国大城中定期以无线电广播。

当余在南美巴西京城时，我出席一世界语会议，会中出席五百余专家。该会长虽为一工程师，然彼亦教授千余学生。出席者多数为教员。每年全国世界语举行大会一次。若以世界语发电报，其价与用本国语相等。若以英，法，德，等国语发报则须三倍报费。在南美亚里司时，余曾参观七处世界语函授学校，因此该地乡人得在家自修世界语学科。在英伦牛津剑桥二大学、世界语则列入选科。该地商会亦以世界语为国际贸易工具。世界语国际大会，每年举行一次。然在东方从未行之，若得在粤举行一次，此项国际会议，实良机也。

德国领导国际世界语运动。柏林一城已有三十余世界语学会，多数警察，亦为世界语学者，肩上悬有绿色星光为记。

法国可居其次，然其他欧洲各国，世界语学者亦颇多。

余曾会见捷克斯拉夫总统马沙克时，余询其对于民办语之见解。马氏谓："余十分赞成此项人造语言、深信若一国中如沙士比亚，雪萧，哥德华，能以此项语言作成诗文，则更妙矣。"

余曰："鲍多教授，一瑞士著名著作家诗人，偶谈话及此事，彼谓：余能以世界语直接作成诗文，与本国文字等无异。"

总统马沙克说："余甚喜闻有此说。余一定尽力促进世界语，如世界语能助世界之和平。"

（如有人欲赴欧旅行，观察欧西文化，如彼能操世界语，实为一大助力。）在欧洲二十余国有世界语代表，广东亦有世界语代表。如欲函达此种代表，彼等即赴车站欢迎，待你如兄弟。因此种人实有友情者。——世界语实为兄弟之语言。

贵国学者得用世界语介绍中国文化于世界。盖以前的外国学者，深知中国语言者甚少，故不易介绍，然今中国之世界语学者，可利用此种语言译述本国各种文学，贡献于世界。如是世界各国学者，得赏鉴中国文学矣。

我等今日将得一世界新纪元，盖国际联盟已觉国际统一语言之需要，并推出委员会讨论此事。该报告，则以今之世界语为最宜。无线电家及电影家，均注意及世界语之利用。

我等应提倡世界语之主因在实现世界和平，除此以外，别无善策。因此为沟通东西文化及一切隔膜之利器。

余词将毕，余深信诸君此后将感兴味于此而自加研究，并尽力促进此项国际语言。多谢播音台主事及各位听众。

最后余引巴海所云世界语名言，并直接以世界语说出——

亚布都尔巴哈说："这个世界的最大事业之一，厥为一种辅助的世界语言之实现。因为语言统一，足以熔举世于一炉。语言统一，足以消除各宗教间之一切误会。语言统一，足以使东西两方的民族凭着亲睦和友爱的精神，合而为一。语言统一，足以使分歧的种族联成一家。这种辅助的世界语言，将必使一切种族团结一室，一若五个大洲均已化而为一。因为到了这个时候，各洲的民族自然能够互相传达其思想，而无丝毫障碍。国际或世界的辅助语，势必把一切愚昧和迷信扫而空之。因为到了这个时候，一切儿童，不论其属于何国何族，均能致力于科学，和艺术之研究。盖他们此时所须学习的语言，不外两种：其一则为本国语言，其一则为国际的辅助语言。

"到了这个时候，这个物质的世界，便会变为精神世界的表现，到了这个时候，种种发明，势必纷纷出现；科学的进步，势必一日千里；科学化的农业，其成功亦必既广且大。因为到了这个时候，天下万国，既然无一不以此语言而去表达其思想，那么他们领略各国或各族所表达的思想，便自然敏捷得多。"

什么是巴海BAHAI运动

美国罗德女士演讲　廖崇圣译述

十九年九月十日下午八时在广州市政府无线电播音台演讲

中国的朋友们：

六年前，当我到广州来的时候，我很侥幸，而且觉得无限荣幸。能够（与）你们的留芳百世的国父孙中山先生相见，当时，我和他谈及"巴海运动"的世界大同主义，他觉得非常有趣。他教我回到纽约的时候，马上把两本"巴海运动"的著述寄给他。同时孙先生又告诉我："我对于提倡世界和平的主义，均异常注意。我若能够促进或实现世界和平，我就是牺牲自己的性命，也是非常甘愿的。"孙先生是我生平所认识的空前理想家之一，同时我深信列位听众也是理想家，而且对于一切提倡精神友爱和国际谅解的运动也乐于研究的。

因此，此次鄙人能够在播音台上把巴海的教旨向大家略述一二，心里觉得无限愉快。下星期二，我打算到香港大学把这个问题讲述一遍，同时又请该埠的播音公司，把演辞传达于全港民众。

"巴海运动"到底是什么？他就是以在人间创立一种真宗教，和促进世界和平为目的的运动。巴海的天启是这个时代的精神，他是近百年来一种高尚理想的精神。"巴海运动"是有史以来最奇伟的宗教，和社会运动，他是切实统一宗教的方式；他贡献一种最实际的计划，以为实现世界和平的张本，"巴海运动"表明科学与宗教是没有冲突的，同时他又以科学的方法证明死后的生命。从这几句评论当中，可知巴海的宗教决不是和世界各教争雌雄；世界各教实在已经把人弄到四分五裂，这个宗教再不愿意增加什么无意识的界限。

"巴海运动"是纯粹的大同主义，他是人文主义的宗教，不久即将凌驾于耶，犹太，回，佛等教以上，姑勿论我们信之与否，他的确是逐渐广播于全世（界）。"巴海"这个名辞，在波斯的语言里面，含有荷光者（LIGHT BEAPOR）的意思，而"巴海运动"则简直有光明之运动的意义。至于这个名辞的来源，则简直是取自该教鼻祖巴哈欧拉之名，现在我打算请我的翻译者将"巴海运动"的历史略述一二，然后再和大家继续讨论。

八十多年前，当东西两方均努力从物质和无神主义的黑暗时代挣扎出来的时候，"巴海运动"即应运而生，他的目的，就是保证一个新时代的出现。

一八八四年五月二十三日，一个热情满胸的波斯青年，名叫巴普（这个名字含有知识之门的意思）大声疾呼，谓他的使命，是介绍一个伟大世界教训者之诞生，此人的使命，是兴奋我们的灵魂，照耀我们的心灵，统一我们的良心和改善我们的风俗的，经过六年百折不挠的热烈宣传，和受尽无数穷迫之后，巴普遂于塔布里士当众殉教而死。殉教的时候，刚刚是一八五零年七月九日。

经过这种准备之后，"巴海运动"的基础，是能够由巴哈欧拉（这个名辞含有造化之荣光的意思）建立之。他的个人及社会革新的大同主义，乃在其受着有史以来的残忍的窘迫时候启示出来的。巴哈欧拉，把这种佳音向东西两方宣传，声称圣灵于我们需要的时候重复降临，使人道得以复兴，同时，一个较大的新纪元亦已宣布开始，所谓新纪元简直就是友爱，和平和认识造化的新时代。

当时，一般暴厉的反动势力相继向巴哈欧拉及其信徒大施攻击，结果他们便被该地当局囚困于德黑兰，他们的财产和公权均被剥夺，继而又被放逐于巴格特，君士担丁堡，和亚得里雅那堡等地。一八六八年，该地当局为处以极刑起见，竟把巴氏终身监禁阿卡的寂寞凄凉的兵营里。

巴哈欧拉的长子亚布都尔巴哈自幼即愿与其父同受此苦；亚氏受困于阿卡者凡四十载，直至一九零八年，因为土耳其的青年已成立，一个人道主义的政府之故，方获省释。巴哈欧拉于一八九二年便死了。自从他的父亲死后，亚布都尔哈便终身为"巴海运动"效劳，并以该教的领袖和解释者自居，因为他的信仰之热烈，生命之纯洁，精神之不倦，与夫智慧之无穷的缘故。这种使命，在他的鼓舞之下，于是能够逐渐深入世界各部之中，现在他的孙子淑海伊凡地（即守基·阿芬第）在巴力斯坦（巴勒斯坦）的海法地方居住。已经变为这个主义的保证人了。淑海伊凡地本人也是一个三十岁的青年，在贵国的大学里也有不小学生寄信给他，请他到中国来宣示这种教义。

　　巴海的教旨是值得研究的。而且诸君也可以拿一二关于此等宗教的书籍独自研究，看看此等理论是否解决现在的世界问题的良方。许多统治者，政府，和无数民众对于这种主义，也予以详细的研究。在日内瓦居住的欧洲著作家查理波道因教授，在他的当代学术里面说道"我们在西方的人，倘若完全不晓得这种发源于东方的奇伟精神运动，则简直可以说是惭愧无地了。"现在且请我的翻译者把这种主义的原理告诉大家：

（一）人类之平等，

（二）真理之独立研究，

（三）各宗教的根本基础是同一的，

（四）宗教必须为人类联合的原因，

（五）宗教必须与科学及理论相符，

（六）男女平等，

（七）一切偏见必须废除，

（八）世界和平，

（九）普及教育，

（十）经济问题之新解决，

（十一）共同的世界语，

（十二）国际的裁判所。

　　我现在恐怕不能够把这般教义逐一讨论了，然而，我们若是注意经济的状况，那么这里也未尝不能够，把亚布都尔巴哈的说话引述出来。在我的意见，诊断经济的病理，恐怕再没有别的理论好像亚氏那样明了；同时补救的方法恐怕亦以下面所引的第二段的理论最为明了了：

"以实在或未来的贫乏意念为基础的恐慌，每每把人们的灵魂逐渐压到物质的自然界里，一任'为生存而竞争'的法则所支配；既受这种法则的支配和俘虏，灵魂的奋斗则反受无限之缚束。因为为生存而竞争之举，每每使此灵魂的势力，与彼灵魂的势力相冲突，而势力的分离则简直弄成两败俱倾之局。是以今日之科学，和发明，本来是未来的大同世界的先驱，而且又豁然证明一种实体之存在——这种实体的法则，就是合作的精神，惜乎世人竟把这种真理完全败坏，因此，今日的科学和发明竟直变了人类前途失败之大大的隐忧了。

"损害人类的病魔，厥为仁爱和利他主义之缺乏。在人类的心灵当中简直绝对没有什么真正的仁爱之心，而他们的感情除非受某种势力之影响而使团结和仁爱的精神一致发达，则我们人类简直是无可救药了。"

这种教义之所谓友爱和真爱，简直是使美国人能够对于中国的同胞们说，我是中国人，而中国人也能够向美国的同胞们说，我是美国人，因为亚布都尔巴哈教训我们道："你应该实行和一切人类做兄弟了！"同时巴哈欧拉也说道："这种宗教，是从行为，不是从言语，表达出来的。而且他们的行为，倘若不能够胜过他们的言语，则其死亦胜其生。"

亚布都尔巴哈在巴黎演讲时，对于东西两方，曾作以下的评论："在今日的时候，东方则需要物质的进步，西方则需要精神的理想。最妙的办法，就是西方则向东方求得精神上的启示，东方则向西方求得科学的智慧。我们现在必须这样交换礼物。东西两方必须互相结合并且以有易无。这种结合，必定能够造成新的文化，从此精神的文化，便能够从物质的文化中表现和实行出来。从此彼此交换，则最大的调和必将胜利，一切人类必将统一。最美善的状态必将实现。人类当中必有极大的团结。而这个世界必将变为一个明镜，把苍天的神法反射出来。

"我们东西两方的国家，必须朝这一方向，以求这种高尚理想的实现，以造成天下一家的佳象。到了这个时候，一切心神均觉无限愉快，一切心眼，必将放开，最奇伟的能力，必将授予我们。而人类的快乐，从此必将普及于全世界，这就是降临世界的天堂。到了这个时候，于荣光之国里面，一切人类势必群趋于统一或大同的天幕之下。"

亚布都尔巴哈说，这般巴海的教义，倘若能够阐明于中国的一二哲人，他们便会自行传之于他们的同胞之中，我晓得中国对于一切世界大同的教训，都是极端注意的。例如历次在西方举行的世界和平会议，中国代表未尝一次缺席的。宣传这种大同主义，恐怕没有别个国家比中国更为适宜的了。一个很好的教育家说过："我相信凡是信赖三民主义的人，同时也会信赖这种巴海主义的，因为两种主义都是彼此相同。而孙先生本人从前亦注意这种主义。

关于言论机关之为普及智识和教育群众的重要工具一层，这里也打算略述一二。巴哈欧拉说"言论机关是普及文化的势力。"

"到了今日，这个地球的神秘，已经显露于我们的眼前，而俄顷间出现的报纸，则确然是世界的明镜；他们把列国的行为和动作显示于众，他们把列国行为表明和宣布于众。今日的报纸简直是赋有听觉、视觉、和演讲能力的明镜；他们就是一种奇伟的现象和重大的事情。

"然而作者和编辑的责任必须破除一切自私和贪欲的蒙

蔽，而且须赋有公平和正义的美德，他们对于种种事实，必须加以详细的考察，以期得到真正的事实，及得以按实记录，有价值的言论和真理是凌驾乎一切位置和等级之上的，他们好像东方的旭日一样，从智识的天涯逐渐高升。"

末了，我现在恭敬地向播音台主任和诸君致谢，当我和大家告别的时候，我的临别赠言就是：诸君如果能够研究这种主义而见诸实行，那么你们便是巴海的真信徒了。

中国文化与巴哈伊教

儒特

巴哈伊运动正开始给中国这一拥有五亿人口的伟大国家带来崭新的面貌，中国今后的所作所为将会对世界上每个国家产生影响。可以这样说，如果这个占世界人口四分之一的国家变成一个军事大国，则会主宰整个文明世界的沉浮；如果中国坚定地实行巴哈欧拉的普遍原则，中国就会在一两个世纪之内促使出现崭新的梦寐难求的国际合作。一九二四年当我在广州拜见孙逸仙博士时，这位新共和国的不朽之父，"中国的华盛顿"，带着极大的兴趣聆听巴哈伊教义，他要求送给他一些巴哈伊的著作。这是位伟大的理想主义者。他的雄才伟略不是基于竞争，而是以合作为基础，其最终目的便是世界和平。

这位伟人逝世五年后的一九三零年九月，笔者再次踏访广州时，有幸见到了广东主席陈铭枢阁下。陈主席原是中国的一位著名将军，多次亲临前线，出生入死。这是位具有远大眼光深思熟虑的人。他告诉我说，"前两天你送我那本小册子之前，我原对巴哈伊运动所知不多，读了这本小册子之后，我认为巴哈伊是个预言家，中国现在正需要预言家，这种教义起码可以使中国和其它每个国家获益极大。没有任何一个国家比中国更适合接受这些教义,因为中华文明的基础便是世界和平。当前我们正处于严重的兵荒马乱境地,可是当中国恢复和平,我们与其它国家地位平等之后,中国将会在所有的国际事务中取得她应有的地位。"

陈铭枢主席尽管百事缠身,但仍然抽空视察学校,并向学生们讲话,这一点很像孙逸仙博士。陈主席熟知哪些学校最先进,哪些教师观点最开放。没有一个人比他更清醒地意识到没有任何力量可以使中国实现和平,唯有理想才能最终战胜。

在上海期间,笔者又一次高兴地见到了前清华大学校长(即庚子赔款留美预备学校)曹云祥博士。曹云祥博士是中国最热心的教育家之一,同时又是著名的中国事务撰稿人。同他谈起中国文化与巴哈伊运动的关系时,他杂以其它,综合谈论道:"分析一下中国文化便会发现,东方的哲学家们遇有忧虑时便深入自反省。巴哈伊运动是种深自反省的新方式。巴哈伊的教义为他们提供了他们正在寻求的帮助。中国,实际上整个世界此刻都正在呼求灵光。人们当前对巴哈伊教义以及解释这些教义的书籍显示出极大的兴趣,其原因就在于此。既然有需求便会有探索,因此也就会有满足。这是一种伟大价值的新预言,它正在解放人们的思想,促使人们活跃起来,使得宗教在解决世界性难题时更加具有能动性。对于这一切都有一种需求,中国的有识之士都认识到了这一迫切需要。我们已经不可能再回到原有的陈腐不堪半死不活的教义中。巴哈伊的这一预言提供了一种新的理想,不依照它,世界便行不通。各种旧的宗教会不断地挣扎下去,直至这些宗教消亡。它们大概从来没有达到接受这种教义的目的。整个世界会不断地沉沦下去,直至喝到了最底层的沉渣,然后才又会再次浮起,中国社会一直都是这样。一些年的多灾多难之后,就会出现某位统治者或圣贤,于是社会就有数百年的进步。之后又会故态复萌,旧病复发。然而现代中国已经经受不起旧病复发了。孟子本人就曾教喻过，每五百年必有王者圣人或改革者兴。"

曹博士说道，"巴哈伊这些教义放之四海而皆准，为这一新世纪提供了教育经济和社会问题的解决办法。不仅中国，而且全世界都需要这些教义。而因为中国的领导人们现在正在黑暗中求索光明，所以中国尤其需要这些教义。"

他继续说到，"我有时候问我自己，中国人民会怎样对待这些教义？在东方各民族中，有些民族对待宗教的严肃程度远远超过西方或中国，近东和中亚的人民把宗教视为命根子。这些民族为了宗教可以不顾一切。我的问题是中国人民会像近东各民族那样严肃地对待巴哈伊运动吗？根据以往的历史，如果没有政府或某位君主的鼓励，中国人民很少曾经这么热切地对待过宗教，根据现代中国新统治者们的情况看，他们已经学得了很多很现代化的西方思想，所以现政府及其领导人还并没有试图用宗教运动来帮助解决中国的事务。然而在解决这些国内事务中，他们并没有取得预期的迅速进展。因此，严肃的思想家们和正致力于深刻反省人类心灵并正在从精神上帝处寻求精神指导的领导人们，不妨借鉴并了解一下这一来自巴哈欧拉的新预言的价值。因为这一新运动不但满足了当今之需要，而且还为人类的未来提供了一种理想。在彷徨之际，中国人民可以在此看到一线灵光。"

曹博士现正大力协助《巴哈欧拉与新纪元》一书的中文翻译版的出版事宜。这是一本由J.E.爱斯莱蒙德博士撰著的西方书籍，书中论述了巴哈伊运动的历史和教义。

前交通部长叶恭绰谈道："常识像一条线一样贯穿于中国的漫长历史中。这一常识清楚地说明，为什么中国的普遍理想是世界和平。中国的思想家们为了大量的文学作品，谴责战乱。中国对其它国家从无野心。所以，一旦中国把自己国内的事情处理好了，中国就会随时准备按照中国固有的传统的思想和道德在物质和人类精神方面与全世界合作。"

我在首府南京外交部长王博士（编者按：王正廷）的办公室拜见了王博士。当我问起他关于中国对世界和平的目标时，他回答说："我们从来不是一个侵略成性的国家，这一点有我们四千年的历史事实作证。我们一直从事文化及和平发展，蒙古人好战，中国人却并非如此。如果我们自己有什么美好的事物，而全世界需要它，我们愿意让全世界共同享有。可是我们从不把我们的风俗习惯和法律强加于其它民族，我们从来没有征服过日本，也从未企图征服日本，可是他们却采用了我们的书面语言和我们的文化。"我用比较的方式谈起了法兰西革命，说到与中国的千万大众相比，尽管法国如此之小，却还是用了一百年的时间才恢复和平，王博士说道："现在时代不同了。中国用不着一百年就可以在自己的国土上实现和平"。

中华民国政府法律顾问保罗·林白格博士在南京我的旅馆下榻处拜访了我。他说到，他和已故的孙逸仙博士共同工作了十八年，后者的伟大目标便是世界和平。保罗·林白格博士被国立中央大学授予法学博士学位（在这所年轻的大学里这种荣誉至今只授予过另一名中国人或外国人）。我在南京逗留的一个星期里，他告诉我说："你们巴哈伊教徒在中国最受欢迎，我们很高兴看到你们把巴哈伊教义介绍进来"，教育部长蒋梦麟曾于一九一二年在加利福尼亚的州立大学里学习过，并在哥伦比亚大学获得博士学位，之后一直专门从事教育。他说，自一九一一年辛亥革命以来，曾数次出现过两个政府，可是教育却从来没有崩溃过。在整个这段时期中，有关教育的行政命令可以送达国内任何省。由于这时在外国传教士中有一股很大的宗教狂热。因此我便问起蒋博士有关在学校中教授宗教的情况。他回答说:"就公立学校而言,目前在这些学校中没有教授宗教的情况,这和美国的做法相同,但是我们又作了进一步的规定,包括私立学校在内,不管何人所建,个人也好,社会或宗教团体也好,初中以下的学校不得教授宗教。然而,高中以上的学校,这指的是师范学校和各类大专院校,由于学生的年龄已大,可以独立思考了,所以许可选学宗教课程。但老师们不得强迫学生听课,这些传教士们太过分了,我们的做法比起有些国家来要宽厚多了。"

我送给了蒋博士一两本有关巴哈伊宗教的书籍,我们畅谈了巴哈欧拉的教义以及新式大学教育应该是什么样,所有的伟大教育家对这些教义感兴趣,这些教义证明了曹博士的说法,即巴哈欧拉的教义为解决人类教育,经济以及社会问题提供了新的方法。这些解决方法在前所已有的各种宗教中都从来没有提出过。中国的各大专院校像西方各大专院校一样,允许教授这些教义,他们的国际俱乐部也安排了更多的讲座,笔者曾于十月六日在南京国立中央大学向数以千计的青年学生们作了根据巴哈欧拉有关新式大学教育的计划而准备的题目《新时代的国际教育》的讲座,该校校长(郭秉文?)曾致信说:"我们衷心邀请你为我们作场演讲。"笔者在香港大学也举办了讲座,听众拥挤,气氛热烈,讲座结束之后,一位十九岁的美丽少女走上前来问道,她怎样才能在新加坡她的故乡城市里弘扬巴哈伊的目标,人们告诉我说,这位少女是香港大学里最有才华的女生之一。一旦她从事任何毕生的事业,她都会把这项事业进行得灿烂辉煌。

中国人民绝对不会有任何偏见,他们随时准备探求真理,广州市广播电台的台长说中国人民会对这些普遍原则表示极大兴趣。该电台播出了三次有关的讲座,《广州每日新闻报》在一九三零年九月二十三日出版的报纸中用了整整两个版面的首页副刊登载了阿博都——巴哈的照片和介绍。这两个版面的详细内容分别为：(1)访问广州纪事；(2)在电台上曾播出过的《新式大学教育》讲座；(3)《作为世界辅助语言的世界语》；(4)广播讲话《巴哈伊运动有关知识》。

在香港电台播出的该场讲演次日上午便被六家报纸全文刊载。

另一方面，西方世界却可以得益于考察中国文化的根源并扪心自问，中国的伟大文明是否含有可以对国际合作做出贡献的成份。中国亲身目睹和经历过许多朝代的兴盛和衰亡。中国产生过自己的发现者和发明家、美术家、哲学家、诗人和学者。当我们这些西方人还处于生活在平原高地上的野蛮状态时，中国就已经在公元前五百五十一年诞生了自己的伟大圣人和预言家孔夫子。孔夫子教诲人们，中庸之道在于克己复礼籍之以修心养性，从而达到治国平天下。他还教诲人们，四海之内皆兄弟也。

一位作家说道，根据重农主义学派的观点，"孔夫子施教的全部目的在于恢复人性，这种人性原本光辉灿烂，无限美好，系由上天所赐。但是由于世俗的愚昧无知和贪婪欲望，这种人性已经变得模糊不清，黯然失色了。因此孔夫子谆谆告诫国人服从天命，敬畏上天，友好睦邻如同自己；不可随心所欲，己所不欲，勿施予人；欲施予人，则须名正言顺。非礼勿行，非礼勿思，非礼勿言。"其精髓部分现在仍然未能做到，还需要在天下大众中提倡。孔夫子的大任就是引导世人乐天知命，返璞归真，中国在没有遵循孔夫子的教诲期间所遭受的一切灾难与西方在没有按照耶稣基督的教义去生活期间所遭受到的各重灾难如出一辙。这些伟大的预言家和圣人贤哲们——巴哈欧拉即是其中的一位，一代又一代地降临世间"复活宗教"。这些圣人先知们的教义凭籍上天的伟大创造力，规劝人们改邪归正，使之翻然悔悟。

　　今天清晨六点钟，正当我结束这场沉思冥想的时候，此时此刻在上海，我亲眼看到了巴哈伊教义将来能够造福于中国的象征，凭高窗眺望，我看到乌云在笼罩着中国，笼罩着大海，笼罩着扬子江。天看上去仿佛是暗夜之日，无比阴霾，然而此时此刻在那邪恶可怖，缓慢移动的黑暗后面，一轮巨大的光环正在冉冉升起，那笼罩大地的乌云正渐渐地，无奈地从视野中慢慢消失，不可思议地缓缓融进那白昼之美妙中，一轮红日熠然跃起，光芒四射！如此天光，势不可挡！今天终于阳光明媚，所有的黑暗已成过去并为人所忘却。巴哈欧拉正像太阳一样出现在中国的思想家们面前。这些思想家们在清晨等候一个新纪元的破晓之时，瞥见了真理之太阳！

上海《大同教月刊》1931年1月29日

11、农学家廖崇真在圣道上的奉献

儒特在中国的巴哈伊朋友，除了曹云祥、北京世界语专校的同事，廖氏四姐弟是交流最多的。

在早期中国巴哈伊教信徒里，廖氏四姐弟是不得不说的人物。他们是姐姐廖奉恩、廖奉灵、弟弟廖崇真、廖崇圣。他们的父亲是著名的廖德山医生。

廖德山医生，广东番禺人。1869年（清同治八年）生，他本人毕业于博济医院。该医院是清朝末年由美国传教士在广州长堤开设的。廖德山和孙中山均为该医院的毕业生，并在该医院加入基督教，属于浸信会的华人教士。该院成为民国时期著名的百年医院，后改名为中山医学院第二附属医院。廖德山和孙中山交往深厚，据廖德山的二女儿廖奉灵的儿子杨明先生说：孙中山曾经送给廖德山一张一寸的像片。用毛笔书写"德山同学仁兄惠存。孙文赠"。这张相片传给了廖奉灵，她珍藏了50多年，直至1981年送广州博物馆保存。（杨明：《永不停息的奋斗——忆母亲廖奉灵》，李齐念主编《广州文史》第67辑，广州出版社2008年，第242-243页）。

有材料说廖德山生有18个子女，个个成才，其中多位成为学校的校长，但现在能够落实的是十个。其中名气比较大的就有廖奉恩、廖奉灵、廖奉基、廖崇真、廖崇圣、廖崇国等，他们大多就读于岭南大学（美国美北长老会海外差会于1888年创立的一所不隶属于任何教派的基督教大学，即今中山大学），并先后到美国留学。回国后，廖氏姊妹兄弟多在省、港、澳任教，因此，其妻子季氏有"校长母舰"之称（赢父《珠水长流：记忆中的广州耆英会》，金羊网 2006-02-12 16:40:33）。

廖崇真一家的四姐弟与巴哈伊教有很深厚的交往。

廖崇真（1897-1970，Chan S. Liu），1915年第2届远东运动会在上海举行，岭南学堂廖崇真、郭琳爽等6人入选。1919年，廖崇真乘坐南京号轮船从香港启程来到旧金山，转赴康奈尔大学学习。他在康奈尔大学第一次接触到巴哈伊，和儒特出于同门的罗伊·威廉（另外的说法来自梅森·雷米和基思·兰瑟姆·凯勒，他们都说是通过儒特成为巴哈伊）将这一信仰介绍给他。根据记载，他还参加了几次米尔扎·阿布-法德勒的演讲。1920年，廖崇真正式成为一名巴哈伊。

巴哈伊信仰宣扬的世界大同、两性平等以及科学与信仰和谐共存的理念深深打动了他。

1923年，廖崇真回到广州并担任中山大学农学院院长，同时他开始担任公职，于1924年以广东省代表的身份成为在广州成立的第一届国民政府的议员。1933年就任广东省蚕丝改良局长，为恢复和发展广东蚕丝叶做出较大贡献。王月华在《广州日报》2015年1月15日发表《80年前广东有小额贷款助贫》，肯定廖崇真是力推平民教育、蚕丝业改良、小额贷款方面的伟大实践家。

1924年他促成著名巴哈伊记者儒特与孙中山的会面并担任翻译。据廖崇真记载，孙中山了解巴哈伊之后同样宣称这一信仰与中国之所需密切相关。

在康乃尔大学求学时廖崇真就将人类一家、所有人乃"一树之叶，一树之花"作为追求理想，将"消除人类偏见与歧视"奉为毕生理念，认为"在这个饱受战争之苦，全球陷入经济萧条的时代，人很自然地开始思索生命中更深层的问题。我们能否减轻这个世界的苦难？与其将七成多的收入用于军事储备，是不是应该将更多资金投入教育和其他建设项目？通过现代科学的发展与进步，人类应当有能力使其自身摆脱古老的苦力以及自然条件的束缚，然而不幸的是，我们的道德规范与理念仍然停留在原始状态"。他实践巴哈伊的行重于言的思想，踏踏实实埋头苦干，为广东的蚕农培训，发放小额贷款，"蚕农聚集一堂，作公开之演讲，对于作业改善各问题，可提出讨论，有困难处，则共同解决，有优良处，则互相砥砺"，为开启民智，他觉得应该抓女性教育，女性在蚕丝业的作用就可以发挥，"舍曾受蚕业教育之女子，孰能优为之？"最终研制出了制丝一担可省成本百元的优质蚕种，他兴办了冬期蚕业讲习所以及半夜女工训练班，凭自己的点滴之力，扎扎实实推进乡村女子教育。巴哈伊强调科学与宗教并行不悖，提倡推动科学发展，廖崇真认为"通过现代科学的发展与进步，人类应当有能力使其自身摆脱古老的苦力以及自然条件的束缚，然而不幸的是，我们的道德规范与理念仍然停留在原始状态，结果它并没有从这些发明与发现中受益，为确保世界新秩序的创建，人类必须经历心理上的转变"（《80年前广东有小额贷款助贫》，大洋网-广州日报2015/01/15，原文网址：HTTPS://READ01.COM/NN2DJR.HTML）。

大姐廖奉恩是第一个去史密斯学院的中国女子，也是哥伦比亚大学的教育硕士。她回到广州后担任宋庆龄的英文秘书。于1924年任教广州执信中学新高中，担任代校长，1937年任校长，在岭南大学董事会任职。1924年4月11日，廖奉恩写信对儒特说：我想向你保证，在你在广州的短暂访问期间，你为巴哈伊事业播下的种子，在适当的时候，将会带来千倍，你肯定给我的宗教生活带来了新的动力，我在巴哈伊教义中发现，我迄今为止所追求的其他东西是徒劳的，我觉得既满足了智力的要求，也满足了心灵的渴望，巴哈伊运动呼吁我，因为它是一个运动。为了摆脱各种偏见，不利于精神和思想上的各种思想，以善意的精神，迎接新时代的普遍兄弟情谊。

二姐廖奉灵，1903年生，1994年去世。1910年入岭南大学附小学习，次年受到孙中山的教诲："你长大了要为国家做大事。"后考入岭南大学。1924年毕业，授文学士，与著名思想家陈荣捷同学。曾任教于培道女子中学，粤华中学（见（薛维维主编《中国妇女名人录》，陕西人民出版社，1988年，第512页）。后来，廖奉灵和其他中国留学生在美国密歇根大学学习的时候，在那里遇见了儒特，通过她成为巴哈伊。1931年，在回中国的路上，她在日本的横滨停留了几天，在那里她遇见了艾格尼丝·亚历山大女士和一些日本朋友。艾格尼丝·亚历山大回忆说："当她的轮船在横滨港口时，廖小姐来到了东京，和我们一起度过了一个晚上。这是一个特别愉快的时刻，因为当晚我们举行了巴哈伊的会议，在这个中国年轻女子和日本的朋友之间作了精神的团结。"1939年1月，她写信给儒特，说她现在负责一所拥有300名学生的正规学校，她经常想到和她"鼓舞人心的个性和正试图在全世界传播巴哈伊的原因"。当圣辅基思·兰瑟姆·凯勒（Keith Ransom-Kehler, 1876-1933）夫人在1931年访问广州时，她被廖奉灵邀请留在这对年轻夫妇的房子里。1931年基思·兰瑟姆·凯勒还在上海电台应邀介绍巴哈伊信仰。

廖崇真的文章《中国人对巴哈教的观点》出现在1932-1934年的《巴哈伊世界》。著名的美国巴哈伊旅行家基思·兰瑟姆·凯勒（Keith Ransom-Kehler）夫人于1931年8月访问中国。尽管气质与儒特根本不同，但她具有类似的能力来吸引对巴哈伊信仰的兴趣。在日本的船上，她遇到了钟可托议员，并且与他深入讨论了巴哈伊的原则。1931年11月，如上所述，钟可托贡献了曹云祥译《新时代之大同教》的序言。苏莱曼尼（AM Suleimani）汇报：我们上周有一个非常美好的时光，基思·兰瑟姆·凯勒太太从日本到澳大利亚的路途中经过上海，在我们当中有一天，在日本等地提供了巴哈伊活动的令人瞩目的消息。基思·兰瑟姆·凯勒在上海广播电台公开演讲，并与知名教育工作者和官员会面。从澳大利亚的报章宣传中，我们知道，她曾拜访曹云祥和廖崇真。

拉巴尼夫人在《无价的珍珠》第13章谈到这位基思·兰瑟姆·凯勒圣辅：

基思·兰瑟姆·凯勒（Keith Ransom-Kehler）夫人是一位美国信徒，她能力卓著、品格出众。她作为一名朝圣者来到了海法，守基·阿芬第便决定派她到波斯去。在成为巴哈伊之前，她是一位基督教堂的牧师，也是一名激昂而雄辩的演说者。圣护让她在海法待了好几周，在此期间，圣护对她简要介绍了波斯的情况，同时希望她能够为信仰在那里获得更大的自由和哪怕些许的认可贡献力量。尽管由于沙阿拒绝接待兰塞姆·凯勒夫人，导致圣护托付给她的使命没能实现，但是圣护特使的这次访问仍然对波斯的巴哈伊社团产生了历史性的影响，因为她受到了圣护关于建立教务管理体制的悉心指导，而且，她让这个时常遭遇威胁、一直受到压迫、有时十分冷漠的社团意识到了摆在自己面前的未来使命。然而，就像埃斯尔蒙特博士一样，兰塞姆·凯勒夫人——这一刚刚拿起的工具也从圣护的手中被夺走了。1933年10月28日，圣护致电美国道："在巴哈欧拉的祖国，凯勒把她珍贵的生命贡献给了挚爱的圣道。在波斯的土地上，她遭遇了黑暗势力；但是为了波斯的利益，她凭借卓越的品格、坚强的意志和始终不渝、堪称典范的忠诚，勇敢地向其挑战并与之斗争。众多无助的波斯同胞为突然失去他们杰出的解放者而深感痛心；美国信徒感激、自豪地缅怀他们第一位卓越的殉道者。与这样一位极为宝贵的合作者、始终如一的顾问和备受尊敬、忠诚不渝的朋友在尘世诀别令我深深地陷入悲伤之中。我对她的离去表示哀悼。敦促地方灵理会组织追悼会。她的国际服务使得她成为了巴哈欧拉的圣辅中的杰出一员。"她的离世是波斯的巨大损失，却也成为了美国的伟大收获。

兰塞姆·凯勒夫人去世后，守基·阿芬第毫不吝惜地赋予了她诸多的荣誉，而这些荣誉正是这位特使所应得的。她自己的话也反映了这一点，这些话是她在波斯期间写下的，当时的她已经强烈地感受到了她在首要任务上的失败，她写道："尽管我从未动摇，但我失败了。付出了几个月的努力，到头来却一事无成，这是我必须面对的结果。如果将来有人对我这段遭遇挫败的经历感兴趣，那么在我疲惫苍老的身躯倒下时，他一人便可以判定，我距离那看似坚不可摧的讨好与冷漠的高地是近还是远。今天，战斗的硝烟密布，让我无法确定自己是在向前走，还是倒在了途中。世界上的任何事情都不是没有意义的，尤其是苦难。牺牲有它固有的痛苦，它就像一个微生物，一个有机体。人可以破坏尘世种子结出的果实，却无法破坏牺牲结出的果实。我一直觉得，一旦牺牲的种子被种下，它将在永恒的沃土中绽放。我的牺牲将会结出一朵非常普通的花，也许就像我从巴尔富鲁（Barfurush）的市集采撷到的娇小的勿忘我一样，它是在库杜斯的鲜血浇灌下长成的；如果我的这朵小花有朝一日映入了某人的眼帘，那么，但愿似乎正在徒劳奋斗着的他，能以守基·阿芬第的名义捡起这朵小花，并作为美好的纪念珍藏起来。"

像基思一样，廖崇真的巴哈伊事业，也得到守基·阿芬第（巴哈伊信仰圣护）的大力支持和指导。1933年，廖崇真与守基·阿芬第开始通信，询问他如何最好地服务于信仰。圣护要求他集中精力把巴哈欧拉的作品翻译成中文。几年来，他设法翻译《大同教隐言经》（1937年在广州出版）和巴哈欧拉的其他著作。他将《大同教隐言经》印了2000本，在他的一封信中，他写道："巴哈伊信仰非常广泛而深刻，是救恩的指南。它的价值是无限的。巴哈伊信仰强调不要在讲道上练习。我真的相信，巴哈伊信仰是今天世界的争端和建立新世界基础的补救办法。

1936年11月30日，廖崇真向儒特写道：他在翻译文字方面取得的进展："我期待着我能把我所有的时间都用在巴哈伊文学翻译成中文的那一天。翻译有很大的收获，我们国家需要这个。"圣护在1936年1月，邀请世界各地的巴哈伊青年共同庆祝巴哈伊新年。为了表明巴哈伊青年之间的国际团结，1936年在巴哈伊新年举行了第

26次区域性会议。会议在北美和欧洲、亚洲的10个城市，伦敦，巴黎，汉堡，海德堡，亚历山大，巴格达，卡拉奇，波那，广州和东京举行。希望参加国际庆典的廖崇真宣布，通过报纸公告在广州的亚洲酒店举行会议。十个陌生人是他的客人，并形成了一个研究小组的核心。每个会议的代表都签了一封信，内容如下："亲爱的圣护：今天，巴哈伊年轻人正在国际会议上庆祝另一个巴哈伊一年的典礼。与世界各地的教友团结一致，我们增加了为巴哈欧拉事业服务的新决心。基于我们所有努力的思想是，由你的愿望和你的祷告和我们信任的刺激所引发的，我们可能会升到你自己生活的例子，清楚地指导我们的努力高度。愿巴哈欧拉的话语在我们心中生根，通过服务和学习准备，通过考验丰富，通过他的祝福不断滋养的土壤而获得能力。"而在1937年8月10日，廖崇真写道："你给我的赞美，恐怕我不配得。巴哈欧拉是全世界的希望，在这个备受战争摧残的世界，我们所能做的只有信仰祂。我的时间很紧张，只有每天早上在上班前做一些翻译工作，我为信仰所做的这微不足道的贡献在你面前不值一提。"

廖崇真继续与圣护接触，他寄上他本人及其家属的一封信。守基·阿芬第在阿卡的巴基大厦的一个房间墙上挂着廖崇真的肖像。廖崇真于1938年搬到香港，成为第一位在香港居住的中国巴哈伊。1940年，他离开香港，回到大陆为桂林广西省政府工作，当时桂林尚未受日本控制。1944年，廖崇真回到广州，直到1949年才离开汕头地区，与家人一起搬到香港与廖凤基姐姐在一起。但怀着最后一个孩子的妻子，与孩子们一起返回广州。廖崇真跟着她回到广州，几个月后，因为他的生命有风险，他只带着很少的东西回到香港。在那里他待了三年，然后航行到美国。在美国，廖崇真继续翻译工作，他还访问了威尔梅特的巴哈伊灵曦堂，并与该市的巴哈伊接触。1965年，他的女儿搬到美国。从未见过父亲的女儿在纽约首次见面。从1949年直到他去世，廖崇真都没再见到妻子和所有其他孩子。16岁的大文搬到芝加哥与叔叔廖崇国待在一起。大文回忆说："他告诉我，他发现巴哈伊对上帝的解释更加正确：上帝是不可理解的本质，远离人类的理解，他也喜欢巴哈伊信仰的普遍性，这是包容和开放的，他从来没有强迫我，他只是分享了他的信仰，我只是一个青少年，但我记得，在他访问芝加哥的一次访问中，他陪同我参观了巴哈伊的灵曦堂（Wilmette, Illinois），这是是一座壮观的建筑，最终成为我当建筑师的灵感。"（Liao Chongzhen - Wikiwand, wikiwand.com）

弟弟廖崇圣成为著名记者，担任"中山日报"编辑和社长，随后迁往美国，在美国之声工作。儒特1930年在广州广播电台演讲巴哈伊文明时，他充当翻译。

廖崇真说：1920年，我还是康奈尔大学的学生，第一次听说了这个信仰，这个信仰的美丽和伟大给我留下深刻的印象。我认为，以上我概括出的新纪元创建的所有要素，都包含在巴哈伊信仰中，此信仰也符合古今最美好的理念。回国十年来，我始终相信这些是最值得遵循的原则，并将最终拯救人类。对于那些尚未认识的人，我将引用八十年前巴哈欧拉定下的12条原则（《巴哈伊世界》1932-1934卷，第645页）。

1932-1934年的《巴哈伊世界》上发表的廖崇真文章
《中国人对巴哈教的观点》

其姐廖奉灵（Liao Feng Ling）与孙中山也很熟。也有人认为巴哈伊传导者儒特从美国到达中国后，由廖奉灵引荐给孙中山，孙从儒特那里得到了巴哈伊教的小册子。孙中山从小册子当中看到了大同思想，表示非常赞赏，他说这种思想与中国的儒家大同思想非常符合，非常适合中国。但可惜的是，孙中山见了儒特之后不到一年就去世了，所以之后也没有了记载。

巧妙的是孙中山去世之后，其陵墓南京中山陵暗含了巴哈伊文明的密码。孙中山先生去世之后，中山陵的建筑设计师吕彦直先生非常聪明地把巴哈伊的理念体现到设计之中。吕彦直祖籍山东东平，出生于天津，1911年进清华学堂，1913年考取清华学校留美生，入读康奈尔大学建筑系。此时胡适也在该校就读，后来的廖崇真也是在该校就读，康奈尔大学是巴哈伊在美国传播最早的地方。吕彦直把巴哈伊文明崇尚的七、九和十九，巧妙地运用到中山陵设计里。陵墓建筑在山坡上，用392级石阶相连。392是7的倍数，是7的56倍。石阶中缀以8个平台，坡度逐渐加大，视角不断变换。由博爱坊望祭堂，仰角为9度，至碑亭望祭堂，仰角为19度。（严伟珉《南京中山陵设计者——吕彦直：只活35岁，终身未娶》，上海农场知青网）7、9和19，都是巴哈伊崇尚的数字，7、9和19是神圣的数字，一切信仰和制度都要依这三个数字为依归。安拉有7种德性：前定、住定(宿命)、意定(决断)、意愿(意志)、允准(应允)、末日和启示，安拉由这七种德性来主宰世界。而人相信世间一切事物都由安拉预定和安排，按照安拉的旨意去行动，也就成为该教派的基本信仰。要掌握自己的命运，就必须相信安拉，相信安拉所派遣的新使者，相信新天经《默示录》。灵曦堂是九个门。而要理解安拉启示的深奥意义，也必须崇信神圣而吉利的数字19，从此出发，该教派规定，每年为19个月，每月为19天，另有4天闰日，全年为365天。宗教领袖委员会要由19个人组成，来决定宗教和社会中的一切重大问题。因为19又是安拉本体的数量表征，安拉有19个美名，所以每天都要用安拉的一个美名来命该天的名称。此外，信徒每年要封斋19天，每天要诵读19段《默示录》。吕彦直是不是借鉴了海法巴哈伊花园的设计，我们不能详知。

廖崇真1937年曾去信向守基·阿芬第汇报说，经过五年的审慎工作，他完成了《巴哈欧拉书简》的翻译，这是巴哈欧拉的著作首次被译成中文。

廖崇真还曾经将他翻译的《十二个基本原则》和圣护所写的《巴哈伊简史》编成小册子，并印刷了两千多份。这些译作被送到分散在中国各地的许多图书馆。他的工作受到守基·阿芬第的赞扬，他和他一家人的照片被守基·阿芬第挂在海法巴哈欧拉住过房子的墙壁上。当时他不顾战争中日本人对广东的轰炸坚持工作，在给守基·阿芬第写的信中说："在枪林弹雨中，我完成了两部重要巴哈伊文献，《巴哈欧拉书简》和《已答之问题》的翻译。现在我正要开始第三部文献——《阿博都—巴哈关于神圣哲学的评论》的翻译。我坚信世界新秩序和最终解放依赖于巴哈欧拉的准则的实现。我愿意尽自己微薄的力量将这欢乐带给我们的人民。"1939年，廖先生完成了巴哈欧拉《祈祷和默诵》的翻译。

1927年春季他回到广东，开始将巴哈欧拉的《隐言经》《世界书简》《塔洛撒特》亦称《美德书简》和《伊萨洛各特》等著作的英文本译成中文。这是所见到的最早的巴哈伊中文书籍之一部分。廖崇真也为儒特安排会见许多中国政府官员，并作翻译，孙中山就是其中一位。20世纪30年代，巴哈伊在中国一些大城市的活动日见增多，一些巴哈伊中文书籍得以出版，报刊上介绍巴哈伊信仰的文章也多了起来。但信徒的数目似乎没有太大的进展。这一时期在巴哈伊信徒主要活动地点的上海只有十名成员。这似乎与中国局势动荡多变有关。1937年，儒特从日本第四次来中国，由于日本侵略军不断轰炸，形势危急，她只逗留了不到一个月就被迫离开上海去了马尼拉。抗日战争期间，尽管环境恶劣，巴哈伊信徒的活动仍在继续。到中国共产党接管大陆政权时，究竟有多少中国人成为巴哈伊信徒，由于缺乏有关的历史资料，无法确切地统计，但相信不超过一千人，其中有一些是在海外主要是在美国成为巴哈伊信徒，然后返回中国的。

廖崇真在业余时间翻译了巴哈欧拉的《隐言经》《光华经》包括《陀利沙经》《世界经》《乐园经》《图佐理日经》和《福音经》，由朋友郑德薰、周明德润色文字，其妻孙丽淑校对，并由荣泽洸、谈桂年抄写全经，最后由叶深对全书进行校对。当时的社会闻达、一代儒将香翰屏中将为他题词"圣行真一"；教育名家、中山大学校长金曾澄以"经正民兴"题词推介：崇真先生有扶世翼教之志，译有《大同教隐言经》付之梨枣。

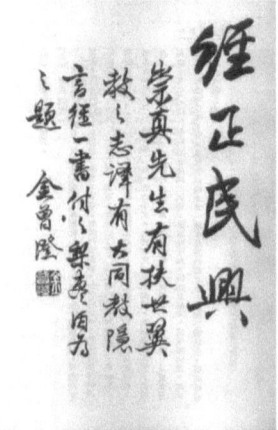 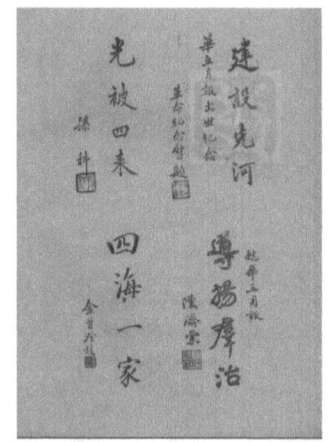

金曾澄为廖崇真的译作《隐言经》题词

这些巴哈伊教的经典后来结集成《大同教光华经隐言经合刊》出版，而所译的《释疑经》则未见正式出版的文本。

廖崇真指出：60年间博爱和拉曾命令各民族建立世界和平之基础，敦请各国参加国际仲裁之盛宴，务使各国疆界国家名誉财产，与乎国际间之利益等重要之问题，皆可由此国际仲裁机关共同解决之。

> 吾人应追忆此种伟大之教训，乃早于半世纪以前，由博爱和拉所提出者，在当时固无人能察及世界纠纷之症结所在，而作此和平运动，而博爱和拉乃能高瞻远瞩，早见及此，提出此主义而宣示于世界各国元首而警惕之，此主义乃现代精神之

所寄，洵现代之光华人类之幸福也（蔡德贵等主编《巴哈伊文献集成》第1卷，山东大学出版社2015年，第431页）！

亚历山大说：1931年7月，当法国的第一位巴哈伊基思·兰瑟姆·凯勒(KEITH RANSOM-KEHLER)在东京与我在一起时，我们有幸遇到了廖奉灵小姐，她从美国学习回到广州之后来日本。正是因为在密歇根大学见到儒特，廖奉灵小姐非常欣赏巴哈伊。她批评由于"现代科学发达，物质文明的进步超越精神文明的进步"，"精神文明赶不上物质文明，遂使整个人类社会缺乏道德的熏陶而全由物质所支配"，"便造成整个宇宙不断纷乱"（廖奉灵《基督教青年世界运动——出席安姆斯特丹世界基督教青年大会述要》，《真理与生命》1939年第12卷第5－6期，1939年10月，第353页）。"虽然廖奉灵小姐乘坐火轮的港口在横滨，但她专程来到东京，和我们一起过夜。这是一个特别愉快的时刻，因为在当天晚上，我们举行了一次巴哈伊会议，并在这个中国年轻女子和日本朋友之间促进了精神团结。廖奉灵的哥哥廖崇真在康奈尔大学就读时接受了巴哈伊教，通过他的妹妹，基思·兰瑟姆·凯勒在去澳大利亚途中，被邀请到她在广州的家做客。"

 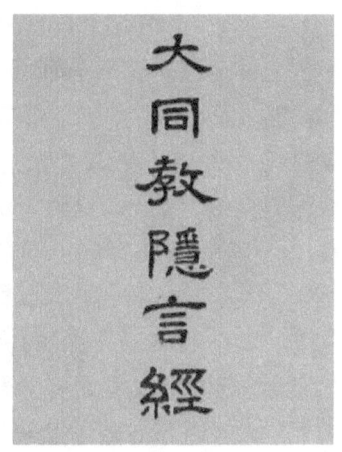

廖崇真著作　　　　　　廖崇真译作《隐言经》

过去一般都认为孙中山是通过儒特了解巴哈伊的,其实这是误解。孙中山的"天下一家"和巴哈伊信仰要早于儒特。既然提到廖崇真家族和孙中山的关系,那就顺便理一下孙中山和巴哈伊文明结缘的情况。

中国革命的伟大先行者孙中山先生对外来文化不是持排斥态度,而是愿意吸收外来文化的合理因素,以补充中国文化。他辛亥革命后对巴哈伊信仰的肯定和认同,表现出他对这种和儒学思想相近的世界大同思想的吸收,可惜的是,他没有来得及在实践中推行。

孙中山的出生地属于岭南,这里向来为中西文化双向交融和西方文化渗透较早的地区。孙中山出生的广东香山县,更是"最早沟通中国与欧洲沿海国家的桥梁"([美]史扶邻著,丘权政、符致兴译《孙中山与中国革命的起源》,中国社会科学出版社1981年,第1页)。他长期生活的港、澳、穗和檀香山,受岭南文化的影响也极为深远。孙中山接受了中西方的两种教育,因此具有双重知识结构,对中西文化皆有系统深刻的理解。孙中山在檀香山,"始见轮舟之奇,沧海之阔","慕西学之心"(《孙中山全集》(第1卷),中华书局1981年,第47页)于是产生。小时候接受的西方教育,逐渐使他"于泰西之语言文字,政治礼俗,于夫天算地舆之学,格物化学之理,皆略有所窥"(《孙中山全集》(第1卷),中华书局1981年,第8页),初步形成了对西方文化的认识。孙中山滞留英国期间,研究马克思、乔治、穆勒、孟德斯鸠等思想家的著作,对他造成终生影响。新中国印书馆在1923年11月出版了由张鹏云(O. Z. Tsang)编写的《英汉习语文学大辞典》,孙中山先生在其序中发表了"时至今日,非学术无以救国,非参考外籍,资为牖钥,厥学术不能跻于高深"的言论。同时,孙中山作为一个中国人,长期浸淫于中华文化之中,植根于中华民族的文化沃土,受到中国思维方式、道德准则的系统教育,这是很自然的。所以孙中山能够融贯中西文化。对此,已经有学者进行研究,而且发表的文章不少。只是他毕生没有到过西亚地区,早年对产生于伊朗的巴哈伊信仰还不知道。到1910年和李佳白等美国基督教长老会传教士相识之后，他才开始接触这种新的信仰。孙中山对巴哈伊的认同和肯定还没有得到学术界充分认识，其实他对巴哈伊教的肯定是和他的中西文化观相一致的。

巴哈伊信仰者坚持认为该教从其开始就是一个独立的新兴宗教，而非某个宗教的一部分或者支派。巴哈伊教确实完全有别于伊斯兰教，因为"根据巴哈伊信仰本身的解释，它并非为了重建或改良伊斯兰教而创立，而自命其根本是源自上苍的新行动，新恩惠及新圣约。其信仰及法规之基础是巴哈欧拉所启示的新圣言，因此，巴哈伊信徒绝非是伊斯兰教徒"（Udoschaefer: The Bahai Faith And Islam第113页，转引自威廉·汉切尔、道格拉斯·马丁：《巴哈伊教——一个新崛起的世界宗教》，新加坡巴哈伊总灵理会1993年，第197页）。所以英国著名历史学家阿诺德·汤因比得出结论说"巴哈伊教是一个独立自主的宗教，如同伊斯兰教、基督教和其他受公认的世界宗教一样。巴哈伊教不是其他宗教的一个教派。它是另一个宗教，地位和其他受公认的宗教相同"（阿诺德·汤因比1959年8月12日致土耳其伊斯坦布尔的N·Kunter博士的信，转引自威廉·汉切尔、道格拉斯·马丁：《巴哈伊教——一个新崛起的世界宗教》，新加坡巴哈伊总灵理会1993年，第3页）。汤因比认为人类文明发展的最终目的和归宿就是实现四大宗教的全教会社会，这是人类文明发展最高境界，对上帝的模仿不会使人失望，可以使人保持精神上的强大的凝聚力，"如果没有神的参加，就不能有人类的统一"（汤因比：《历史研究》，上海人民出版社1966年，第129页）。显然，巴哈伊教的基本主张符合汤因比全教会社会的思路。

产生在中国的儒学是一种东方文化，产生在伊朗的巴哈伊教也是一种东方文化。这两种文化有许多共性，比如说都重视精神生活，不排斥其他文化；是综合型文化，在社会思想方面主张天下一家、世界大同；在伦理思想方面，主张性善论；在方法论方面主张中庸之道，反对走极端，重视教育，提倡仁爱和平……但这两种文化毕竟在时间的纵向上相距2000多年，所以生硬地将它们放在一起比较不一定是恰当的。如何处理这两种文化的关系呢？这是摆在儒学和巴哈伊教研究者面前不能不涉及的问题。

季羡林先生在近十几年的许多文章中多次强调，东、西方文化之间的最大差异，在于东方文化是一种综合的思维方式，而西方文化是一种分析的思维方式。此论一出，国内学术界反映强烈。有撰文支持季羡林先生的，也有反对的。在我们看来，季羡林先生是抓住了两种文化的本质特征，确实指出了东、西方文化的本质区别。同属东方文化的儒学与巴哈伊教都是综合思维的产物，它们的综合思维方式也可以叫做"大同观"。《庄子·在宥》："颂论形躯，合乎大同。大同而无己。"《吕氏春秋·有始览》："天地万物，一人之身也，此之谓大同。"儒家的天人合一与社会大同，都是大同观的表现，而巴哈伊教所表现出的大同观，其范围更广，因此，国内第一位介绍巴哈伊教的学者，前清华大学校长曹云祥就干脆把巴哈伊教意译为"大同教"，而没有延续他的朋友李佳白所首倡的"波海会"。"大同教"这一名称，在台湾地区和海外华人圈子里使用的时间非常长，直到上世纪90年代，才统一使用了巴哈伊教的名称。

大同观作为一种思维方式，不同于现代西方社会学界、经济学界的"趋同论"。"趋同论"强调的是随着现代大工业的兴起和普及，各种不同的社会形态及其政治结构、经济模式、文化制度、生活方式等将趋向同一。西方经济学家和社会学家的看法虽然不尽一致，但也有共同之处，那就是都把"趋同"理解为社会主义制度向资本主义制度发生变化，因此，是社会主义趋同于资本主义。所以此说描述了社会主义和资本主义在国民经济运行机制方面的一些相似现象，然而忽视了两种社会经济制度在生产资料所有制及其分配制度方面的本质差别。这就使"趋同论"成为一种机械的拼凑。在西方世界流行过的"混合经济论"，也与此相类似。事实证明，"趋同论"既不能使资本主义摆脱严重的经济危机，也不可能成为一种思维方式。

近些年来，国内中国哲学史界提出了一种"和合论"。如果把"和合论"当作一种思维方式来看待，那就与这里提出的"大同观"相类似。巴哈伊教以大同教的名称在19世纪末传入中国，但是很长时间无人知晓。因为传导者基本上都是商人，没有在大范围产生影响。

介绍大同观的西方媒体，是1907年法国巴黎创办的无政府主义中文杂志《新世纪》第6期发表《来书附答》。《来书》主张"先必以种族的国家主义"起步，"然后足以与他国民立于同等之地位，而共求世界之大同也"。而《答》则站在无政府主义立场，主张政府都是坏的，认为"无政府、无兵备、无种界、无国界"是大同主义的。该周刊影响到章太炎先生，提出了"五无世界"，"无政府、无聚落、无人类、无众生、无世界"。我们无从得知孙中山是否看过该周刊。

曹云祥也和孙中山有过多次交往，还在1907年和宋庆龄一起到美国留学。1911年他在耶鲁大学接受了巴哈伊教，并且和一个在美国留学的瑞典巴哈伊教信徒爱琳在1914年结婚。1913年，上海成立欧美同学会。会长李登辉，副会长黄大伟，总干事曹云祥。孙中山、宋庆龄当时均系会员。

据《往日远涉重洋，而今携归奉献——中华欧美同学会成立（1919年）》记载，当时的上海报纸报导了蔡元培组织的一些欧美同学会的活动。中华欧美同学会会长蔡元培，1919年8月29日至30日，与从欧洲及美洲各国留学后回国工作的各地归国留学生代表100余人，在上海召开大会，宣告成立"中华欧美同学会"。孙中山先生也应邀出席并讲话。会议推举当时因五四运动而暂时离任的北京大学校长蔡元培为中华欧美同学会会长。大会还通过了《中华欧美同学会总会暂行条例》。秩序(程)是："欧美同学全国大会于今日(29日)起在青年会开会，其秩序如下：29日下午四时半会员签名，五时至六时欢迎会，六时至七时代表预备会。30日上午九时半至十二时讨论会，下午二时至四时半代表讨论会，七时半偕至一品香宴会。宴会券在事务所、青年会、一品香三处均可领取"。8月30日该报又报道了8月29日欧美同学全国大会的情况："昨日为欧美同学会开大会之第一日，假四川路青年会童子部举行，于下午五时预备茶点举行欢迎会。各埠代表到会者为：北京、唐山、湖南、江西、香港、福建、杭州、南京及上海同学会会员李登辉、余日章、穆藕初、黄大伟、席德懋、朱文鑫、曹云祥等百十人，当由上海同学会会长总干事曹云祥宣布宗旨，会长李登辉述欢迎词，略谓吾人留学欧美时，感情联络、学术研究至亲极密，现既陆续毕业回国在各方面服务，当益互相砥砺，此次40年代的欧美留学生高唱校歌，遂于欢呼声中闭会。欢迎会闭会后于七时开代表会，讨论组织大会事宜，至八时半散会；定今日上午九时半及下午继续开会，讨论一切。于下午七时半在一品香邀请各界开大宴会，由唐绍仪主持，席间并有各代表演说，音乐唱歌、跳舞等，以助余兴云"。8月31日《申报》又报道了8月30日晚欧美同学全国大会在"一品香"酒店的宴会及会议情况："昨日八时半，欧美同学会各埠代表及上海全体会员假一品香宴会。到者有美、英、法、比、德、俄各国同学……餐毕，由主席唐绍仪演说。其警语为，希望欧美回国学生不再专存做官发财思想。说毕，请汤蔼琳女士奏钢琴。次由孙中山演说，大致谓欧美留学生系学问最深、人格最高之人，应负维护国家之责，今日之政权已落于武人、政客、顽固党之手，国家已陷于极危险之地位，诸君宜有担负国家大事之觉悟。次由张竹君之妹唱歌，周森友夫人奏琴，次总干事曹云祥报告中华欧美同学会总章二十四条已经多数人详加讨论，完全通过。中华欧美同学会会长已举定蔡元培，副会长为余日章、王宠惠，中文书记为朱文鑫，会计为陈光甫。次由余日章演说，二年前曾发起组织全国欧美同学会，今日意见告成，甚可喜也"（转引自魏光普、周俊全、周富浩总主编《点击中国——历史上的今天》，广西人民出版社，2006年，第1334-1335页）。同年11月的会议，曹云祥发表了演讲。

根据曹云祥说，世界大同是孙中山的遗训，他自己说，他本人"非宗教家，亦非神学家，但认宗教为广义之教育，而尝一再研究宗教与文化进步之关系也。当读大同教义之初，即觉其含义之广大，而适合现代之思想"。因此他"数年前曾宣读大同教十二条大纲于一广义之耶教堂中，颇受听众之赞许；即爱国爱种如孙中山、陈铭枢诸先生者，亦皆大加称许；盖彼等默察社会之现状及人心之缺点，深知欲促进社会之进化，舍大同教莫由"（爱斯猛博士著；曹云祥译《新时代之大同教》，大同教社1932年，曹云祥《译者序》第2页）。

在《新时代之大同教》扉页，突出了巴哈欧拉的主要思想，"尔等皆为同树之果，同枝之叶，宜推诚相爱，视若同胞，合作相亲"。

曹云祥和颜雅清、宋庆龄都是亲戚。而曹云祥的侄子曹霖生当过孙中山的秘书。在巴黎和会上，广州革命政府孙中山派王正廷为代表，曹云祥的侄子曹霖生为代表团秘书长。曹霖生是宋庆龄的表舅，美国西点陆军学校毕业后，在广州参加革命政府工作，任孙中山先生的秘书。孙中山根据各界人民爱国运动的形势，指示王正廷、曹霖生拒绝在巴黎和约上签字。王正廷、曹霖生说服北京政府顾维钧、施肇基同意拒签。曹云祥先生在他的著作《巴哈伊教在中国》中提到"孙中山先生曾经听说并读到过巴哈伊教，他认为巴哈伊教会对中国的发展有所帮助"。但是曹云祥和孙中山交往的细节，我们并不知情。

12、儒特的新朋友包世杰和邓洁民

包世杰(1891~1938)，亦写作包士杰，原名永江，字志拯，笔名静明，教名包罗，江苏奉贤奉城北门（今属上海）人。早年求学于上海澄衷中学，与胡适同学。后来考入南洋公学(交通大学前身)肄业。包世杰文笔流利，而且擅长交际，深受当时的校长、国学大师唐文治的赏识。辛亥革命时，他说服唐文治校长，首先高举白旗拥护革命。1914年留学日本，获明治大学（一说中央大学）法学硕士学位，结识王正廷、孔祥熙等人。回国后筹办《益世报》《民报》，任记者。是新文化运动的先驱人物之一，主张新思潮，写有《新思潮是什么？》，演讲《对于新潮流的感想》。包世杰有关新思潮的演讲和文章引起胡适、张东荪等著名学者的重视。包世杰当时是天津《益世报》记者，更作为全国报界联合会书记，知名度很高，"素以新智识灌输国人为志"（《包志拯今晚演讲<新思潮与北方>》，《民国日报》1919.11.26）。

《时事新报》1919年7月23日记载：

青年会定今晚八时半请全国报界联合会书记包世杰君演说新思潮是什么，题旨共分十二条如下：(一)就新思潮中各种主义之批评，(二)新思潮之在中国，(三)新思潮与爱国主义，(四)新思潮与外交政策，(五)新思潮与内政改良，（六）新思潮与社会问题，(七)新思潮与人生觉悟，(八)新思潮与旧人物，(九)新思潮与宗教，(十)新思潮与政党政客，〔十一〕就蔡子民先生回任北大校长事，(十二)国民今后人人自动的救国策，听讲者无需入座券云。

1917年以后包世杰任王正廷秘书，后任冯玉祥的中将参议。他在基督教救国会和全国报界联合会都是文胆，为这两个机构起草过文件。1920年6月，全国报界联合会受邀组成由唐宝锷和包世杰、黄毓梧、江仲雅、冯自由、袁振英、邝啸广、陈新吾、李竹多、李斡卿、司徒冷观、李家仁、李骈白、吴俊生、刘伯铭、苏守洁、陆见如、高振冈等22人的游日视察团，前赴日本，访问结束之后，包世杰和唐宝锷等五人留东京多待两天，在那里结识美国巴哈伊亚历山大。

包世杰和黄炎培、吴稚辉等人相交频繁，和邓洁民也是朋友。1938年因心脏病去世。他去世的时候学人感到非常可惜，"语圆俊爽，气吞万夫"，"读其文章，学识迥越时流"，"言辞敏妙，中人心窍，能使他党倾心"，"倚马万言，烦嚣之地，咄嗟之间，其文立成，气机流走，畅所欲言，有梁任公、蒋百里之风。海内人士属望于先生者多且挚"。尤其"于军兴之际，即敢排万难，冒重嫌，主张以平和收拾时局，保全国脉，致书孔祥熙，群佩其敢言"（西阶《悼包世杰先生》，《晶报》1938年8月4日2版）。

黄炎培（1878年10月1日- 1965年12月21日），字任之、韧之，号楚南，抱一。江苏省川沙县（今上海市浦东新区）人，中国教育家、实业家、政治家，中国民主同盟、中华职业教育社主要发起人之一。他是体制之内是胡愈之之外另一位在公开巴哈伊信徒身份的领导人，担任过轻工业部部长、中央人民政府委员会委员、政务院副总理、中国人民政治协商会议第二、三、四届全国委员会副主席。黄炎培在1930年代在在上海也是著名的巴哈伊。马克·托比（MARK GEORGE TOBEY, 1890-1976），来自美国的一位画家巴哈伊，与英国一位著名的陶艺家本莱德·里奇（BERNARD LEACH），他们在1934年一起访问了上海，拜访画家滕奎（白也）

。在马克·托比访问上海的时候，上海报纸的报导显示，当时中国知名的巴哈伊有曹云祥、郭秉文、黄炎培（任之）、滕白也（笔者按：在英文中他被称作TENG KWEL、TENG KUEI、TENG-KRO-EI、或者KWEI DUN）、奚亚夫（著名律师）、陆干臣（基督教上海青年会总干事）、杨锡玲、黄心邨（警顽，商务印书馆发行所著名交际家）。这些都是重量级的人物（《曹云祥等欢迎英教授杜璧昨杜氏说讲人类学》，《民报》1934年5月12日）。和马克·托比一起到上海的是利奇。曹云祥主持的国际问题研究会，黄炎培是重要的参加者，此外也有郭秉文博士。1935年6月7日，曹云祥主持了一次会议，邀请驻法大使顾维钧演讲，参加者就有黄炎培、郭秉文（《国际问题研究会昨开年会》，《時事新報》1935年6月8日）。

美国利奇在香港出生。他的母亲埃莉诺死于难产。他与父亲安德鲁·里奇（ANDREW LEACH）在日本度过了头三年，在1890年移居香港。受当时普鲁士哲学家和艺术学者阿尔弗雷德·韦斯特哈普（ALFRED WESTHARP）博士的吸引，利奇于1915年移居北京。1934年，利奇和马克·托比一起穿越法国和意大利，然后从那不勒斯航行到香港和上海。利奇于1940年正式加入巴哈伊信仰。

《民报》1934年5月12日第7版报道马克·托比的演讲，指出巴哈伊教十二条教义和五个基本信条。他说：

> 大同为最适合现代需要之宗教，一方面承认各教之真理，出自一辙，以收集思广益之效，而综其大成。一方面又指示世界之趋势，以统一人类之信仰，铲除争端，促进世界和平，此诚今世之曙光也。其根本原则有12条。1、世界人类统一，2、真理独立研究，3、各教趋于一源，4、宗教统一人的主动者，5、宗教与科学是一致的，6、男女平等。7、化除一切偏见，8、世界和平，9、教育普及，10、经济的公平分配，11、世界共约的语言，12、国际裁判所。大同教之信条有五：1、博爱，2、合作，3、宗教统一，4、和平，5、人种统一。

《新闻报》1934年5月12日，第20版：

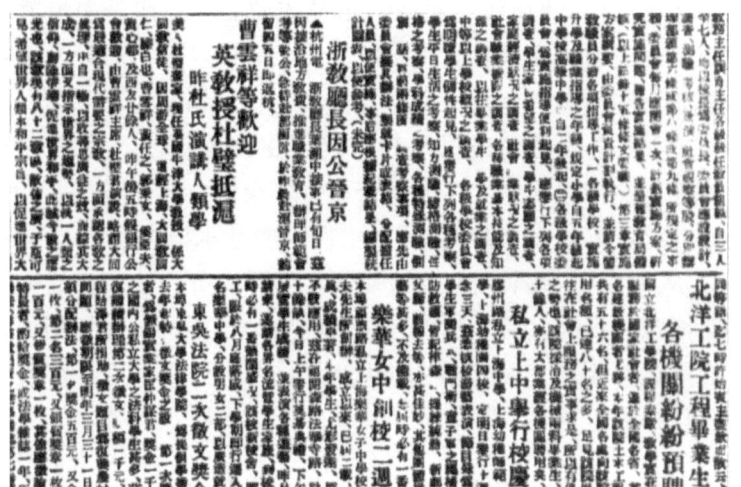

也就是马克·托比来的这一年，1934年，巴哈伊有了一个新译名："新兴的宗教——新普神教——BAHAISM（原译者注：1844年波斯人巴布创普神教，BABISM此教禁止纳妾、多妻、乞丐、用醉性之酒药，及贩毒等。并鄙视制欲主义。至新普神教乃普神教之一支，为巴布门徒所创。对于波斯妇女有强大的吸引力。因为新普神教主张男女平等，给予女子受教育的机会，和参政权，社交权，新教在全国创办女子学校，成绩很好"（廛铎《波斯的妇女》，《新亚细亚》1934年第8卷第1期，第125页）。

另外一个新译名是巴哈运动。《新中华》1934年第2卷第6期，第67页：巴哈运动：一切宗教根本相同，种种派系出于同源。以平等、博爱、服务为归。

黄炎培和郭秉文和巴哈伊交往的经历，不能确考，只能大致梳理一下。

黄炎培早年亡命日本，1902年和张志鹤、邵力子以"支那少年"的笔名合译了日本市村瓒川《支那四千年开化史》。1913年就开始关注美国青年会总干事穆德的新闻。1915年4月，北洋政府农商部组成的游美实业团赴美考察，以实地调查美国的实业以及教育事业，黄炎培以《申报》记者的身份随团参加，同行者里有余日章、蒋梦麟。他们访问过芝加哥。1915年6月28日在纽约见到诺贝尔和平奖得主穆德博士，和穆德有晤谈。穆德是支持巴哈伊文明的基督教青年会的世界领导人。1917年黄炎培开始吃素。黄炎培认为"人生在世的基本要求有二，一是'求生'，二是'求群'，每个人都应该爱群，为群服务，使所在的群的实力不断增强；日久以后，随着各个群的实力增强，又友好相处，群与群之间就会融合，从而进入大同世界"（朱少伟《岁月留痕》，上海三联书店2009年，第216页）。

在美国，黄炎培详细了解杜威实用主义教育思想，他发现了美国教育特重体育和实用的特点。黄炎培在美国见到了爱迪生这位发明家，第一次见到了播音器。黄炎培记录：

> 归途过旧金山，穆德博士邀我朝餐，问："能以一句话概括说明君所见美国教育的特点么？"余答："能。美国就是教育和生活不分离的。"穆德博士说："很是很是。"从此吾脑海里留下不少职业性中学的印象。（田正平，李笑贤编《中国教育名著丛书》《黄炎培教育论著选》，人民教育出版社2018年，第480页）

美国访问催生了黄炎培的职业教育的思想。1917年他联合蔡元培等人创办了中华职业教育社，培养目标是"使无业者有业，有业者乐业"。1919年1月，黄炎培乘法公司斯芬（ SPHINX)船赴南洋群岛。李石曾同舟赴欧洲。李石曾夙提倡勤工俭学者，于华工教育问题，极致力研究。其在巴黎所创豆腐公司，自欧战起营业大发达，尽复其历年之所耗损而有余。途次畅谈职业教育问题，李石曾在谈到国内不重视职业教育的现象时说，"此等现象，大抵发于科举遗毒所构成之虚荣心。虚荣心诚不宜有，然好研高深学术，亦为人类应有之欲望。且高深学术，亦为社会、国家所需要"（《与李石曾君谈职业教育》，（田正平，李笑贤编《中国教育名著丛书》《黄炎培教育论著选》，人民教育出版社2018年，第227页）），深得黄炎培赞同。1920年杜威访华，黄炎培请杜威在上海演讲，台下听众中有毛泽东。这是1945年黄炎培访问延安时毛泽东告诉他的。

1935年4月1日黄炎培访问过颜福庆家。穆德访问上海，市政府宴请，黄炎培参加。黄炎培和曹云祥、郭秉文都是好友。

黄炎培所领导的中华职业教育社，弘兼爱之仁心，明大同之正义。黄炎培说：现今，世界上有一种新趋势，每个角落、每个国家都在由分而合，走向团结一条路使国与国之间，也形成了大联合，如50个国家合组的旧金山会议。哪个国家顺应了这个潮流，哪个国家就有生命，反之就将失去生命"（周汉民主编，《双手万能·黄炎培职业教育思想读本·学生篇》，上海科学技术文献出版社2014年，第183页）。他认为"世界必有大同之一日。今之列国并立，不过为人群进化史大电影中甚短一幕"；"教育，进为人群最高目标'大同'运动中之有力一员，退亦为民族争无上之荣誉，而任何强国不敢轻视，此亦求生存之弱者所不宜忘却之一条光明大道"（黄炎培《朝鲜》，上海商务印书馆1929年，第11页）。

郭秉文（1879年-1969年，英文名字Kuo Ping-wen），字鸿声。教育家，中国现代高等教育事业的先驱，中国现代大学的开创人。他和黄炎培一样，在马克·托比访问上海的公开报道中是巴哈伊。

郭秉文于1908年赴美至1914年回国，共留美6年，他先考入伍斯特大学，该大学在原来的学科基础上增设自然科学，认为这一学科是道德真理与宗教的和谐统一。"自然科学是郭秉文的专业。这种和谐也体现在学院的校训中：SCIENTIA ET RELIGIO EX UNO FONTE，意为知识与宗教同宗同源。秉承校训，学院定位于科学研究的前列院校深信科学真理阐明并深化了宗教原则与信仰"（刘骥等编著《郭秉文：教育家、政治家、改革先驱》，上海远东出版社2015年，第34页）。后来郭秉文又进入哥伦比亚大学，他和张彭春

（英文名字CHANG PENG-CHUN）都先于胡适成为杜威的学生。陶行知、蒋梦麟（英文名字CHIANG MON-LIN）、张伯苓、庄泽宣（英文名字CHUANG CHAI-HSUAN）、陈鹤琴也都是杜威的学生。郭秉文应该先于蒋梦麟成为杜威教育学院的学生，那么问题就来了，当1912年阿博都·巴哈在哥伦比亚大学伯爵堂演讲的时候，杜威的旁边会不会有郭秉文这个东方学生？蒋梦麟是1912年在加州大学毕业之后去哥伦比亚大学的，不知道在哪个月份，去伯爵堂的可能性不大，而郭秉文是1911年入哥伦比亚大学的，阿博都·巴哈在纽约，访问哥伦比亚大学的时候，郭秉文正好在该校师从杜威，读教育学硕士。哥伦比亚大学校长是莫洪克湖国际仲裁会议的重要人物，阿博都·巴哈的演讲是他主持的。

读过《弘扬世界和平——阿博都·巴哈1912年北美讲演录》这本非常重要的著作，我们却发现编辑霍华德·麦克纳特并没有把阿博都·巴哈在纽约莫洪克湖最重要的、且最全面的介绍巴哈伊文明的演讲收进该书。因为莫洪克湖的会议是1911年斯迈利先生就和阿博都·巴哈协商好，邀请他来参加，并且完成美国之行的。这次会议是美国所有和平会议中最伟大的一次。5月15日晚上的第二次会议，是该会议的重中之重，由哥伦比亚大学校长巴特勒主持，而且介绍阿博都·巴哈是巴哈伊运动的领袖。

在这之前的4月19日，巴特勒邀请阿博都·巴哈造访哥伦比亚大学。下午5点，在哥伦比亚大学尼尔会议厅，教授、学者、学生和其他人聆听他演讲宗教、科学和普遍和平。之后，他被邀请去参观大学的各个部门，但是由于时间紧张，他不得不谢绝。随后又回到了安索尼亚，在那里他像往常一样，遇见一群等着他的人。其中一位是《纽约论坛报》的记者凯特·卡鲁（KATE CAREW'S）女士。美国钢铁大王、慈善家安德鲁·卡内基，1910年拿出1000万美元设立了卡内基国际和平基金会，董事会包括哥伦比亚大学校长尼古拉斯·默里·巴特勒，莫洪克湖会议也是由该基金会资助的。

该次会议有很多政要和大哲学家、思想家、教育家出席。包括加拿大劳工部长威廉·里昂·麦肯齐(HONORABLE WILLIAM

LYON MACKENZIE KING)、国际和平论坛主席韦斯利·希尔牧师(REVEREND J. WESLEY HILL)、拉比·约瑟夫(RABBI JOSEPH SILVERMAN)、林奇牧师(REVEREND LYNCH)、约翰·刘易斯(JOHN LEWIS)、本杰明·富兰克林·特鲁布拉德（BENJAMIN FRANKLIN TRUEBLOOD，著名贵格会派教徒）、劳埃德·琼斯牧师(REV. JENKIN LLOYD JONES)、亚伯拉罕·林肯牧师（Abraham Lincoln）。亚伯拉罕·林肯还主持了5月12日在纽约圣恩卫理公会教堂举行的国际和平论坛大会，1000多人与会，聆听阿博都·巴哈在会上的演讲。亚伯拉罕·林肯说：自从阿博都·巴哈来美国，我有幸听到他演讲和会见了他几次；我非常感兴趣地读了他在报纸上的演讲和演说。我热切的愿望是，我也可以在这里看到，他的教诲的巨大影响和他的表现标志的影响。我出席了莫洪克湖的和平会议，并有幸听取了他在那里最引人注目的讲话。他的教义的原则，正如在该讲话中所给出的，是人类、普遍和平和宗教统一的合一。他所有的谈话都是以这些原则的精神鼓动的，他的影响是大家都感受到的。我多么欢迎这个亲爱的人，他的存在激发了美国人的思想和心灵！他从圣灵的呼吸中得到灵感。他的精神是无限的，无限的，永恒的。我很高兴被邀请参加这次伟大的盛会，并公开表达我衷心的证词。

阿博都·巴哈演讲说：

须知，人类属于同一个类别、同一个种族及后裔，生活在同一个地球上。在造物计划之中，是没有种族差异和区分的，如法国人、英国人、美国人、德国人、意大利人或西班牙人；芸芸众生都属于同一个家庭。这些界线和区别是由于人为而非自然或原始因素造成的。全人类都是一树之果，一园之花，一海之波。在动物界，我们看不到如此差异和区别。东方的羊只和西方的羊只可以和平交往。东方的羊群不会惊讶万分，好像在说："这些是西方的羊只，它们不属于我们的国家。"任何羊群都会和睦相处，一起享用同一片牧草地，而不会有地方或种族上的区别。不同国土的鸟儿可以友好共处。我们在动物界都能够发现这些美德。为何人类要自我剥夺这些美德呢？人类具有高超的理性力量和感知能力，他是神圣恩赐的体现。难道种族观念应该肆虐并混淆人类团结的创造性目的吗？难道他可以说"我是德国人"、"我是法国人"或"我是英国人"，并因为这个臆想和人为区分的缘由而宣战吗？上帝是不允许这样做的！这个地球是所有人的共同家园和乡土，因此，人类应该忽视这些导致分歧和敌意的种种人为区别和界线。

（阿博都·巴哈著，李绍白译《弘扬世界和平——阿博都·巴哈1912年北美讲演录》，新纪元国际出版社2014年，第128页）

亚伯拉罕·林肯以前一直反对巴哈伊的观点，并反对阿博都·巴哈。但是从他来到教长面前的那一刻起，他就变了，变得谦卑了。犹太教拉比说：今天我们亲眼目睹了光明。我们习惯于看到太阳从东方升起，所以我们不再把它当作奇迹。灵性的光，也总是从东方照耀西方。世界需要这光，我们也需要这种生命的光。这盏灯的源头今天已经向我们讲过了。这个伟大的人物，带着纯洁的心和纯洁的精神，吸引了美国人的心，使他们成为了他的迷人恋人，他的爱和教诲给心灵和思想留下了很大的印象。宗教的外在形式就像贝壳，而教义和爱就像是内核。我们需要外壳，以便可以保护内核。

顾维钧是1912年哥大法学博士毕业生，他也可能聆听了伯爵堂的演讲，国际仲裁是法学的重要关注对象。

郭秉文1914年获博士学位回国，任上海商务印书馆编辑，和杜亚泉、胡愈之是同事，完全可能和李佳白也有交际，阅读过杜亚泉和李佳白的波海会文章。还有从郭秉文和张彭春都是杜威学生这一点来看，郭秉文和张彭春对巴哈伊文明都不会陌生。张彭春进入克拉克大学的第二年就加入该校的世界大同会，代表该校参加在费城的世界大同会总会年会，在会上发表演说。郭秉文还在芝加哥大学担任教职，任该校哈里斯基金会第二届讲座。讲座设置的目的在研讨国际问题，增强国与国之间的了解，以促进世界和平。芝加哥可是1893年世界宗教议会的举办地，是美国第一个获知巴哈伊文明的城市，而且是巴哈伊灵曦堂的所在，在哪里巴哈伊的传奇故事应该不陌生。而且郭秉文也明确具有巴哈伊文明的世界主义思想和普及教育的理念，难怪在马克·托比的报导里面就指明郭秉文是大同教徒。1925年7月，郭秉文赴英国爱丁堡出席世界教育会议，在开幕典礼中代表中国代表团致词。在致词中他提到，通过国际教育合作促进国际友谊与世界和平，是世界会议的宗旨，这也是中国古代哲人的理想，中国哲人早就提倡世界大同，天下一家（冒荣《至平至善 鸿声东南 东南大学校长郭秉文》，山东教育出版社2004年，第274页）。

郭秉文担任中华全国道路协会会长，曹云祥是道路协会董事。他们的思想影响到中华全国交通协进会。1922年11月22日其函告成立来函，其文云：为呈请立案事，窃维集会结社，约法许以自由，生存竞争，天演著为名论。因知航海鼓浪，先定方针，振聩发聋，端资木铎。矧以文明进步，挟欧风墨雨以俱来，世界大同。遍海满山陬而无际，美矣善矣，勃焉忽焉，苟孟晋之无方，必相形而见绌。若夫交通事业，日异月新，上九天，下九渊，尽棣通之能事。智者创巧者述，极形气之奇观，虽万里若履户庭，凭一纸以通馨劾（天津市地方志编修委员会办公室，天津市图书馆编，《<益世报>天津资料点校汇编1》，天津社会科学院出版社1999年，第1156页）。

郭秉文主张"高等学校可以通过培养世界大同主义精神，提高对国际间的相互理解和友好情谊重要性的认识。大学的一个作用是追求真理，而真理不分地域和时空，也不受种族和民族的限制。大学这个词的意思就是思想、兴趣和同情感的普遍性。所以大学的责任是造就具有国际头脑、贤明、无私、能够抛弃自己民族偏见与偏爱的世界主义者，其影响在国家之间的交流中会显现出来。大学的责任是培养四海之内皆兄弟、宽容、和谐与平等的精神。为了这一目标，应鼓励思想自由、言论自由、尽量避免过度的政治和资本的干涉"（为郭秉文在加利福尼亚州旧金山市举行的世界教育大会泛太平洋小组会上的发言《太平洋国家的大学如何促进国际间了解与友谊教育与人生》，《教育与人生》1923年第5期）。

郭秉文是儒特在上海见到和接触比较多的朋友。

儒特抵达上海之后病倒了，休息了几天。12月底，儒特送艾格尼丝返回日本。从此，儒特开始在上海两个半月的独自生活。1923年，乌斯库利先生的女儿和女婿里兹万尼叶和阿里·穆罕默德·苏莱曼尼，作为拓荒者抵达上海。和乌斯库利一道，他们全家为巴哈伊信仰作出了无与伦比的贡献。儒特身体太虚弱，无法跟学校和社团联络，她就将全部时间用于撰写有关巴哈伊信仰的文章。1月的第二个星期，她身体好转，拿这些文章去见报纸编辑，结果令她异常吃惊：

> 今天，九家报纸刊登了这些巴哈伊文章。除了上海，还没有哪座城市能让我在如此短暂的时间里取得如此巨大的成功……来到上海后，我病了好长一段时间，不能跟人见面或做演讲，但是可以写文章。这也是为什么一开始有这么多文章的原因。不过，这些文章却为我带来了许多演讲机会，所以实际上效果是一样的。啊，我的每一步都得到了阿博都-巴哈的福佑！今天，我心存无比的感激。我没有时间也没有钱出去购买所有这些报纸（有些报纸一份卖二十美分）……

上海的孔教会和证道会邀请她做一次公开演讲。世界语学者安排好她演讲事宜，并从数个城市来了许多追随者。讲座内容提前一天交给翻译，以避免出现哪怕细小的语音语调问题，从而歪曲演讲的内容。儒特发现威尔米特灵曦堂模型的照片，总能激起当地人的极大兴趣。上海的一位著名建筑师联系了《上海时报》老板询问灵曦堂的信息，开始关注儒特。当他了解了巴哈伊信仰和灵曦堂模型后，深深地折服于这座建筑的原创性，它代表了美和团结。儒特的健康逐渐好转，她又继续开始宣传工作。

她给朋友写信说：

> 我还有许多事情没有完成。每天，我躺下休息两个小时，等身体恢复力量后投身到最重要的工作中——我在上海已经完成了这项任务，我的力量也恢复了。阿博都-巴哈知道我倾尽了全力。今年面临的考验是让天启传遍中国，只要圣灵能够进入中国，身体健康并不重要，做了多少工作也不重要（加里斯《玛莎·鲁特——神圣门槛前的雄狮》，澳门新纪元出版社2016年，第168页）。

儒特受邀给《上海时报》撰写文章。她的文章成为联系上海人的有用工具。儒特的演讲安排一直满满的，通过这些演讲，她的朋友圈每天都在扩大。她在上海的时候住在昆山花园A12号，地址在报纸上公布以后，访问者络绎不绝。她多次发表演讲。

郭秉文先生是主张通过教育振兴民族、提升国力，进而实现世界大同的，很欣赏巴哈伊的各种教义，他强调培养世界大同主义精神，他从种族进化的角度，论证人类种族文化差异主要取决于教育："教化为人类差别之标准。"因此他提出："为今之计，欲使世界人类，共进大同，破除种族之见，不存侵略之心，当以注重教化为上策。"这一认识成为其矢志办学的重要目标和强大动力。他坚信："盖理性乃和平之工具，武力实召亡之先声。""将来各种族中，凡有能捐弃一切自私之见，而使其性灵得充分之发展者，必能占世界领袖之地位；凡与人类为敌者，必严被摒斥。庶公众之幸福，与文化之演进，得以维持，此种事实在历史中已非一见，今日之坚抱帝国主义者，可以借鉴矣"（东南大学高等教育研究所编《郭秉文与东南大学》，东南大学出版社2011年，第110页）。

郭秉文的教育理念得到太虚大师的响应。1927年8月太虚托郭秉文将自己的论文带到加拿大的教育会议上，申明：

今谓宗派与国民之教育，虽其范围广狭不同，要皆各蔽以私，未能大公而无我也。始以教育生于其心，卒以行事害于其政，故战争时作，而难致世界于永久和平之境也。欲革其弊，当正之以德，超脱各教宗学派、国家民族之拘碍而融解之，取其精华，弃其糟粕，以成为普益全世界人类之大同的道德教育，庶其天下为公和平可期耳！

然则孰能建设和平世界乎？曰：唯大同的道德教育。言大同者，示超脱宗教学派、国家民族之各异，然非毁灭之也，特解其私蔽，集其众长，以全世界人类之公益为依归耳。言道德者，道者公理，德者正义，示超脱经济上争产与政治上争权之罪恶，然非破弃经济与政治也，特令经济政治皆成全世界人类的公理正义之道德化耳。中国有古书曰："大道之行也，天下为公。选贤与能，讲信修睦，故人不独亲其亲，不独子其子，使老有所归，壮有所用，幼有所长，矜寡孤独废疾者皆有所养。男有分，女有归。货恶其弃于地也，不必藏于己——经济道德化的真共产——；力恶其不出于身也，不必为己——政治道德化的真无政府——。是故谋闭而不兴，盗窃乱贼而不作，故外户而不闭，是谓大同"。最足表明大同的道德教育之义。至谋闭不兴，盗乱不作，外户不闭，则战争世界成和平世界矣。但其本乃大道之行，所谓大道之行者，即大同的道德教育之施行耳。故和平世界必由大同的道德教育造成焉。

以大同的道德教育造成以道德为中心之社会，一切皆公理正义之道德化，曰"亦有仁义而已矣"；曰"道之以德，齐之以礼"；曰"十善为人道之正行"，皆斯义也。极致即为全人类自由平等之和平世界。经济政治既大同的道德化，则大同道德化的经济政治，亦大同道德之一端，无大同道德外之经济政治也。宗教学派既大同的教育化，则大同教育化之宗教学派，亦大同教育之一端，无大同教育外之宗教学派也。何则？以离去个人修养、社会修养之教育，无别宗教之可得。故修养之究竟莫过于圆成正觉，普济群生，而求真利众，为人类终身可行。此即宗教修养，亦即大同的道德教育之纲骨。至迷执之谬习，当自镕解而无迹也。

　　然此大同的道德教育，由如何推行之以实现和平世界乎？曰：由世界教育会议，组织一"大同的道德教育运动"。一方解放宗派的经济教育与国民的政治教育之拘蔽，一方唤起全人类世界小中大学之教员与学生皆同情于此之运动。全世界之教育界，若能以坚决一致之主张，下百年树人之工夫，则百年之后，大同的道德教育行，而和平世界亦造成矣（见《海刊》九卷五期，载本书编委会编集《太虚大师全书》第二十四卷《论藏·宗用论（三）》，宗教文化出版社、全国图书馆文献缩微复制中心2005年，第345页）！

　　郭秉文邀请儒特到上海商科大学演讲巴哈伊信仰。《爱国报》1924年第17期（第31页）发表了《巴海教宣传者女士到沪》的报道："提倡宗教大同、宣传大同胞主义的巴海教，系发源于波斯。宣传未及70余年，大有遍及全世界之势。在欧美各国，信徒早已遍地。美国芝加哥城且有大规模之巴海教堂建筑。……女士负宣传该教主义于东亚各国之使命，特自美国远涉重洋，来中国作巴海主义运动。女士在北京勾留六月，曾作多次之演讲，各报均揭载颇详。继至天津、济南、曲阜（原文叙府，疑为"曲阜"之误）、南京、苏州（应为徐州）各地演讲，亦备受欢迎。到沪后曾应郭秉文博士之请，在上海商科大学演讲。女士现寓本埠昆山花园A十二号，电话北六十三号，凡有意研究巴海教者，可随时相约晤谈云。"

　　上边提到包世杰是1938年去世的。在包世杰去世的这一年，张九如在商务印书馆出版了《群众心理与群众领导（第三版）》，在里面谈到巴比教。张九如(1895- 1979)，号救鲁，江苏武进人。出身贫苦家庭。早年入私塾，读四书五经，后毕业于江苏省立第三师范学校,曾进北京大学预科读3个月,因学资匮乏而辍学,在无锡以教书为生,后来出任国民党多个职务:国民革命军总司令部参议、军政部秘书、国民党中宣部指导处长、国防最高委员会教育专门委员、江苏省任国民参政会第二届国民参政员、国民党第六届候补中央执行委员、立法院立法委员。到台湾续任"立法委员"。他出版过《军事心理学》《群众心理与群众领导》等书。他在《群众心理与群众领导(第三版)》里记述:

> 又如当波斯的巴比教BABYSTE盛行时,波斯王以为用极刑即可消灭这个新信仰了,然其结果则如郭毕诺(GOBINEAU,笔者按:即法国驻伊朗(1935年波斯改称伊朗)大使戈比诺)所说,"妇女和孩子们,体无完肤,身上每一个创口里,都燃了火引,走向刽子手之前唱着,"我们从上帝那里来,现在仍向上帝那里去!"一人昏倒于地,就用刀鞭击醒他,使他起立,起立后依然手舞足蹈,唱着"我们属于上帝,我们仍然皈依上帝!"及上刑场,虽有人劝受刑的人背弃异教,就得免死,可没有一人采纳。某刽子手向两个儿童的父亲说,你如不改教,我就在你的胸上杀你的两个孩子,那个做父亲的,立刻垂下身子来,给刽子手作杀子之台。他十四岁的大儿子,抢上一步说,我是长子,我应先死。当此之时,巴比教徒都出而争死。并有一个信教徒,不待刽子手动手,就自悬于铁布利至(TEBRIZ)城墙之上,叫道"师傅,你心上欢喜么?"(蔡德贵等主编《巴哈伊文献集成》第1卷,山东大学出版社2015年,第337页。)

通过包世杰的关系,儒特给《广州时报》的编辑一张阿博都·巴哈的照片,问他是否可以在他回到广州时,在他的报纸上发表一篇。让她非常高兴的是,他回来后送她们《广州时报》的一个副本,其中阿博都·巴哈的照片和巴哈欧拉的名字出现在头版。《广州时报》在中国广为流传,无远弗届,孙中山的儿子孙科担任过总编辑，黄宪昭担任过主笔，知名度很高，巴哈伊的知识因此被远播全国各地。

1924年1月12日的报纸刊登儒特去上海的消息，《大陆报》第2页发表《世界语学者做多个演讲》《演讲者在这里描述巴哈伊运动》。中国的世界语人士陈兆瑛先生陪同儒特在世界语学校演讲。1月10日儒特女士在通神学会上海分部会议上发表演讲，题目是"巴哈伊运动"。

儒特的另一个朋友是邓洁民。

邓洁民(1890——1926)，初名邓居文，1890年6月15日(光绪十六年，庚寅，农历四月二十八日)生于黑龙江宾县城里。祖籍河北省乐亭县。1886年全家逃荒到黑龙江宾县落户，父亲邓辅庭初作货郎，后在宾县东门里开设致诚大车店。邓洁民幼年读私塾，习俄文。1903年，经李广增通事介绍，邓洁民随修喜先生学习俄文，由于学习刻苦，成绩优异，深为老师所赏识。1905—1908年，邓去哈尔滨道台衙门任俄文通事，获五品顶戴。1909—1911年，他到北京汇文学校读书。这是丁韪良主持的美以美教会创办的学校，李佳白曾经在该校执教鞭。1912年，又考入天津南开学校，被编入乙班。同班同学有孔繁侨、杨德埙、史洵美、王孔成、黄春谷、黄钰生、马文潜等70余人。1913年，周恩来（翔宇）与张鸿诰（轮扉）、张瑞峰（蓬仙）、王葆曾（朴山）、霍振铎（占一）、赵松年（柏俱）等同时入学，编入乙三班，邓和他们在课余活动中接触较多，结成较深友谊。

邓洁民1914年入日本私立早稻田大学，和李大钊同学。结识邵飘萍、谢扶雅和王希天。早稻田大学的创始人大隈重信伯爵很欣赏巴哈伊信仰，儒特1915年在日本采访过他，送他《玖》的小册子。大隈对她说，"当今，日本青年最需要的就是纯洁的基督或佛陀教义，而不是基督教徒或佛教徒的那些信条。巴哈伊运动可能会提供这些。我会读你给我的书。"当艾格妮丝·亚历山大再次拜访大隈伯爵时，他已经读完了那本书，并且给出了一个肯定的答复："我很高兴你们来到我们的国家传播这些崇高的原则"（（M.R.加里斯《玛莎·鲁特：神圣殿堂前的雄狮》，澳门新纪元国际出版社2013年，第155-156页）。在这里邓洁民认识了艾格妮丝，了解到巴哈伊的一些基本知识。"复从事国际运动，与亚洲各弱小民族留东人士往来，共倡反抗强权、互相协助之大结合。每当稠人广众之中，雄辩滔滔，拍案叫绝，莫不感动"（黄觉：《邓洁民传略》，《五九》1925年第8期，第187页）。1917年1月1日，南开留日同学组织成立"留日南开同学会"，选举严智开、张瑞峰（此人后来是诬告邓洁民的元凶之一）为正、副会长，邓洁民为通信员兼书记。紧接着在这一年邓洁民因负担不起学费而回国，决定振兴教育。在周恩来支持下，筹建哈尔滨东华学校，任校长。1918年7月，王希天先生从日本回国来到哈尔滨，投奔邓洁民住在东华学校里。王希天与邓洁民都信奉基督教，同在日本留学时被推举为中华留日美以美会执事。东华学校当时是哈尔滨市唯一的一所私立中学。由于师资力量强，教学方法新，学校生活丰富多采，学生学习成绩优异而蜚声哈市。校董侯延爽（就是道院的侯素爽先生）在东华学校成立纪念书上撰"序"称："本年季春开校，今甫八阅月，生徒成绩叹未曾有，各教育会之来观者，咸啧啧称赞，谓形式精神南开外无与伦比。"在纪念书中，邓洁民感谢各界各方面的热心赞助，并撰写专文，表彰为筹建东华学校积极奔走的霍占一、张西曼、于芳洲、赵郁卿、白一震等五君子。

邓洁民的支持者是道院的重要人物，慈院统掌侯素爽，他熟悉当时的四个带有世界主义色彩的新兴宗教：日本的天理教、大本教、欧西的巴海教、神智学（侯雪舫《宗教谭与世界底将来》，《国际公报》1925年第3卷第43期，第4页）。

侯素爽在另外一篇文章《东瀛的新宗教》里再次谈到巴海教：

20世纪的科学，已是日新月异。而醉心科学的人，皆掊击宗教不遗余力。孰知宗教家的改进，亦同呈一日千里之观。这真是科学家梦想不到的事，近来佛化昌明，与基督教并趋竞进，是人人共知的，不必细说。单说最新式的教团，在欧洲则有巴海教、神智教，皆能打破旧宗教的范围，泯除一切执着门户的见解，其膨胀力大似江涛海潮，有不可遏止的趋势。吾人认定这均是世界大同的起点，要知这新剧是东西两半球合演的（侯素爽《东瀛的新宗教》，《哲报》1923年第2卷第35期，第1页）。

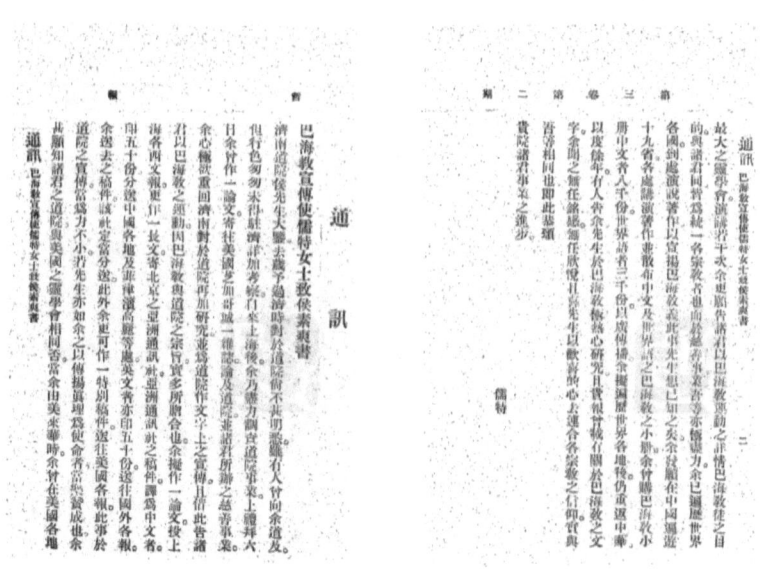

济南《哲报》发表的儒特致侯素爽信

此前，道院所主办的《哲报》杂志，发表了不少巴哈伊介绍性的文章，如畅支的《统一世界宗教之大运动》在《申报》刊发以后，被《哲报》在1922年和1923年重新刊发了两次，《巴海的天启》则在1924年发表了两篇题目完全相同而内容不同的文章，还有《巴海教宣传使儒特女士致侯素爽信》，以及道院侯素爽的《东瀛的新宗教》。当时有不少人误认为巴哈伊是欧美的宗教，大概起因于波海会出自美国人李佳白的首倡，这当然是一种误解。

借助从日本过来的东风，儒特施展了她作为记者的强大公关能力。她迅速和在北京的日本华文报纸《顺天时报》取得了联系，在上面推动发表了好几篇有关巴哈伊文明的报道。文章使用的是巴海的天启这个概念。《顺天时报》是袁世凯等高层民国人物必看的报纸。《顺天时报》1923年11月21日发表了《<巴海的天启>书后》，上面登载了阿博都·巴哈的两幅照片，详细介绍了巴哈伊信仰。里面透露了儒特平安房住处的消息，中国社会科学院世界宗教研究所巴哈伊研究中心秘书长陈进国研究员提供了这张报纸的复印件，在此感谢陈先生。2020年，北京师范大学的万兆元教授又提供了其他两篇《巴海的天启》复印件，在此也予以感谢。

下边就是收入山东大学出版社《巴哈伊文献集成》里面的全文：

巴海（BAHAI）的天启

巴海的天启不是组织，巴海的起源也决不是一个组织能包含的，巴海的天启，是现代的精神，是现世纪所有最高理想的总汇，巴海的起源，是总包括的运动，所有宗教及社会的信条，都可以由这里寻得出来，基督教徒、犹太教徒、佛教徒、回教徒、拜火教徒、接神教徒、相爱主义者、精神主义者都可以在巴海教里寻出他们最高的目的，就是社会主义者、哲学者也可以寻出他们的学说充分发达在这个天启里。

巴海教的起源和基督教的起源是一样，是同一的根据，同一的基础。在基督来世的当时，他的教义是随从人类在初期时代而设的。

巴海的教义有同一基础的原理，但是是根据今日世界成熟的阶段和辉煌的现世的需要而设的。

亚布都巴哈ABDUL BAHA

巴海的起源

巴海的天启，1844年发源于波斯，现在已经普及于全世界，我们要说他是一种新宗教，勿宁说他是一种更新结合的宗教。

以社会和精神界的改造为目的的这一种大运动，是创始一个热情满胸的青年名叫巴普(BAB)，他的使命，是宣布一个世界使者的降生。很多的欧洲历史家曾记述这一个纯洁的、有可惊叹感化力的、卓绝的宗教英雄。他经过六年光明传导的生活，在一八五〇年殉教死了。

巴普殉教之后，波斯的一个贵人名叫巴哈欧拉(BAHA ULLAH)继承他的运动，宣布新时代的黎明(THE DAWN OF A NEW AGE)。这个黎明，是人类同胞主义及和平应覆满于全世界如水之覆海一样。但是他所倡导的主义和当时狭隘的思想界比较起来，是过于带有世界的色彩。巴哈欧拉及他少数的从者被波斯的逆应权力者(THE REACTIONARY POWERS OF PERSIA)处他们流刑，或投他们进狱，在1868年又把他们纳了幽闭在细利亚(SYRIA，笔者按：今叙利亚)的亚加(AKKA，笔者按：阿卡)地方。

但是神的预言者心里放射出来的光明，用人力的迫害，到底是不能绝灭的，巴哈欧拉在亚加的大牢狱里，遍西方亚细亚宣传联合(UNITY)及爱(LOVE)的福音，经过四十年的流放和系狱，在一八九二年死去，他的长子亚布都尔巴哈(ABDUL BAHA)继承他的事业。

在亚布都尔巴哈指导之下，巴海的音信，才普及于各国及各宗教间。因之基督教徒、回教徒、佛教徒、波斯教徒、犹太教徒才结成世界上未曾有精神上的大同胞主义。信从巴海教的人都确信现在是人类的和平及爱的黄金时代在地球上实现的初期。如基督所说的："人们都应由东南西北集合到神的天国里。"

巴海的根本教义十二条

1. 世界人类的平等
2. 真理的独立研究
3. 各宗教的根本基础是同一的
4. 宗教不可不为人类联合的原因
5. 宗教和科学与理论不可不一致
6. 男女两性的平等
7. 一切偏见须忘却
8. 世界的平和
9. 世界的教育
10. 经济问题的解决
11. 世界的共同语
12. 国际裁判所

这个根本教义十二条，是在60年前，巴哈欧拉说示出来的，现在还可以在他当时记录里寻得出来。

以下顺序加以简略的说明：

1. 世界人类的平等

巴哈欧拉说："你们都是一棵树上的叶，或是一棵树上的果实。"这个话就是说，人类生存的这个世界，是一株树。国家和人民如枝如梢一样，各个人就是花和果实……自来宗教的书里，分人类为"纯木"和"恶木"两种，即信者，不信者。因之把世界人类的一半看做邪恶的异教徒。其他的一半认为是神的忠实者。换言之，就是世界人类的一半是在神慈悲保护之下，他的一半认为是神责罚的目的物。但是巴哈欧拉宣言人类的平等。使所有的人类都共浴神圣仁慈的海。

2. 真理的独立研究

无论何人，不可盲目的去追从他的祖先，要想寻真理；不可不用自己的眼看，自己的耳听。我们应当要研究祖先的宗教是不是根据盲目的模仿。

3.各宗教的根本基础是同一的

所有各宗教的根本基础，是由"一个真实在"(ONE REALITY)发生出来的。换言之，就是这个根本基础必须实在。实在只是一，不是多数。所以各宗教的根本是同一的。但是我们可以看得出多种形式，多种形式和仪式的模仿渐渐的发生。因为形式和仪式的不同就互相歧视。酿成宗教的反目。要是我们把模仿放弃，追求根本的真实在，我们可以得到一致点，因为宗教是一不是多数。

4.宗教不可不为人类联合的原因

任何宗教，都是至大神圣的光辉。人之生命的原动力，人道光荣的根本，人类永生的母。所以宗教不是为反目憎恶，不是为暴戾不正；要是宗教是反目憎恶的原因，离间人类的媒介，那么没有宗教，还比较好多了，宗教之于人如治疗之于病者。要是施治疗的时候，只是诊察病状的讨论，那么这种治疗的不必要，无论谁都赞成。像这类的宗教把它废弃，倒还使得人类的联合更进一步。

5.宗教须（与）科学理论一致

宗教不可不为合理的，必得要和科学一致，如是科学承认宗教，宗教承认科学，两者密切相依在一个真实在里。由古代到现在，人多半有一种习惯接受事物。因为这件事物叫做宗教，虽然他不与人类的理性相合。

6.男女两性的平等

从来宗教的组织，都是把男子的地位放在女子上面，但是巴哈欧拉的教义不同，他主张青年男女应有同样的研究，受同样的教育，因为履行同一教育的过程是增进人类的联合。

7.须忘却一切偏见

所有神的预言者都是来联合人类的孩子们。不是离散他们，是实行爱的法则(THE LAW OF LOVE)，不是憎恶。所以我们不可不抛弃一切偏见——人种上的偏见、宗教的、政治的偏见。我们不可不为人类联合的基因。

8.世界的和平

所有的人民和国家不可不建树和平，世界的各政府间，各宗教间，各种族间，各地的移住民间，不可不有一般的和平。现在人类世界最要紧的事件，是世界和平的问题，这个主义的实现，是现今切要的喊声。

9.世界的教育

所有的人类都应享与智识和教育，这必须是宗教上的一项，各儿童的教育必须是义务的。若是儿童没有父母，社会不可不负教养的责任。

10.经济问题的解决

在巴哈欧拉教里，对于这个问题，曾加以解答，但是在过去的宗教书里，未曾言及经济问题。他对于人类的幸福安宁依别种的规定，曾表示其保护，像富贵的人过他们奢侈的生活，贫穷的人也应有家庭不缺乏生计；要是这种事实不见诸实行，幸福是不可能的事。在神看来，无论何人的权利，都是均等一致，没有为哪一个（人）特设的，各人都是在神正义保护之下。

11.世界的言语

世界共通的语言不可不采用，世界上所有的各种学校，大学校应教授世界语。由各国选出来的代表采择适当的国际用语。无论哪一国的国民，只用两种的语言——就是本国语和世界共通语。无论何人都应通晓世界语。

12.国际的裁判所

在神的权力和全人类的保护之下，不可不建设国际裁判所。各人必须遵从这个裁判所的判决，如是各国的纷争问题方能解决。

约50年前巴哈欧拉曾命各国的人民建设世界的和平，并曾欲依正义的法庭召各国到"国际裁判的圣餐会"(THE DIVINE BANQUET OF INTERNATIONAL ARBITRATION)里，解决各国间的国境问题，并国家的名誉、财产、利益等问题。

这些教义在半世纪以前才有的，在那个时候没有一个人说到世界的和平及这些主义中的任何一条，巴哈欧拉曾把这些主义向各国的元首宣述……这些教义是现代的精神，现代的光明，现代人类的福祉。

可承认为大达人的九种资格

1.大达人必为世界人类的教育者。

2.他的教义必为世界的，授人类以光辉。

3.他的智识不是求而得的，是天生自有的。

4.他回答一切贤哲的疑问，解决人类的困难问题，而甘受一切迫害和苦痛。

5.他是欢喜的给与者，幸福天国的报导者。

6.他的智识是无限，他的智慧是可理解的。

7.他的言说彻底,他的威力能折伏最凶恶的敌人。

8.悲哀和厄难不足苦恼他:他的勇气和决断如神一样,他一天比一天的坚实,一天比一天的热烈。

9.他是世界共同文明的建设者,所有宗教的统一者,他是世界和平的确定者及世界人类最崇高卓绝道德的体现者。

无论什么时候你发现具备得有这条件的人,你就向他求指导和光明。——亚布都尔巴哈

神的精神的表现好像和朝阳在各处不同一样。黎明的地点虽然不同,太阳常时是一个;灯器虽然不同,光是一样的。——亚布都尔巴哈

巴哈欧拉"隐语"

(HIDDEN WORDS,笔者按:《隐言经》里的选出)

亚当(ADATN)的孩子们哟!智虑清白的人们哟!由天的神意降下来的语言,确是世界联合、融和的源泉,在民族的区分上,你当闭着眼,你应以"一实同体"(ONENESS)的光明,欢迎无论哪一个,须为慰安的根源,增进人类的幸福,在生民之中应履行"神之表象"(SIGNS OF GOD)的生活,这个一撮土壤的世界是一家,这个家要使他和合。抛弃骄慢,因为是不和的原因,须要随从融和的路去行。

朋友们哟!须以欢喜和芳情交睦世上的人,友道联合的因,联合是保持世界秩序的源泉,亲切而处人以爱者有幸福。

人的孩子哟!须体察慈爱,谋人类的福利,不要想自己的利益,须履行正义,为人选择须如选而为己。

由顺良的德,人方能达到光荣伟大的天上,由骄就而坠

落到最下层的地位。

在现在人要想求真理的光，不可不抛却过去的一切空谈，而戴上超然不羁的帽，披上道德的衣，如是可以达到"一实同体"的海洋，纯一无杂的堂奥，要想把捉确固信念的光，知道神的壮大，心不可不脱离一切迷信的诱惑。

用真实的意义来说，"一实同体"是说唯神方视为具有生动主宰万物的能力，这些万物不过是神力精能的表现。

唯神是超越空间、时间，说明叙述、表征、记述、定义、高深，而住居在他自己所在的地方。

我的神哟！我的神哟！请以爱的冠和德的衣装饰在你所选择的头上和身上。

同胞哟！须以忍耐互处，你的心须超越俗界，你虽然高贵，总不要傲慢，你虽然卑陋，总不要引以为耻辱，我以我的美向你们宣示。我由尘埃里创造你们，我要再使你们还到尘埃去。

信仰的道是寡言而励行，言过其行者，他自己知道他的不存在胜于存在，他的死胜于生。所有智识的根元、是神的智识，——光荣在神！这种智识不依神的表现，是不可能的。

人的孩子们哟！你们都知道为什么你们由一个土块里创生出来，这是因为不有哪一个应优于别人；你须要常时记在心里，你是怎么创造出来的，你们是以同一的质创生出来，所以你们的心，应当是同一个的一样。你们用同样的足走路，同样的口吃东西，住在同样的地上，你能用你的存在，你的行为——联合的表征，"一实同体"的精神来表现，这是我们对于你们的忠言，光的人们哟！所以你要随从他，如是你可以由那权威能力的树上，得着神圣的果实。

朋友们哟！不要满足暂时的美，贬损永久的美，不要附着在泥块的浮世上。

生存的子哟！不要为现世夺了你的心，因为我们以火试金，以金试仆人。人道的子哟，假令幸运在你面前微笑；你要不欢喜，若是悲哀追随着你，你不要因之生悲，因为时间的经过，自然歇止不在了。

移住的民哟！舌是为你称扬我而生的，不要用诽谤污了他，设若有利己的焰战胜了你，这是你自己的过，你不可不记忆，你不要说我生物的坏话，因为你们各人的意识和通晓，是胜过于我的生物。

我的仆人哟！最下贱的人是这些在世上生不出果来，他们可以算是死了的人，神还欢喜死者胜过于怠惰偷懒的人。

我的仆人哟！最上等的人是他们在世上工作生活，为他们自己和以神的爱为他们的亲族而消费。

人的子哟！自己罪人的时候，再不要说别人的罪过，若是你反了这个命令，你就不是属于我的人，于此我是做证见的人。

灵的子哟！以公正劝人而自己为非者，虽然负有我的名，不是我的人。

生存的子哟！己所不欲，勿施于人，己所不能，勿与人约，这是我给你的命令，要遵从。

生存的子哟！你须每日检察你的行为，在你受判决之先；因为"死"不久就追捉着你，那时你的行为就判决你。

巴海的人，不可不以智慧奉侍神，以实（际）生活教导别人，以行为表现神的光，行为的效果，确实是比说话更有能力。

人类的进步是依赖信仰、智慧、洁白、理智和行为，而暗愚、乏信仰、不实、自利是永久的坠落；实在说人之所以为人，是他带有慈悲的习性，不是因为他富、华饰、博学、文雅。

大地的子哟！嫉妒的痕迹虽然在心里存得很少，不能达到不灭的境域，不能感受到神圣天国纯洁的香。

世上的暴君哟！你须由压制撤去你的手，我誓不看过无论何人的压制。

不实行的朋友们哟！请一反省！你曾听过可爱者和不认识者存在同一的心里么？你体会过可爱者和不认识者在同一的心里么？所以你须送出那不认识者，让可爱者进你的屋里来。在现在所有的人必须以纯洁和道德奉侍神，教者言辞的效力在他们目的的纯洁和他的超越；有些人以言辞为满足，但是言辞的真理，是用行为和生命来证明，行为表示人的地位。

这些教义的来源是正义，人脱离迷信和模仿，才能以一实同体的眼分别神的表现，锐利的眼光，考察各种事件。

戒告

人们呐！天国的门是开着——真理的太阳，照射着世界，——人生的源泉是流着——慈悲的曙光已经表现，——最大最壮丽的光在各人的心里照耀着，醒啊！听神的声音在超越的世界叫你："来我这里，人们的孩子哟！来我这儿，你受渴的人来饮这个甘泉，这个泉是澎湃的降到地球上的各处。"

时机到了！现在是收受的时机啊！请你看在基督的时候，那些人们不是会悟神由他口里说给他们的圣灵在三世纪以后他们才收受么？是不是你们还要睡到懒惰怠慢的床上，当着你们的父亲——基督曾预言过——来在你们的当中开了最大惠施的门和神的恩宠，我们再不要像过去那些人聋于他们的叫，而瞎于他们的美。让我们试开我们的眼，我们可以得见他，开我们的耳,我们能听他,洗我们的心,他可以来住我们的灵魂内。现在是信仰和行为的时代,不是口唇的时代。让我们从懒睡里醒起来,想到有一个很大的会餐等着我们,第一就是我们去吃,其次,才让渴于智识的人、饿于生命面包的人。

壮丽的日子过去得非常的快,一次去了,你就把他叫不回来,所以当看真理太阳的光线正照着和神的中心圣约正表现的时候,让我们出去做工,因为等不得一会儿,晚上就来了,到葡萄园的路,也就容易寻不出来。

智识的光已经出现,在他的前面,所有迷信妄想的黑暗都要消灭,至上聚会的主人们都下来帮助这些要起来奉侍神的,来镇压和攻取心的城郭,宣布神来的喜音,联络万物的灵魂。——亚布都尔巴哈

我们所欲的只是世界的善和各国民的幸福,但是他们看我们是激励作乱者,应当束缚追放……各国民的信仰只应有一个,所有的人类如同胞一样,爱情的牵引及人类间的联合应当巩固,宗教的分歧应当停止,人种的差别应当取消……在这些里面有什么害呢?……既然是这样,这些无结果的挣扎,破坏的战争不应当演,那么"世界的和平"(THE MOST GREAT PEACE)就可以出现了……这不是基督曾经说么?……你们的王和支配者不是使用他们的国库作破灭人类的用途比较使用在谋人类的幸福还多么?这些挣扎、流血、不和,必须停止,所有的人类如一门亲戚和一家的人……一个人爱他的国不是光荣,爱全人类方是光荣。——巴哈欧拉

生活是——

不要为任何人悲愁的原因。

对无论何人要亲切用纯洁的精神爱他们。

要是压迫和伤害及于我们的身，须忍受；我们应常时尽我们所能的亲切，无论什么时候要爱人，要是灾害达到最高的极点，须欢受，因为这些东西是神的给与和恩惠。

不要说别人的过错，须要为他们祈祷，帮助他们，用亲切改正他们的过错。

要看好的一方面，不要看坏的一方面，要是一个人有十种好性质，一种坏性质，你看他那十种，忘却了那一种；要是一个人有十种坏性质，一种好性质，你看他那一种，忘却了那十种。

我们对于他人，永不要说一句不亲切的话，虽然那个人是我们的敌人。所以我们的行为应亲切。

我们的心对于我们自身和俗界应当脱离。

须谦让。

须一个做一个的仆人，要常知道我们是不如任何人。

多类的人，须如一个心，因为我们能一个更爱一个，我们就比较接近于神；但是要知道我们的爱，我们的联合，我们的遵从不是在口上的自白，是实在。

要小心智慧故事。

要真实。

要恳切。

要尊敬。

为每个病人治愈的原因，为每个悲哀者的安慰人，为每个渴的愉快水，为每个饥饿者的天餐——每个天涯的星，每个灯火的光，每个想入神之天国的信使。——亚布都巴哈

(封底文字)偏见要戒，光无论在哪一个灯器里燃着都是亮的，玫瑰花无论在哪一个园子里开着都是美的，一个星不问他在东在西照射着都是光明的。——亚布都巴哈

《巴海的天启》

1923年11月，为配合儒特在北京的巴哈伊文明宣传，《顺天时报》发表的《<巴海的天启>书后》有如下文字：

吾人于月之十一日社论栏内，曾揭载《欧洲停战五周年感言》一文，云"吾人今所欲倡导者，为从事精神的事业。各宗教团体，不问其教理异同，悉应忘却从前宗派间之争执，于战后世界应有精神的使命之点，亟宜讲求相互一致协力之法是也，换言之，即基、佛、回、印各教，应相集合，特开世界宗教大会，讨论救济世界的物质的科学的，世界人心之缺陷云云。然其次日，美人儒特女士即致送本报《巴海的天启》一小册，请为揭载。记者见之，以寡闻之故，尚未知美国近年以来，即有巴海新宗教运动，展而读之，所云此巴海教教理，谓各宗教的根本基础是同一的，谓宗教不可不为人类联合的原因，谓世界的平和，此皆不但与吾人停战五周年感言全然吻合，且较吾人所论，更为深刻痛切。为哲学的教理的，大有统一宗教各派异同之倾向。吾人于兹，对于以此说为天下倡者，非仅抱知己之感，且更大为世界和平庆也。记者其翌日即将《巴海的天启》披露于报端，以介绍此新宗教于天下。一面复访该册寄送者儒特女士于东城王府井大街45号平安房，请教巴海教之精奥，以便介绍于世，女士欣然允诺，遂提供种种材料，并贷与该教使徒之肖像，更恳切说明教理。兹揭载该教之概要，以为有志者告：儒特女士，乃美国芝加哥巴海会本部派往东洋各地传导者也。日前来京，寓于上记之平安房，与中国各

界人士酬应，即乘便讲演，刻已定于月之24日离京赴津，尚有巴海教信徒亚历山大女士，现止宿于东交民巷之六国饭店72号室，倘关于巴海教有质疑者，请接洽两女士可也。"

然后就是介绍巴布、巴哈欧拉和阿博都·巴哈三位巴哈伊文明的关键人物。

1924年，李佳白又在《国际公报》第2卷第37期发表了署名卍字副刊的《统一世界宗教之大运动》，介绍巴哈伊文明，该文题目和畅支的同名文章一样，但是内容不一致。

该文内容是文白夹杂的：

> 波斯当道认白海乌拉所宣传为邪说，力遏之。其徒死于极刑者约两万余。殉道诸人皆视死如归，毫无恐惧怨愤之色。当道不能消灭其势力，乃行放逐政策。初则以白海乌拉与其子亚白特尔白海及诸徒送至裴格台特。继逐至君士坦丁，终乃至亚得里亚那波尔。白海乌拉在亚得里亚那波尔公开宣道，并致书于欧洲各国之元首，请彼等参加其改革宗教，奠定世界和平之大运动。1868年复被土皇逐至派拉斯太恩之亚加而禁锢之。白海乌拉在狱中专心著作，至1892年而物化。其子亚白特尔白海继父志宣道，毫不懈息。今在回教国，其徒最众。在美洲各国，坎拿大、日本、印度诸地，信其道者，亦实繁有徒。白海乌拉为人道计，各国元首当互相结合，并集各民族各邦国之代表，组织一仲裁机关，名曰人群之巴力门（议会、国会），以解决一切国际争端。教育为最神圣之事业，女子教育尤为最要。盖个人行为之良窳，大半因母教之正当与否而定也。个人须受一种职业教育以资谋生，以服务公众之精神勤于其业，最为高尚。世界言语亟须统一，宗教与科学终将合而为一。天道必借人以阐扬，各人各随其道心、智慧所及，皆得窥其一二。各人所见，皆天道之一部分，综而合之，大道乃可得。信道笃

学之士，为研求神圣常识之先进者。宇宙真理，人群道德，将借其力以明显。今人所注意者，见重于教物质，一切观念几全被物质所束缚。然物质仅为人生之一部分，人群断不可徒以物质相竞。物质之外，尚有无限知识。吾人亟宜考求之。非物质知识，可以解放物质观念之束缚，而进人群于大同。白海乌拉常诫人勿迷信，勿惑于历史及文字。当以独立精神考求真理。人之所以不能见真道者，因物质观念太重也。亚白特尔白海与其父同于1868年入狱，至1908年被释出狱后，周游欧美各邦布其道，所至备受欢迎，不数年而名满西方矣。其信徒近在美国芝加哥密西根湖畔购地多亩，拟兴筑一大礼拜堂，现已集有现款，不久即可动工。捐款之人，各民族、各教徒皆有。其建筑工程，圆形中央，有祈祷祀神厅一，无论何人皆可自由进此堂，各随其宗教习惯礼拜或祈祷。堂之附近有医院一，祀神者之旅馆一，孤儿院一，研究高深科学之大学一，公园一，凡此种设备，无论何人皆可享其利益。论者谓，自此以往，宗教可以和科学调和，科学可以辅助宗教，循序渐进，统一宗教，缔造大同，非难事云。

另外一篇《统一世界宗教之大运动》，发表在《国际公报》1924年第2卷第37期。

道院在济南的《哲报》自1922年以来也多次发表巴哈伊的文章和信息，大篇章的《巴海的天启》，是不惜版面重复发表的。内容和其他报纸发表的重复，不再节录。

道院是受到巴哈伊文明影响而创建的，也可以说是巴哈伊文明中国化的尝试，提倡一种宗教合一的融合观，试图把儒、释、道、基督教、伊斯兰教五教打通。

1916年，山东滨州的吴福永创立"道院"雏形，提倡佛教、道教、儒教、伊斯兰教和基督教五教合一。1921年钱能训、杜秉寅、李佳白等人在北京组织红卍字会筹备处，以"促进世界和平，救济灾患"为旨趣，内政部批准成立。道院后来与红卍字会合一，道院重内修，红卍字会着重开展慈善事业。1921年农历七月初十日开始，李佳白应邀出席了在济南大明湖皖江公所召开的世界红卍字会筹备大会，会期三天，李佳白被聘为特别会长，道号"玄白"（中村元等著《中国佛教发展史（中册）》，上海天华出版社1984年，第861页）。

"万国道德会"同样要融合儒、释、道、耶、回等五大宗教，以孔孟伦理道德为主，教化人类，企图达到"世界大同"。其创办人江钟秀(?—1926)，字寿亭、寿峰。济南历城县江家庄人。16岁起专心诵读四书五经，固守孔孟之道。清光绪二十年(1894年)甲午中日战争后，清廷腐败暴露，社会维新思想产生。他深恐孔教衰微，著《尊孔大义》十卷，以宣扬孔孟之道为己任。亲自持书拜谒孔孟后裔，建议提倡宗风，又著《道教正义》一书，嘱弟子将此书送至江西贵溪县，以期尽快重振祖风。1912年中华民国成立，政府下令停止读经。他力争孔孟经书不可废，写《尊孔大义纲要》，寄达大总统、副总统、教育部失败，又著书万言上呈中央临时教育会及参议院。1918年，在江钟秀积极活动下，于济南南门星宿庙创立万国道德会筹备总处，邀请军政商学各界二百人参加商讨，深受山西督军阎锡山等欢迎。阎锡山致函各省军政长官支持，于是有奉天(今辽宁)、两湖(湖南、湖北)、河南、山东、新疆、江苏、陕西、浙江、吉林等16省军政长官纷纷复函赞同。1921年8月在山东泰安岱庙召开"万国道德会"成立大会，推荐"衍圣公"孔德成为会长，康有为、田步蟾为副会长；江钟秀为监理，总理会务。当月北京政府准其立案。李佳白为名誉会长，是对该会创办起过关键作用的外国人，与他在山东有较大的影响有关，后来李佳白同该会不仅有密切往来，而且有关巴哈伊的文章还得以在道院主办的杂志《哲报》上边发表，均与李佳白有关。红卍字会就始于道院。1926年，江钟秀病故，其次子江希张为万国道德会负责人。万国道德会后设总会于北平，在全国各地设分会三四百处，会员号称数十万人（济南市史志编纂委员会编《济南市志》（第七册），中华书局1997年，第320

页）。

李佳白认为道院和道德社是一回事，他在1923年写出的《中国近期的宗教运动》（刊发在《中国差会年鉴》，广学会1924年）文中说："道院(TAO YUAN)或道德社(ETHICAL SOCIETY)，后者是初始的叫法，而且现在仍然使用，但前者却好像在受灵界支配，是一个使用更为普遍的名称"（转引自郭大松《<济南道院暨红卍字会之调查>辩证》，《青岛大学师范学院学报》2005年第3期，第30-31页）。世界红卍字会、道院等组织机构也主张世界大同，有大同教的倾向，而且与李佳白关系密切。世界红卍字会与济南道院主张儒、道、佛、伊斯兰、天主教五教合一，从事慈善活动，发展非常迅速。南怀瑾说："现在还新兴了'五教同源'，如红卍字会等类团体，把孔子、老子、释迦牟尼、耶稣、穆罕默德五位教主都请在上面排排坐。中华民族是喜欢平等的，认为每个教主都好，所以五位一起供奉"（《南怀瑾选集》第1卷典藏版，复旦大学出版社2013年，第355-356页）。这种宗教主张很类似于巴哈伊教。

李佳白曾主张："卍字会成立之后，入会会员资格应该广泛，不可限于道院修方，庶可易于发展"（《郑婴芝先生讲演录：红卍字会缘起》，上海市档案馆藏，档号：Q120-4-1）。

李佳白在《中国近期的宗教运动》中认为：(万国道德会的)道德运动在很大程度上具有折衷性，承认所有宗教导师的普遍作用。目前领导人是一名基督教学校的学生，而且作为一名接受基督教教义者，加入了美以美。它现已成功地传遍了整个中国（《民国前期中国的宗教运动》，郭大松译编《中西文化交流的先驱和桥梁——近代山东早期来华基督新教及其差会工作》，人民日报出版社2007年，第303-304页）。

李佳白也指出："由于大多数道院的追随者都是孔教、道教和佛教信徒，因而这三教最受重视，并给予最明智的阐释。不过，对基督教和伊斯兰教并无偏见"（《民国前期中国的宗教运动》，郭大松译编《中西文化交流的先驱和桥梁——近代山东早期来华基督新教及其差会工作》,人民日报出版社2007年,第306页)。

侯素爽在欢迎李佳白在天津演讲的时候,谈到李佳白的宗教融合:博士历来所标明的主义,简单言之,可包括三种:一是各教联合,一是世界和平,一是平等博爱。而道院"专昌明基、回、儒、释、道五大教主的精义,为修己度人的明星,使世界的人类一齐往大同的路上去走,希望天国早日来到。最要紧的就是除去各教主奴之见,因为教虽派别不同,而大道止是一个。"所以道院"与博士所持的宗旨,同是讲各教的联合的"(《天津道院代表侯素爽先生欢迎本堂李总理演词》,《尚贤堂纪事》1922年第13卷第4期,第44-45页)。"道院者,研究大道之学府,又渡(度)人觉世之基地也。故此道字,非僧道之道。而院亦非庵观寺院之比。盖冶万教于一炉,而探其本源,明其修习,使人类出迷登清,进普世于大同,是道院之所由设也"(《道院溯源》,《正俗》1937年第2卷第5期,第19-20页)。

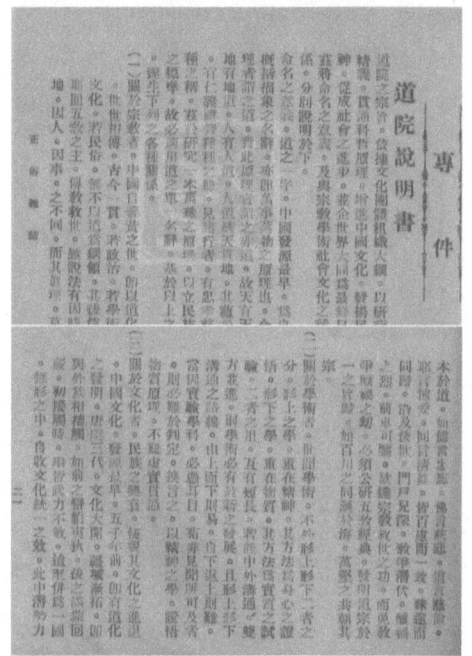

道院认同巴哈伊宗教同源、上帝独一、人类一家之说。道院论述宗教同源思想,认为五教"皆百虑而一致,殊途而同归。延及后世,门户兄深,教争潜伏。酿祸之烈,前车可鉴。欲达宗教救世之功,而免教争酿祸之劫,必须公研五教经典,发明道宗于一之旨归。如百川同归于海,万壑之共朝其宗"(《道院说明书》,《正俗》1937年第2卷第4期,第21页)。侯素爽指出:"基、回二

教,皆崇奉独一真神,基曰天主,曰上帝;回曰真主。其义原与儒、释、道三教,推本穷源处,无二无别,后世门户见起,又以各家译文不同,致生出入高下之论。"侯素爽引用王岱舆《真一篇》言及"真主止一,无有比似。为无始之原有。非从所生,亦无从生。无似相,无往来,无终始,无处所,无时光,无抑扬,无开合,无依赖,无气质。真一乃单另独一之一,非数之一也"(侯素爽:《论基、回二教之独一真宰》,《哲报》1923年第2卷第34期,第1-2页)。他认为《道德经》的"道",《易经》"乾元",也是一样的意思。佛教的"真如"也是如此。侯素爽说:"真神者何? 即真如也。即法神佛也。各宗称谓不同,而要其为道之本体则一,是天地人物之大本,大道万法之真源。有体、有相、有用,即耶教所谓圣父、圣子、圣灵。其体物也不遗,其照物也无方,无所不在,无所不知,无所不能。人物之相,皆其相;人物之灵,皆其灵。但执相求之不得,所谓若以色见我,以声音求我,是人行邪道,不能见如来也"(侯素爽:《真神无像辨》,《道德月刊》1934年第1卷第2期,第13页)。

巴哈伊认为,上帝是独一的,但是不同的宗教对上帝可以有不同的名称:耶和华、上帝、真主、安拉、梵天,侯素爽也认为"基教之上帝,即回教之真主,即佛教真如,即千佛万佛之祖,名异而实同。以道言,即大道之源头。以法言,即万法之根本"(侯素爽:《论基、回二教之独一真宰》,《哲报》1923年第2卷第34期,第3页)。

巴哈伊的宗教同源得到道院的积极响应。其《五教同源论》论述说:道无门户,各尽其心力而已。五教之不同流,其源则无二歧。……儒、回、耶、释、道,其宗旨有曰仁义者,有曰清真者,有曰博爱者,有曰寂灭、无为者,究之,皆按时人之失,降世而救之。……诸子入道,求其尽乎心力,不必研乎门户也。争乎门户,则道心薄矣。何言之? 道浑然也。争则失乎浑然之理。道在慈善,争则近于求名之流。故求道者,当知五教源出一流也(《岳圣五教同源论(甲子七月二十五日临庐江道院判示)》,《道德杂志》1924年第4卷第5期，第11页）。其《五教同源》说：

> 至于融合基、释、道、回、儒之五教，以弭教争，是又正人心趋向之大经大法也，盖五教教主，皆真神所显化之化身，而各尽其明道之职责，虽说法有因时因地因人因事之不同，而其以明道为觉世救人之本旨，则一也。故基曰博爱，回曰清真，儒曰时中，释曰平等，道曰清静。合此五者而道之全体大用以备；故道能统教，教不能统道，中庸所谓修道之谓教是也。然教万有不齐，而道院独崇五教何也，曰五教教义，最精最审，范围最广，故言五教即该万教矣。若修人不察，而于五教教义，妄起分别，则门户自封，昧各教有独到之诣，而启人心以分裂之祸也。老祖曰"吾道之立，五教归一，非强合也。道本无二也，吾老人秘握道体，故一道统五教，而后分延道脉，故以五教归一道，归一者云，密合之旨耳。而修道为教，分合斯形，修持门径，各各不同，吾云归者，非欲修道之士，忽儒、忽释、忽道、忽耶、忽回也。亦非欲兼营并慕，散漫而失厥归宿也。吾欲各宗各教，研大道之精微，毋流乎教之末流斯已耳"。又曰"教之所以不同者，设不同时，传不同地，化不同人也。故丘徒因时地人而传忠恕之道，迦徒缘时地人而演慈悲之法，聃徒本时地人而传无为之谛，耶徒宜时地人而发博爱之论，回徒适时地人而创清真之宗也。各教名称不同，立论不同，而其去妄求真之本旨，则无不同。明心见性之实功，更无不同也。惟是后世教徒，背乎真旨，失其正义，分门立户，争功逞能，倡邪说为怪诞之语，发异端作无稽之谈，昧乎大道之真奥，不求性命之修养，妖言聚众，迷惑听闻，矜奇炫异，以鼓吹旁门，施术用魔，而煽揭左道，虽有神奇之术，皆系魔鬼之弄，非动于淫乱，即谋为叛逆，实为正教之大贼，而大道之障碍也。此老人降灵演道于世者，即可以收此贼，除此障碍，而为世界人类开一大新路，为大道前途放一大光明也。

故统五教为一院，合万殊归一本，以泯教之互争，宗之各立耳。夫前命各传一教者，实其时之地域限之，交通不便也，种族不同也，文言不通也。洎及今日，时非故也，地非昔也，人情非前日也，国政非先年也，其不通者已通之矣，其不达者已达之矣，人情亦相似矣，国政亦相仿也，处此岂容各教之分别，而不得展道之大用，以宏道之大化哉。故五教处此时日，实有同化之理……此即老人之所以统五教之本旨，亦即设院会之正宗也"。所谓院会者，即道院及红卍字会也，老祖统五教于一院，故道院供奉老祖及五教教主，院会中有各教教徒，皆能相亲相爱，其所以能如是者，因五教教主及圣神仙佛之临坛者，皆尊崇老祖为至上无极之至圣，皆注重五教同源之大道，皆致力于度人救世而不分门户，故各教教徒，皆受其感化，去门户之见，泯彼此之别，既了解他教之要义，更精研本人原奉之教，而增加信仰之救世之力。

对于巴哈伊的人类一家，道院也很认同，指出："世界人类，虽有国界种界之别，而天赋之性灵，莫不相同"（《道院说明书》，《正俗》1937年第2卷第4期，第22页）。道院还支持巴哈伊宗教和科学并行不悖的观点，指出"世间学术，不外形上形下二者之分，形上之学，重在精神，其方法为身心之证悟；形下之学，重在物质，其方法为实质之实验。二者之用，互有短长。若能中外沟通，双方并进，则学术必有最新之发展。……以精神之学，证悟物质原理，不难虚实贯通"（《道院说明书》，《正俗》1937年第2卷第4期，第21页）。

而美国巴哈伊传导者儒特在致侯素爽的信函中也肯定道院和巴哈伊信仰的相同之处，指出"巴海教与道院之宗旨，实多所吻合"，她"愿告诸君以巴海教运动之详情，巴海教徒之目的与诸君同，皆为统一各宗教者也。……余已遍历世界各国，到处演说著作，并散布中文及世界语之巴海教之小册。余曾购巴海教中文者8000份，世界语者3000份，以广传播。"儒特得知侯素爽"于巴海教极热心研究，且贵报（指《哲报》）曾载有关于巴海教之文字，余闻之无任铭感，无任欣悦，且先生以欢喜的心去联合各宗教之信仰，实与吾等相同也"（《通讯_巴海教宣传使儒特女士致侯素爽书》，《哲报》1924年第3卷第2期，第1-2页）。可惜的是她事前不了解李佳白对巴哈伊的宣传已经做出了巨大的贡献。

儒特致信的这位侯素爽，原名侯延爽，字雪舫，山东东平人。侯延爽幼年在私塾念书，后来随东平教谕傅旭安（字伯隽，号晓麓，傅斯年之父）在东平龙山书院学习。光绪二十八年（1902年），侯延爽中举人，次年中进士；同年闰五月，历官刑部主事，后作为首批中国留日学生到日本学习法政三年。民国初年，侯延爽历任北京临时参议院议员、民元国会众议院议员、哈尔滨中国银行行长，兼滨江关监督。民国四年（1915年）12月滨江农产银行成立，他任经理。在哈尔滨期间，和邓洁民成为好友，资助后者创办东华学校。1921年，他辞职到济南闲居。其间加入了道院和红卍字会，在道院的职务是六院之一的慈院掌教，道名"侯素爽"，从事慈善事业。民国二十六年（1937年），他拒绝了日本人控制下的山东省省长唐仰杜（唐仰杜是侯延爽的世侄）让她出山到政府任职的邀请。民国三十一年（1942年）病逝。他是哈尔滨东华学校校董，是北京国际大学创办人、巴哈伊信徒邓洁民的朋友，也是李佳白的挚友和美国巴哈伊传导者儒特的朋友。作为傅斯年父亲的学生，侯素爽还是傅斯年、傅斯岩兄弟的恩人。尤其是傅斯年成才得自他的鼎力帮助。

除了《哲报》《国际公报》，上海的《申报》和北京发行量比较大的日本人办的中文《顺天时报》，也发表了儒特和其他巴哈伊的文章。

还是回到邓洁民。

1922年9月，邓洁民出任北京警官高等学校校长，因整治校纪，得罪游惰成性的学生，被驱逐出校。离职时，在北京《晨报》

发表启事，表示愤慨："此种举动，实系侮辱学校人格，影响教育，殊非浅鲜，瞻念前途，不寒而栗"（《晨报》1922年12月7日，第二版）。之后接触儒特多次，先陪同她和亚历山大到济南等地，沿路广泛学习巴哈伊，到上海和挚友协商，准备创办《国际日报》和国际大学。1923年初回北京，担任冯玉祥的家庭教师，同时在巴哈伊思想影响下，和友人酝酿创办北京国际大学事。"以人类平等、世界大同，为办报办学主旨，规模粗具。方期渐次展其抱负"（黄觉：《邓洁民传略》，《五九》1925年第8期，第188页）。拟定的《北京国际大学缘起》，在京报主笔邵飘萍的帮助下，于1923年4月18日起在京报连续刊出。《缘起》提出，国际大学以谋国际间文化沟通，促进国际亲善，并图中华大学教育根本之改进为宗旨。《缘起》指出：

> 夫世界大同，虽非旦夕可期，吾人为永久和平计，要不能不悬为正鹄，努力以赴。近来，各国盛倡国民外交，意在藉国民与国民间之沟通，泯国家与国家间之猜忌。惟各国国民之亲善，尤以知识界破除偏狭的国家主义之成见，互谋为最有关系。同人不敏，爰联合中外热心教育人士，发起国际大学，以谋沟通国际间文化，兼促进国际亲善，并图中华大学教育根本之改进为宗旨。俾于毂睦邦交，作育人才。同时并进。（中国人民政治协商会议黑龙江省哈尔滨市委员会文史资料研究委员会编《哈尔滨文史资料》第10辑，哈尔滨出版社1986年12月，第26页）

大学部设立文、法、商三科，专门部设外交、铁道、财政等科。为便于西人来华求学，设立语言班和文学专科。国际大学于5月1日正式成立。后经确定薛笃弼、周梦贤、王育芝、薛之衡、李彦青、王怀庆6人为国际大学创办董事，公推邓洁民任校长，邓洁民四兄邓西民为校务长，开始进行建校事宜。这就是被儒特称之为北京巴哈伊大学的那所学校。邓洁民立志"独此一腔热血，欲为人类牺牲"（《邓洁民投海自尽详情》，《五九》1925年第8期，第175页）。1924年上半年，国际大学开始在北新桥板桥胡同三号办公。6月开始以校长邓洁民名义在报上刊出招生广告。后来，选定以交道口前园恩寺胡同十六号为第一院，校部迁此办公，9月19日正式开学。学校的建立深受冯玉祥赞赏和支持，冯玉祥曾去学校看望师生。秋天，商得冯玉祥将军支持，以北京西郊万寿寺作为校舍。国际大学和万寿寺主持商定，以五百元一年的租金租用万寿寺为校舍。12月初，全校迁入。

邓洁民之子回忆：

> 大学第一次招收十二班学生，计：法律、政治经济，商业三系本科三个班，预科三个班，专门部法律、政治经济、商业预科三个班；外国语、银行、新闻学专修科三个班。
>
> 大学的校务长为邓西园，教务长为张简坡，各系教授及讲师多半为名流。学校声誉蒸蒸日上，在北京的高等院校中，国际大学已成为学运的中坚力量。1925年，该校创立二周年时，举行了纪念会，同时举行了外国语、银行、新闻学三个专修科的毕业典礼。（中国人民政治协商会议黑龙江省哈尔滨市委员会文史资料研究委员会编《哈尔滨文史资料》第10辑，哈尔滨出版社1986年12月，第26页）

另有记载：

> 1925年3月1日，在北京举行国民会议促成会全国代表大会，反对段祺瑞组织的"善后会议"。邓洁民组织国际大学师生积极参加此项运动，并于4月25日在万寿寺校园招待全国国民会议促成会代表，明确表示反对段祺瑞。遭到段祺瑞政府的记恨，诬他为"赤化"嫌疑，"共产"前奏，竟然要下拘票逮捕他。
>
> 邵飘萍、李大钊等获悉后火速通知他暂避。邓洁民携长

女育英搭乘邵飘萍的汽车赴东交民巷苏联大使馆商定办法，决定先隐姓埋名去天津外国租界避风，同时筹款去苏联。当晚，即搭火车去天津，避居法国租界，化名马天民。

为逃避敌人的追踪，全家衣白举丧。北京《京报》《益世报》和哈尔滨《晨光报》先后发表了邓洁民先生"忧国自杀"的消息。在北京的家中，许多良友登门悼念。著名将领张之江还亲笔撰写挽联：

"欲问世上刀兵劫，请听屠门夜半声。"

（王洁主编《李大钊北京十年（交往篇）》，中央编译出版社2010年，第39—40页）

1925年5月1日，国际大学举行创立二周年纪念及银行、外国语、新闻学三专修科学生毕业典礼。校址万寿寺门临长河，直通玉泉，院中古迹甚多，向有京西名胜之称，为纪念创校二周年，特在京报刊登国际大学开放3天，任人游览启事。该校的毕业生，我们现在找到的只有两个人，一位叫徐荫桐（字凤伍），是师范科的。另外一位是陕西临潼北田人王岳东，此人后来担任过高陵县县长。而教职员方面，除了邓西园，还有徐味冰、张谏伯、袁犀然、吴至仁、余调生，三位和万寿寺谋划致使学校受到损失的教师是张瑞峰（蓬仙）、徐介人、陈则道。张瑞峰诬告邓洁民贪污。更加上政局的变化，影响到国际大学的生存。在纪念活动结束不久，就发生了万寿寺僧人昌映、普泉控告邓洁民校长事件。

在冯玉祥失势的情况下，国际大学面临困难局面。邓洁民必须首先解决财政问题，经与北京文化大学校长邝摩汉联合申请庚款，两校各得一万元。邓洁民坚持主张此款必须用作发展学校教育之用，但少数教员则以解决教员生活为名，企图私分此款；并和万寿寺住持串通，控其以国际大学侵占庙产进行欺诈。住持还提出大学用"国际"命名，鼓吹劳动神圣，旨在宣传赤化；大学维护"国民会议"，反对"善后会议"，目的在于反段（祺瑞）等等，向段政府告发。教员张瑞峰更是唆使学生于5月14日鼓动风潮，印发传单，攻击邓校长。5月15日，新闻界朋友邵飘萍等获悉段祺瑞政府的法院竟然借口寺僧控告所谓邓校长侵占庙产这一民事案件，拟作刑事案件处理，要下拘票逮捕邓校长到案。邵飘萍等当即火速来校通知暂避。邓洁民即携长女育英由后墙出走，绕道阜城门入城，搭邵飘萍等备的汽车径赴东交民巷苏联大使馆，与已等在使馆的友人共商办法。大家认为，很显然这是段祺瑞政府导演的一起政治迫害事件，应该先隐姓埋名，去天津外国租界避风，同时筹款去苏联学习，考察十月革命的理论和经验，以及革命后的政治经济发展情况。当晚，邓洁民即偕育英从水关进入车站，搭火车去天津，避居法国租界长兴楼，化名马天民。

鉴于北京方面对邓洁民的迫害并未平息，而且有可能通过租界工部局拘捕引渡，决定通过新闻界朋友的帮助，在报上发表忧国自杀在大沽口投海的伪造消息。6月18日，"邓洁民在天津投河自尽"消息见报，北京妻孥假作丧事，冯玉祥部鹿钟麟司令及京兆尹、薛笃弼并去万寿寺慰问家属。国际大学举行追悼会。黑暗统治北京，致使活人不得不假死以求生，这真是中国教育界的最大悲剧！在教育史上实为罕见。

邓洁民在天津仍然积极作赴苏准备。为筹旅费，以抚恤死者家属为名，由国际大学教职员徐伯昕（味冰）、邓西园出面向冯玉祥部将领张之江、邓哲熙、门致中、包世杰等捐款。但所得款项远不足以支付赴苏旅费；他亲手创办的国际大学也因无人主持而于8月关门停办。各种恶劣消息不断传来，邓洁民极度抑郁忧愤，加之无端遭到政治迫害所导致的激怒，致使患了肝癌。老母及妻孥赶来天津，服侍汤药，住法租界承旨里4号。

邓洁民患病期间，仍然十分关心国家大事，每天读报、看书，不相信自己身患绝症。但是癌症日重，终日卧床不起，在自己无力阅读书报的情况下，每天还坚持一定要长女给他读报。1925年年底，郭松岭倒戈的消息见报，邓洁民听后非常兴奋，称赞郭有爱国思想，要长女反复读给他听……在辗转病榻十个月之后，1926年4月16日这位年青的教育家，马克思、列宁的追随者，在天津被不治的癌症夺去了生命，终年只有36岁（徐剑影、张德润主编，黑龙江省宾县地方志办公室编：《宾县志》1991年，第1105-1111页）。

邓洁民的吉林老乡王希天也是认同巴哈伊的基督教人士。

王希天与邓洁民、常小川号称哈尔滨三杰。邓洁民和谢扶雅、谢介眉兄弟两个都是王希天的朋友。王希天原籍山东蓬莱，原名熙敬，1896年出生于吉林长春金钱堡。1914年去日本留学，初时怀有浓厚的爱国主义思想，甚至带有狭隘的爱国主义思想色彩。谢介眉曾说："希天初到东京，本抱极端国家主义。后与诸宗教家往来，一变其国家主义为爱人类之大同主义。国际主义思想，主要是在1916年信仰基督教美以美教会以后，皈依基督教后先后在基督教青年会和共济会服务。这种转变在时间上较为实业救国到政治救国较早，但完成这种转变却较晚"（参见王旗、郑则民等《王希天研究论文集》，长春出版社1998年，第228页）。王朴山认为，王希天"欲救众生解放，欲求尘世光明，欲促寰宇大同，欲谋人类和平。目无国界，胸有热诚。骨比铁健，品逾水清。只知与恶魔奋斗，久矣忘夫生死。呜乎，尘世恶浊，魔高于道。斯人云亡，胡天不造。遗像千载，永存笑貌"（王希天纪念文集编委会编《王希天纪念文集》，长春出版社1994年，第109页）。王希天在名（名古屋）两年因时与日本新思想之学者，及当地平民来往，日本警察遂目为社会主义者，时时留意其行动，其每次之迁居多以此故也。到东京后经常请东西名人演讲。民国十一年夏，留日青年会举行第八次学生夏令会于大原海岸，希天为会中执行干事，事前奔走于各国学生处，劝人赴会并请学生之中热心服务者组成委员会以襄助会务，又请东西学者八人到会演讲，筹备两月煞费苦心（王希天纪念文集编委会编《王希天纪念文集》，长春出版社1994年，第118页）。"今人地方观念太深，因一念之差，发生种种冲突，党同伐异，流弊百出。希天本基督博爱之精神，以世界为一家，人类皆同胞，其目光之远大，千秋崇拜，谁说不宜"（王希天纪念文集编委会编《王希天纪念文集》，长春出版社1994年，第166-167页）。他是服膺这个教义的。从以上可见，王希天的思想是超国界超民族的救世主义，他奉上帝之命，以忘我的牺牲精神，在人间"建设神国"；"欲救众生解放，欲求尘世光明，欲促寰宇大同，欲求人类和平"，是他终生抱定的宗旨（王旗、郑则民等《王希天研究论文集》，长春出版社1998年，第127页）。在王希天看来，"世界乃一家也，宜使其联合；各民族系同胞，宜彼此相爱"。由此可见，他的爱国主义思想，已不是狭隘民族主义、国家至上主义，发展为人类的大同思想、国际主义（已超出国联主义）。也正因此，王希天与许多日本宗教活动家（贺川丰彦牧师、彭彼得牧师）、社会活动家（如山室军平氏）、科学家（如佐藤定吉）、文学家（如野岩三郎氏等）结下深厚友谊，成为莫逆之交（王旗、郑则民等《王希天研究论文集》，长春出版社1998年，第230页）。

1923年9月1日，日本东京发生大地震，日人乘混乱之际殴打并杀害侨日华工及学生，计有三百四十余人被杀害。热心华工运动的留日侨胞共济会会长王希天也残遭杀害。他是被当做社会主义者而被杀害的，当时儒特也被日本警察无端地当做共产主义者而被询问，日本警察认为巴哈伊信仰与共产主义无异。儒特没被杀害，而王希天则被杀害。消息传来，国人极为愤慨。邓洁民以好友王希天被害，旅日侨胞无辜丧生，倍极悲怆，于是联络在京名流薛笃弼、邵飘萍、包世杰、余调生、马鹤天、彭彼得等34人发起成立旅日被难华侨王希天等追悼会筹备处。筹备处启事于12月4日起至18日在京报上刊出。据《民国日报》1924年2月27日报导，包世杰为筹备主任，邓洁民等人为筹备委员（《侨日华工被杀案近讯》）。当时以邓洁民寓所为筹备处，进行紧张工作。此间，邓洁民还撰了题为《日本政府党杀害中国社会主义学者》一文在报刊发表，指出日本杀害王希天的政治目的，并提出强烈抗议。经过三个月的紧张筹备，"留日被难侨胞王希天等三百四十一人追悼大会"于1924年3月2日在北京中央公园举行，到会三万余人，和王希天同在日本从事华工运动的王朴山（葆曾）、王兆澄等也返国与会。会上揭露日本帝国主义的残暴罪行，指出国势太弱，政治腐败，日本才敢肆虐。会议号召国人要立志雪耻，打倒日本帝国主义，这是一次声势浩大的大示威。

至于邓洁民和王希天的朋友谢扶雅，则对宗教融合持矛盾的态度。谢扶雅(1892——1991)，浙江绍兴人。早年留学日本东京弘文书院，后留美，入芝加哥大学，终毕业于哈佛大学研究院。回国后在上海任中华基督教青年会全国协会干事。20世纪20年代就在《弥洒》月刊发表作品。后在广州，任岭南大学哲学系教授、主任，《岭南学报》主编、中山大学教授。著有《人格教育论》《宗教哲学》《道原》《伦理学》《中国伦理思想述要》《基督教纲要》《国际问题》《游美心理》《中国政治思想史纲》(1954年台湾)《谢扶雅晚年文录》。谢扶雅提倡"执两用中，天下大同"，主张效法儒释道的融合，各取所长，建立一个博采众家之长的新的优秀文化（谢扶雅：《自辫子至电子——谢扶雅百年生平纪略》，上海青年协会书局1935年，第93—117页），认同谭嗣同"随康有为而唱'大同教'之政治，描绘大同世界之景象"（谢扶雅《中国政治思想史纲》，台湾正中书局1954年，第162~163页）。谢扶雅认为基督教的"神国降临大地""与中国儒家所倡导的世界大同、天下一家的理想，遥相呼应，而给世人一大鼓舞与奋勉"（谢扶雅《中国文化与基督教在华的展望》，牟宗三、梅贻宝等著，东海大学哲学系主编《中国文化论文集（四）》，台湾省教育厅印行1984年，第624页）。但对宗教大同会，六圣宗教同一会，同善社，悟善社，实行社，道院，理门，等等团体并不认同。认为"我国近年有所谓混合六圣教大同教……之发现，非仅宗教中之害群败马，抑实文明进步之隐忧"（《宗教哲学》上海青年协会书局1928年，转引自卓新平主编《20世纪中国社会科学·宗教学卷》，广东教育出版社2009年，第620页）。

而邓洁民的朋友，著名报人邵飘萍则明确支持世界大同，在报端热情欢呼："世界文明，日趋于大同。我黄帝子孙，以神明之胄，合群策群力，振臂一呼，鄂江湖涌，金陵电驰，东南底定，北庭仅存。于破坏之中，为建设之计，于是政成立，总统得人。共和政体,既驱鸳于法美,阳历改元,应从同乎东西。今日为阳历一千九百十二年一月一日,我中华民国之改元,天时人和,适逢其会。记者谨三熏三沐,大书特书曰:中华民国元年元旦"(何扬鸣《民国杭州新闻史稿》,杭州出版社2013年,第52页)。章士钊赞邵飘萍在被张作霖羁押后庭审时,理直气壮"以世界大同,人类同情为辩"(章士钊《记邵振青先生》,《新闻学报》1940年第1卷第4-5期,第27页)。

儒特在北京,最早的活动是参加蔡元培先生创办的北京世界语专门学校,在该校任教,学校设在北京西城的孟端胡同路南。而她本人则寓居王府井大街平安房45号。北京的报纸很重视此事,报载:世界语专门学校已开始上课北京世界语专门学校开学一节,已志本报。兹又闻该校已于昨日(十七日)实行上课。是日各门功课均已上齐,如马叙伦,鲁迅,密斯儒特等诸先生已到校授课。又该校寄宿舍已租定武定候十一号(在西城区金融街附近),房屋宽敞,整洁优美,在各校寄宿舍中亦不多得云。(原载《晨报》民国十二年(1923年)9月19日第六版)

据艾格妮丝回忆:

在我们到达北平之前,儒特已经去了清华大学。曹云祥邀请我在大学礼堂里的巴哈伊圣教堂上发言,然后所有的学生集合。曹博士和夫人也在中国午餐会上招待我们。然后他安排了第二次会议,邀请任何希望与我们亲自交谈的学生。四个认真的学生聚集,每个有一个不同的问题。一个人是穆斯林,另一个是基督徒,第三个人没有宗教。每个人从他的心深处大受刺激。从那时起,曹云祥博士以书面和公开演讲的方式与巴哈伊信仰保持联系。

在北平,我再次见到在日本的朋友。在我在东京的家里,听说过圣道的日本人和中国人。其中一位负责一所北京的航空训练学校,邀请儒特和在巴哈伊聚会上讲话。学校主要由成年男子组成,其中许多是军官。这是一个鼓舞人心的经验。有一天,儒特去了一次会议,她有机会提到圣道。会后,陈先生来到她身边,问她是否知道包世杰先生。在东京于1920年他访问了我的家，和广州来的游东记者团。这是一个非常高兴的事，包世杰当时住在北平，已经担任冯玉祥将军的秘书之一。他来看她们，安排儒特在冯玉祥将军的学校演讲，他的军队的官员和孩子们都出席了。这是一个非常愉快的时刻，学校里的每个孩子都得到了一本中文的巴哈伊小册子，因此他们成为巴哈欧拉的信息的火炬手，军校有一万男人。

从儒特遇见陈先生的那一天起，他成了一个忠诚的朋友，并帮助她们。正是他看到了包世杰先生于1920年在上海从日本带来的巴哈伊书籍，以及包世杰先生的要求，他们从他那里看到在上海翻译的一份报纸。陈先生是一所中学的老师。通过他，儒特受邀在一个关于圣道的大型聚会上发言。他向她们介绍了邓洁民先生，他也成为圣道的忠实朋友。当时在北京有一个世界语学校，儒特协助教英语。有几次在那里聚会，谈到圣道。在包世杰先生的协助下，她们于11月4日安排举行了巴哈伊盛宴，这是在北平举办的第一次。有七位朋友在场，包括包世杰先生和陈先生。

儒特说在济南府，世界语学生于道泉安排她在齐鲁大学演讲，他正在那个学校学习。于道泉1923年12月6日在济南府写道："你在济南的逗留，不应该感谢我，而应该感谢普罗维登斯，使我们有勇气在济南传讲真相。"于道泉把世界语翻译为国际语，于道泉和陈兆瑛（一作锳）合作了UOUAL《国际语问题及其解决》的翻译，陈兆瑛翻译之后，于道泉用英德译文和世界语原本对照校订，是作者1900年在法兰西科学促进会的演讲，《民国日报》从1923年4月16日开始连载。胡愈之为此写了序言予以肯定。于道泉和陈兆瑛还合作编写了《世界语会话》。

于道泉是个公认的奇才，著名藏学家、语言学家、教育家。字伯源。山东临淄县人。他精通多种语言，1920年在齐鲁大学一年级的时候，自学世界语并加入环球世界语学会，为许地山所器重。1924年印度泰戈尔在济南讲学时，他任翻译并深受赞赏，偕至北京，为俄国钢和泰荐在北京大学课堂翻译，并参加爱国进步组织与活动。1925年住入雍和宫攻读藏语文，兼学蒙古文、满文。1927

年受中央研究院之聘任历史语言考占研究所助理研究员，从事藏学研究，兼为京师图书馆馆藏藏、蒙、满文典籍整理编目。1924年春天，世界文学巨匠泰戈尔应李佳白和梁启超的邀请来到中国访问，途中在济南逗留。"于道泉听说泰戈尔要来济南，欣喜异常。他打听到泰戈尔抵达济南的确切时间，早早就起来，步行前往车站，想一睹这位世界文学泰斗的风采。正巧，途中遇到了孙剑冰、徐志摩等几位来山东的文学家。当时，风度翩翩的青年诗人徐志摩负责接待泰戈尔。不久前，一位美国学者到齐鲁大学讲学时，于道泉曾充任翻译。今天，几位作家见到他十分高兴，因为接待泰戈尔的翻译人员尚未找齐，于是他们招呼于道泉上了马车。并举荐他为与泰戈尔同来的三位教授做导游翻译。于道泉欣然受命"（张小平《雪域在召唤 世界屋脊见闻录》，民族出版社1966年，第56页）。于道泉不仅给泰戈尔做翻译，也给儒特做翻译，还结识了李佳白的朋友钢和泰男爵，在钢和泰家长期居住，跟从他学习了梵文。

陈兆瑛喜欢使用"爱世语"，不喜欢用"世界语"。辅本爱世语传播社是他大力支持的。他还充当上海世界语学会附设的世界语函授学校的教师，推广世界语。1924年1月儒特在上海演讲，宣传巴哈伊文明和世界语，陈兆瑛是陪同者。1924年1月12日的《大陆报》刊登了儒特演讲的主要内容，文末特别提及陈兆瑛对她的支持，对陈兆瑛的世界语讲座表示赞赏。

陈兆瑛对巴哈伊文明的天下一家非常欣赏，他说："国际观念，简而言之，就是了解人类是一家的，咱们都是兄弟……人们好像不知道人类好像人的身体，一部分受了伤，全身就要害病的"（陈兆瑛译《INTERNACECO国际性》，《进德季刊》1923年第2卷第2期，第74-77页）。

陈兆瑛赞同柴门霍夫"国与国间仇视消，时已至此其速倒。全球合成一家兮，人群相亲如同胞"（陈兆瑛《讲演：爱世语ESPERANTO的真义和历史》，高尔松（笔名高希圣）、高尔柏（笔名郭真）笔记，《民国日报·觉悟》1922年第4卷第20期，第1页）。他在译作《世界语ESPERANTO是平民的拉丁文》里明确地说："真正的民治主义，真自由，真平等，是全人类人生的基础。这种原理也就是博爱之源，它的哲学就是博爱主义，'人类一分子主义'"（《民国日报·觉悟》1924年第3卷第16期，第1页）。

著名的世界语专家胡愈之在1923年4月14日介绍《国际语问题及其解决》译文的时候，肯定世界语实在是神圣的事实，便把我们的全部生命，牺牲在这里也是值得的（《国际语问题及其解决》《华光日报》1923年4月16日）。于道泉还翻译了世界语的《歌谣论》（《歌谣》1936年10月24日）。

13、流风余韵

明代张颐在为唐代"诗骨"陈子昂的《陈伯玉文集·序》里，因其诗作风骨峥嵘，寓意深远，苍劲有力，对其评价极高："有唐之兴，文运渐启，虽四杰四友称美于时，然其流风余韵渐染既久，未能悉除。"清初，福建漳州有个姓章的才子，才情过人，下笔千言，感人心脾，弹琴技艺极佳，却自号"焚琴子"。张潮《虞初新志·焚琴子传》引梁溪顾彩天石（梦鹤居士）《辟疆园文钞》言说："卒之无有识生之才而用之者，宜其伤于情而碎于琴也。然生流风余韵，宛在丹山碧水之间，迄今登鼓山之亭，如闻其哭焉。生其化鹤而来归乎？松风夜弦，空林鬼哭，生何往而不在也？"

儒特"奔放如风"，但并不是那种破坏性的摧枯拉朽之风，而是具有建设性的润物细无声的微风，自1923年到1937年，轻轻刮了14年，在中国留下了浓墨重彩，其流风余韵影响了不少中外人士。晚唐杜牧《怀钟陵旧游四首》第三首有一句"微涟风定翠滃滃"，用在儒特身上正合适。她正是在平平静静中，给国人传递了新文明的信息。

儒特的朋友乌斯库利，一直坚持在大陆的英文报纸发表巴哈伊文章，玛格丽特也坚持发表多篇。所以中国的20世纪40年代仍然有不少巴哈伊文明的文章发表。值得尊敬的颜雅清女士，是优秀的巴哈伊。她原来在上海，从舅舅曹云祥处接受了此信仰。她和她的伯父颜惠庆在一起工作，她的伯父曾五次担任总理一职。他也是中国第一个驻苏联的大使，后来是驻德国和美国的大使。当颜惠庆大使担任国际联盟中国总代表时，颜雅清曾陪同他一起去了瑞士。当日俄战争爆发时，颜雅清意识到这是一场世界冲突的开始。她在意大利和美国学习飞行技术，并从窦尼尔上校那里获赠飞机"新中国精神号"，从美国的一个城市飞到另一个城市演讲，为中国抗日战争募捐。在一次飞机事故中生还后，她树立了更高的人生目的。1944年她参加了在芝加哥举行的庆祝巴哈伊创立100周年的巴哈伊大会，注册成为一名巴哈伊。1944年她参加敦巴顿橡树园的联合国奠基会议，1945年参加旧金山的联合国成立大会，后来担任联合国信息官，为罗斯福总统夫人三位秘书之一，是联合国人权宣言的起草人之一。1949年她作为巴哈伊代表的一员参加了第三次国际非政府组织国际大会。

从1920年代由舅舅曹云祥处得知巴哈伊，到1944年，经过20多年独立探求真理，颜雅清在美国芝加哥参加巴哈伊100周年纪念活动，皈依巴哈伊。

楚耀良是一位来自南京的记者，1946年在华盛顿成为巴哈伊。圣护给他的亲笔信中说："愿至爱者（上帝）能保佑你所做的努力，指引你的步伐，并清除你路途中的障碍，以使得你在各种情况下都能有效发扬祂伟大信仰的至大福祉。你至亲的兄弟——守基。"楚耀良于1946年7月回到南京，1949年2月到了台湾，遇到了陈天利。1945年到1949年间，有一批中国空军队员在美国科罗拉多州的丹佛培训时成为巴哈伊，陈天利就是其中一员。陈天利在丹佛举行了一次巴哈伊婚礼。

1941年3月9日在上海，《字林西报》刊登了乌斯库利先生的书信《宗教乃解决国际危机的药方》。留在上海的少数巴哈伊仍在周日下午定期会面，他们是苏莱曼一家、乌斯库利先生、突提先生，以及伯尼斯·伍德。伯尼斯·伍德1941年10月在华盛顿成为巴哈伊，后在重庆的联合国善后救济总署工作。二战后，除了乌斯库利先生外，其他外国巴哈伊相继离开中国。

1949年后，慢慢地，巴哈伊信仰分布到一些中国新的区域，1953年进入澳门，1959年进入海南。50年代，耿济之译高尔基的《马特维·克日米亚金的一生》，人民文学出版社1958年出版，引起注意。1959年中国召开全国妇女代表大会，邀请新加坡印度籍圣辅席琳·福达尔女士到会，陈毅副总理接见。接下来，一批与巴哈伊相关的著作出版，其中主要有蔡时济等译（俄）托尔斯泰娅《托尔斯泰日记下卷1901——1910》，中国社会科学出版社1984年出版。沈青（金宜久）《巴哈教今昔》，《世界宗教资料》1985年第2期。阿布杜巴哈《巴黎讲话》，陈晓丽译，国际文化出版公司1990年。闵家胤《马克思主义，巴哈伊教和一般进化论》，《国外社会科学》1991年第4期。闵家胤《巴哈伊教》，《民主与科学》1994年第1期。陈霞《巴哈伊教概述》，《宗教学研究》，1994年第1期。伊宏主编《纪伯伦全集（下册）》，甘肃人民出版社1994年。《七谷经》，简宁译，简宁主编《透视》，国际文化出版公司1995年。李桂玲《巴哈伊教在台港澳地区的发展及现状》，《世界宗教文化》1995年秋季号。《国际巴哈伊出版社1994年北京国际书展书籍介绍》，《中国图书评论》1995年第2期。周燮藩《美国巴哈伊社团访谈》，《世界宗教文化》1995年第3期。傅聚文：《巴哈伊教近年发展的概况与特点》，《当代宗教研究》1995年第3期。（瑞士）H·B·丹尼什《精神心理学》，社会科学文献出版社1998年。业露华《近代巴哈伊信仰发展概况》，《当代宗教研究》，1999年第4期。蔡德贵主编《当代伊斯兰阿拉伯哲学研究》，人民出版社2001年。

1990年代之后，山东大学、复旦大学、东北师范大学、四川大学、广州大学牟宗艳、庞秀成、陈思宇、张玉萱、吴正选、王宝霞、万丽丽、王玮、许宏、许嘉茵、柏静等人的硕士、博士毕业论文通过答辩，获得学位。

1974年巴哈伊教香港总会成立，1989年巴哈伊教澳门总会成立。1970年代巴哈伊世界中心代表和精神领袖拉巴尼夫人开始访问中国，1989年4月29日赴澳，参加于4月30日在澳门举行的"澳门巴哈伊教年会"，之后在华赞陪同下到大陆参观访问。而后她至少访问中国六次，其中有几次是华赞陪同的。

1988年黄灿文先生安排广州的华南理工大学团委邀请洲际顾问

法扎姆·阿巴卜博士（Dr Farzam Arbab）演讲，并与学生座谈。

随着中国改革开放的深化，自20世纪90年代以来，越来越多的巴哈伊来到中国。香港歌星方大同1998年到香港定居。中国名流吴天明、程琳、朱明瑛、潘石屹、张欣先后成为巴哈伊。

1990年以后，中国政府相关机构与巴哈伊的交流与合作也更为密切。巴哈伊教澳门总会和香港总会是这些活动的主要参与者。

1993年，国家宗教局邀请巴哈伊教澳门总会代表参观了北京的若干政府机构。这是巴哈伊机构第一次与中国政府部门进行正式的官方交流。

1995年第四次世界妇女大会在北京举办，巴哈伊参与了大会的筹备和分组讨论，夏利阿里博士和一部分来自美国的巴哈伊和山东大学探讨了巴哈伊信仰。

1996年3月山东大学成立中国的第一个巴哈伊研究中心，此后中国社会科学院、北京大学、广州大学也成立了巴哈伊的研究或者翻译机构。研究成果以论文、专著等形式分享。随着越来越多的学者对此信仰的研究，越来越多的人对巴哈伊产生了浓厚的兴趣，并逐渐认识到巴哈伊的一系列思想能促进个人与社会的改进，是健康的生活方式。近年来，澳门新纪元国际出版社也面向中国读者出版了越来越多关于信仰的中文书籍。

詹姆斯·尼尔森（James F. Nelson）法官和夫人——美国总统卡特任命的上诉法院第九巡回厅大法官多萝西·赖特·纳尔逊（Dorothy Nelson）在华赞建议下，自1989年开始先后八次造访中国，为中国的法律健全咨询提供服务。

1998年以来，山东大学、北京大学和中国社会科学院举办了多次有关巴哈伊的学术研讨会。

2001年人民出版社出版蔡德贵《当代新兴巴哈伊教研究》。

2004年山东大学在济南齐鲁会馆举办"巴哈伊学术研讨会"。

2005年2月，国家宗教局局长叶小文访问巴哈伊教澳门总会。同年4月，访问以色列，参观了巴哈伊世界中心。10月，巴哈伊教澳门总会与香港总会代表应国家宗教事务局邀请访问了北京和上海。

2006年5月，巴哈伊教澳门总会、香港全球文明研究中心、山东大学巴哈伊教研究所、中国社会科学院世界宗教研究所巴哈伊研究中心、青岛大学合办了一次主题为"追求内心和谐学术"的研讨会。8月，巴哈伊教澳门总会与国家宗教局携手合办跨宗教论坛"构建和谐社会——探讨宗教的作用"。10月，巴哈伊教澳门总会与中国社会科学院世界宗教研究所巴哈伊研究中心举办"以灵性教育为主导的新型教育观"研讨会。12月15日，全国政协副主席、中共中央统战部部长刘延东在澳门与当地宗教界人士见面，表扬澳门巴哈伊在澳门建设之中发挥的巨大作用。巴哈伊教澳门总会主席江绍发代表巴哈伊发言。

2006年，人民出版社出版蔡德贵《当代新兴巴哈伊教研究（修订版）》。

2007年全球文明研究中心在香港成立。8月，巴哈伊教澳门总会在山西、甘肃访问。两省宗教伦理事务委员会是邀请者。他们与妇联、扶贫会，以及各宗教组织进行了交流。9月，中国社会科学院世界宗教研究所巴哈伊研究中心、上海市社会科学院宗教研究所、全球文明研究中心及巴哈伊教澳门总会在上海共同主办了"科学、宗教与社会及经济发展——巴哈伊教为和谐社会作贡献的思考与实践"国际学术研讨会。

巴哈伊教澳门总会主席江绍发先生被邀请参加2008北京奥运会的开闭幕仪式。

2009年10月，江绍发参加中华人民共和国成立60周年的庆典。10月20-21日巴哈伊教澳门总会与国家宗教事务局共同举办了"共建和谐：科学、宗教与发展"研讨会，就科学与宗教如何共同促进社会发展交换观点。此次论坛得到澳门政府的赞助。11月国家宗教事务局政策法规部部长与广东省民族宗教委员会副会长一起访问了巴哈伊教澳门总会。

2010年4月,澳门巴哈伊社团与其他四大宗教共同邀请国家宗教事务局新任局长王作安赴澳门访问。他访问了巴哈伊教澳门总会办公室。11月,国家宗教事务局副局长张乐斌也参观了巴哈伊教澳门总会办公室。

2010年山东大学出版社出版蔡德贵《儒学与巴哈伊信仰比较研究》。许宏的《巴布宗教思想研究》由人民出版社出版。

2011年4月,世界正义院的成员法扎姆·阿巴卜博士拜访了国家宗教事务局,受到了副局长蒋坚永的热情接待。陪同的官员包括四司司长吕晋光和副司长汪燕鸣以及其他官员。他们共同回顾了巴哈伊社团与国家宗教事务局过往的交流与合作,同时就今后交往前景进行了磋商。陕西师范大学出版社出版蔡德贵《清华之父曹云祥》,揭载曹云祥大量巴哈伊研究论著。

2011年12月18日至21日,"宗教的社会作用"学术研讨会在以色列海法召开。此次会议由巴哈伊世界中心、中国社会科学院世界宗教研究所、香港全球文明研究中心联合举办,有30多位学者参加了研讨。巴哈伊世界中心社会经济发展办公室的索娜·阿巴布女士、中国社会科学院世界宗教研究所副所长曹中建先生分别致开幕词。由曹中建副所长率领的宗教所巴哈伊研究中心学术代表团一行五人参与了研讨会和会后的宗教田野考察。巴哈伊世界中心的多位知名人士参与了此次研讨会,并贡献了他们的精彩观点。世界正义院成员法赞·阿巴伯博士、斯蒂芬·柏克兰先生、佩曼·摩哈吉尔博士、乌兰萨坎·巴阿塔尔女士,以及巴哈伊世界中心其他机构的相关负责人共同参与了会议。中方中国社科院世界宗教研究所巴哈伊中心副主任周燮藩研究员、王宇洁博士、李维建博士、晏琼英博士,以及麦泰伦、宗树人参加会议。

2012年花城出版社出版蔡德贵《世界公民颜雅清》。

2013年雷雨田、万兆元主编的《宗教经典汉译研究》在社会科学文献出版社出版。

2014年卓新平、邱永辉主编《宗教与可持续社区研究》在社会科学文献出版社出版。

2015年4月15日，中国驻以色列大使詹永新在特拉维夫会见巴哈伊教国际社区秘书长林肯。詹大使对巴哈伊教长期致力于推动与中国宗教界友好、促进世界不同文明和宗教对话表示赞赏，他表示，巴哈伊教有关"宗教同源"和"人类一体"等理念与中国传统哲学和宗教思想中的"天人合一"、"道法自然"具有相通相同之处。中国使馆愿为增进宗教友好、推动不同信仰间对话、维护世界文明多样性、促进世界和平做出更大的贡献。8月20日，国家宗教局蒋坚永副局长会见了澳门巴哈伊总会江绍发主席一行。江绍发介绍了巴哈伊信仰在中国的历史、中国巴哈伊信徒现状、巴哈伊与社区建设等情况。蒋坚永简要介绍了中国大陆宗教情况和宗教政策。他说：今年6月，我率团对以色列进行了访问，专程拜访了巴哈伊总部——世界正义院，与巴哈伊世界中心国际社团总秘书长岳素华·林肯进行了友好会谈，增进了了解。我们尊重在中国的外籍巴哈伊信徒的宗教信仰，也希望他们能够严格遵守中国的法律法规，不得发展教徒，建立组织。江绍发表示，巴哈伊信徒尊重并遵守中国的法律法规，也将努力探索与中国社会、历史、文化、哲学结合的路径，推进"中国化"尝试。国家宗教局四司戴晨京司长，四司、外事司等相关部门同志会见时在座。

2016年山东大学出版社出版中国社会科学院巴哈伊研究中心、北京大学巴哈伊原典文献翻译与研究项目、山东大学巴哈伊研究所、广州大学巴哈伊研究中心联合推出由蔡德贵、卓新平、宗树人、于维雅、雷雨田主编的《巴哈伊文献集成》5卷本，收集了百年的历史文献，会让更多人了解巴哈伊在华的百年史，了解巴哈伊的中国使命。

2017年，光明日报出版社推出中国社科大学经典文库，将庞秀成《巴哈伊思想史》纳入其中出版。

2018年上海人民出版社推出《宗教与当代国际关系论丛》，将吴正选《全球治理中的巴哈伊国际社团》出版。美国壹嘉出版社出版蔡德贵《晚清民初的新学和巴哈伊文明》，北京人民出版社出版蔡德贵《西来巨儒李佳白的中国心》。

2019年5月15日，亚洲文明对话大会开幕式在北京国家会议中心举行，新京报记者就参会感受采访了部分外国与会者。来自巴哈伊国际社团驻联合国办公室的BANI DUGAL（巴尼·杜加尔）表示，比起任何一种冲突，对话能取得更多的成就，我们通过不同文明的对话，互相学习和了解；另一位海外与会者表示，此次会议的特色思想在于没有一种文明是高于其他文明的，只有互相尊重，才有可能真诚对话，取得进步。《世界宗教研究》第3期发表万兆元《巴哈伊教中国化的早期探索——从"波海会"到"大同教"(1915-1937)》。

巴哈伊是一种健康的生活方式，其核心是：人类是一个有机统一体，这是一种有别于普世价值的"有机世界观"，它建立在人类一家基础之上，提倡一种多样性的统一，认为偏见、强权、战争和剥削都是人类不成熟的表现，人类必须进入包容的而非对抗的集体决策模式——磋商，以达成全人类的团结。所以，巴哈伊用不着传教，用不着在大陆发展教徒。至于有识之士愿意和巴哈伊朋友分享这种健康的生活方式，那就是大陆朋友的个人自由了，不是巴哈伊传导的结果。

正如守基·阿芬第所说：对于巴哈伊，生活的目标是促进人类一体。我们生活的全部目标是和全体人类的生活捆绑在一起的：我们寻求的不是某一个人的救度，而是普世的救度。我们不是要把目光投向自己，说"现在动手救度你的灵魂吧，在来世保留一个舒服的泊位！"不，我们是要动手把天堂带到尘间。我们的目标是带来一个世界文明，它反过来也会作用于个人的品格。

究其实，巴哈伊文明由于具有明显的宽容性特点，不排斥其他任何文明，所以受到欢迎。就是皈依巴哈伊的信仰者，他们自己也并非要放弃原来的信仰，如儒特的基督教背景，曹云祥的基督教背景，奥斯库利的伊斯兰教背景，郭秉文的基督教背景。不要求皈依者改宗，这在世界宗教里可能是唯一的先例。这种宽容和大度，可以预见，在中国外来宗教本土化的过程之中，很可能会出现儒特所预言的：出现犹太教-巴哈伊，基督教-巴哈伊，佛（佛学、佛教）-巴哈伊，儒（儒学、儒教）-巴哈伊，道（道家、道教）-巴哈伊，印度教-巴哈伊、拜火教-巴哈伊……文明形式的多样化，就是费孝通教授所提倡的"各美其美，美人之美，美美与共，天下大同"。国内有学者已经提倡儒家基督徒，未来的世界，人类互相尊重，各种文明融合，你中有我，我中有你，这种世界文明的大花园，会是多么美丽！多么壮观！

www.ingramcontent.com/pod-product-compliance
Lightning Source LLC
Chambersburg PA
CBHW030147100526
44592CB00009B/159